ARTIGOS
E ENSAIOS
(1974-2017)

Raymundo Magliano Filho

ARTIGOS E ENSAIOS
(1974-2017)

EDITORA
Labrador

Copyright © 2018 de Raymundo Magliano Filho
Todos os direitos desta edição reservados à Editora Labrador.

Coordenação editorial
Diana Szylit

Projeto gráfico, diagramação e capa
Felipe Rosa

Revisão
Andréia Dantas
Daniela Iwamoto

Dados Internacionais de Catalogação na Publicação (CIP)
Andreia de Almeida CRB-8/7889

Magliano Filho, Raymundo
   Artigos e ensaios (1974 – 2017) / Raymundo Magliano Filho. -- São Paulo : Labrador, 2018.
   288 p. : il.

ISBN 978-85-87740-18-2

1. Mercado de capitais - Ensaios I. Título.

18-1547   CDD 332.6322

Índice para catálogo sistemático:
1. Mercado de capitais

Editora Labrador
Diretor editorial: Daniel Pinsky
Rua Dr. José Elias, 520 - Alto da Lapa
05083-030 - São Paulo - SP
+55 (11) 3641-7446
http://www.editoralabrador.com.br
contato@editoralabrador.com.br

A reprodução de qualquer parte desta obra é ilegal e configura uma apropriação indevida dos direitos intelectuais e patrimoniais do autor.

A Editora não é responsável pelo conteúdo deste livro. O Autor conhece os fatos narrados, pelos quais é responsável, assim como se responsabiliza pelos juízos emitidos.

Sumário

Apresentação 7
Prefácio 23
Alguns aspectos pragmáticos da tomada
de decisão com especial referência ao mercado bursátil 25
Fundos de pensão não foram iniciativa espontânea 46
Pelo retorno do investidor individual 52
O papel das bolsas 58
A Bolsa de Valores como sistema de poder 62
O mercado e as intervenções 94
Bolsa de Valores, um sistema em crise? 96
A Bolsa e o investidor institucional 106
A Bolsa num dilema 111
Ação e capitalização 114
A regulação nas bolsas 117
A missão da Bolsa 123
A Bolsa e a sociedade 126
O mercado de capitais e o BNDES 129
Mercado de capitais – nova política 135
Como o BNDES atuou no fomento do mercado de capitais 140
A Previdência Social e o mercado de capitais 158
Fundos de pensão: viabilidade e alternativas 163
O conselho monetário e o mercado de capitais 168
Desestatizar não é vender ações das estatais 174
Desestatizar a gestão da poupança 178
Controlar as estatais antes de desestatizar 182
A previdência e o mercado de capitais 185
Intervenção do Estado e mercado de capitais 204
O estado e o mercado de capitais 209

Mercado de acesso: uma proposta para o mercado de capitais 220

A Constituinte e o mercado de capitais 224

Planejamento imperativo para o mercado de capitais? 229

Novas lideranças empresariais 233

Menos regulamentação e mais regulação 236

Respeito e cumprimento das normas legais,
pressuposto do capitalismo 240

Pobre mercado de capitais...242

A crise institucional e o mercado de capitais......................................244

Clubes de investimento de privatização..246

Uma difícil passagem..248

Privatização, uma mudança cultural..250

Uma mudança cultural 253

O mercado e o poder visível 255

Regular o mercado com eficiência pressupõe parceria 258

Um Estado transparente 261

A Bovespa e o capital social brasileiro 264

Think tanks – por que o Brasil precisa deles 267

Precisamos promover os direitos humanos 270

Bolsa de Valores: machismo e democracia 272

Tecnologia, mercado e os desafios para a sociedade civil 274

Agências reguladoras: melhorar, não piorar 277

A reciprocidade entre sociedade civil e instituições:
um novo caminho para o Brasil..279

APRESENTAÇÃO
As instituições e o mercado de capitais

A história do mercado brasileiro de capitais é tão conhecida em suas grandes linhas como instigante em seus pormenores. Da euforia e do encilhamento no Rio de Janeiro em fins do século XIX, quase ao mesmo tempo em que São Paulo criava a Bolsa Livre, do nascimento das primeiras grandes companhias estatais e corporações privadas abertas ao vigor dos mercados acionários em que um dia despontavam multinacionais, da institucionalização propiciada pelas leis nº 4.595/64 e nº 4.728/65, passando pelo disciplinamento da atuação de bancos, sociedades corretoras, bolsas, empresas abertas e órgãos de fiscalização, há uma vasta documentação sobre o mercado acessível a quem busca no passado explicações para a situação presente.

O que este livro pretende acrescentar é a visão crítica de Raymundo Magliano Filho, que viveu o mercado de capitais durante sete décadas, primeiro na infância e adolescência ao lado do pai, Raymundo Magliano – um dos personagens mais atuantes na vida das bolsas e corretoras do país –, e depois como sócio e dirigente de corretora entre as mais tradicionais de São Paulo. Ex-presidente da Bovespa (atual B3), fundador do Instituto Norberto Bobbio – Cultura, Democracia e Direitos Humanos, e militante diuturno do mercado acionário, Raymundo Magliano Filho não só continua seus estudos de filosofia como cada vez mais vem destacando a importância do fortalecimento da sociedade civil como um princípio norteador para o desenvolvimento das nossas instituições.

Os artigos reproduzidos neste livro foram escritos desde o final dos anos 1970 até meados da segunda década o século XXI. Retratam menos os aspectos conjunturais e mais as questões de longo prazo que fazem dos mercados de capitais instrumentos centrais do desenvolvimento econômico. É mais dos fundamentos do que do momento, portanto, de que tratam os artigos de Magliano Filho. Sobretudo, eles tratam da relevância dos mercados para a riqueza e a prosperidade das famílias e do país, bem como de seu papel socioeconômico.

Mercados de capitais existem para unir investidores que dispõem de poupança financeira com empresas que querem utilizar esses recursos para investir – e ao fazer isso criam empregos, renda, consumo, pagam tributos que permitem ao Estado cumprir sua função de distribuir segurança, saúde, saneamento, educação. Não há como deixar de avaliar o mercado de capitais por seus números.

Uma maneira singela de tratar desses assuntos de tanto peso econômico e social seria observar a evolução da chamada capitalização bursátil ou *market cap* – uma medida da riqueza dos acionistas avaliada pela soma dos valores das empresas negociadas em bolsa apurados pelas cotações diárias. Em cerca de três décadas, entre 1988 e 2017, o indicador saltou de menos de 10% para mais de 40% do Produto Interno Bruto (PIB), ou R$ 2,8 trilhões – e continuou avançando em 2018.

Foi um crescimento expressivo para os padrões brasileiros, mas que deve ser cotejado com outros indicadores. O *market cap* local já foi, como porcentual do PIB, comparável ao de países ricos (no mundo, o valor do *market cap* era próximo ao do PIB em 2017). O número de empresas com ações negociadas na bolsa, que chegou a superar o milhar décadas atrás, é hoje medido entre três e quatro centenas. O número de acionistas individuais também é modesto, cerca de 700 mil na B3. Tampouco é relevante o volume de ações novas ofertado no mercado nos últimos anos.

Em resumo, o mercado de ações está aquém do potencial. Beneficia poucos acionistas e poucas empresas. Não se pode dizer que cumpre a contento o papel para o qual foi concebido de mobilizar vultosas poupanças e servir de instrumento-chave de democratização do capital e de fortalecimento das relações entre capital e trabalho mediante melhor distribuição da renda gerada pelas empresas, parte da qual poderia ser transferida a milhões de cidadãos-acionistas.

A rigor, muitas vezes parece haver um divórcio entre normas e práticas do mercado de capitais. Na concepção e na institucionalização desse mercado, a partir dos anos 1960, estiveram presentes mecanismos inteligentes de formação de poupança e de riqueza, de atração de talentos e de investidores, para estimular a inovação e conferir vigor ao capitalismo brasileiro. Muito se tentou fazer, mas os resultados foram pouco expressivos para a maioria absoluta das empresas e da população.

Ao olhar para trás, constatando o que foi bem feito e o que foi mal feito ou simplesmente não foi feito, desde logo despontam alguns elementos.

Um dos obstáculos ao desenvolvimento do mercado de capitais foi o predomínio do capitalismo de compadrio enfatizado por autores como Sergio Lazzarini, em detrimento de milhares de pequenos, médios e grandes empresários que poderiam ter acesso ao mercado de capitais e milhões de brasileiros que em vez de ter ações em suas carteiras ficaram amarrados às aplicações ditas sem risco na busca de preservar o capital.

Como afirmou Lazzarini na obra *Capitalismo de laços*:

> À primeira vista, o termo "laços" pode denotar relações próximas, íntimas, duradouras. Aqui, entretanto, o significado é mais no sentido de relações sociais valiosas: um contato pessoal que é estabelecido para obter algum benefício particular ou, ainda, um gesto de apoio visando algo em troca no futuro.
> [...]
> Na língua inglesa, há até um termo para caracterizar essa visão mais negativa: *crony capitalism*. Crony significa justamente "amigo próximo", "colega" [...]. Sob a influência de contatos – incluindo contatos com políticos e governantes –, os recursos poderiam ser mal alocados na sociedade, favorecendo os interesses das partes envolvidas.

A criação de empresas estatais de capital aberto se inclui nessas questões duvidosas: além de serem uma espécie de contradição em termos, pois o controlador pode ter, simultaneamente, interesses empresariais e interesses políticos – e estes dois interesses nem sempre coincidem –, elas com frequência mais atrapalharam do que contribuíram para o desenvolvimento do mercado de capitais.

Não há, deve-se reconhecer, juízos definitivos sobre os motivos do atraso do mercado de capitais no Brasil, nem justificativas claras para vicissitudes do mercado acionário. O ritmo oscilante de crescimento econômico do país, acompanhado do pouco caso com os fundamentos macroeconômicos, principalmente antes do Plano Real, de 1994, fez agravar os problemas de todos os mercados, inclusive do mercado de capitais. Nos últimos cinquenta anos, houve inúmeras fases de incerteza dramática. O ambiente político-institucional também oscilou entre períodos promissores e períodos pouco favoráveis aos mercados.

Mais que tudo, algumas questões institucionais permeiam o atraso do país e do mercado de capitais. Mercados fortes dependem de instituições fortes – como ensinava o Prêmio Nobel Douglass North – e de previsibilidade. **As instituições existem para reduzir a incerteza nas interações humanas**, segundo North.

Ocorre que há, no Brasil, certo descaso com essas premissas, aliado a um desconhecimento generalizado de como as coisas precisariam funcionar e um desdém pela educação cívica e pela cidadania.

Falta conhecer bem os motivos pelos quais as nações fracassam, assunto tratado com profundidade e riqueza de detalhes em *best-seller* escrito pelos renomados economistas Daron Acemoglu e James Robinson. Para crescer, os países dependem de regras estáveis, baixo intervencionismo, mercados livres, regras amigáveis para atrair empreendedores.

Como Acemoglu e Robinson afirmaram no livro *Por que as nações fracassam*:

> As nações fracassam hoje porque suas instituições econômicas extrativistas são incapazes de engendrar os incentivos necessários para que as pessoas poupem, invistam e inovem, e suas contrapartes políticas lhes dão suporte à medida que consolidam o poder dos beneficiários do extrativismo.

Extrativistas, entenda-se, quer dizer instituições ou pessoas que sugam os recursos da sociedade em benefício próprio ou dos grupos a que pertencem. Olhando o Brasil, fica evidente o custo das ações daqueles que agem com vistas a proteger corporações ou grupos de apoio político (eleitores, inclusive) a que se ligam por laços fortes, com o propósito de enriquecer e se manter no poder, ignorando os pilares sobre os quais o Estado deve se assentar, inclusive no plano fiscal.

Os fundamentos da geração de riqueza e de prosperidade geral não podem ser ignorados ou ocupar lugar secundário nas prioridades dos poderes da República. O desenvolvimento dos mercados de ações tem tudo a ver com esses fundamentos expostos por Acemoglu e Robinson. Mas no Brasil o jogo é duro com a maioria de empreendedores estabelecidos e ainda mais com os que querem disputar os mercados e precisam de menos tributos, menos burocracia, menos desperdício de tempo preenchendo papéis que jamais serão lidos, menos equipes contratadas apenas para atender a exigências legais.

Há extrativistas demais – e poderosos demais – viciados em Estado grande promotor de insegurança jurídica, sem transparência nem disposto a sanear as próprias contas, ou até com poder para criar as próprias despesas, sem se submeter aos orçamentos públicos votados nos parlamentos. O mau uso das instituições é um enorme obstáculo ao florescimento do mercado acionário.

O aparato estatal protegido por leis sob medida redigidas pelos próprios interessados e alimentado por financiadores privados ou por empresas oficiais atropela os interesses comuns – inclusive o vigor dos mercados livres. A remoção de feudos estatais tem de entrar na pauta para que o país volte a crescer e acredite no futuro. Uma de suas consequências é a concentração de riqueza e poder no Brasil. Essa concentração ganha aspectos mórbidos quando associada à corrupção desenfreada desvendada pela Operação Lava Jato e comandada até por autoridades de um poder subnacional, como o governo do Rio de Janeiro, num entre tantos casos investigados. Ficaram expostos os mecanismos mais sórdidos empregados no propósito da concentração de riqueza e poder às custas de saúde, educação, segurança e até da quitação das contas básicas do governo, como a folha dos servidores ativos e inativos, ou ainda às custas da merenda escolar, que é a principal refeição do dia para centenas de milhares de crianças pobres.

No plano da União, um Estado balofo e mal gerido consome as poupanças e a riqueza de cidadãos e de empresas. Estudo conduzido pelo economista Carlos Antonio Rocca, diretor do Centro de Estudos de Mercado de Capitais, e divulgado em abril de 2018 (nota Cemec nº 4), mostrou que famílias e empresas do setor privado pouparam 21,87% do PIB em 2017, mas o Estado consumiu 6,99% do PIB (o que quer dizer poupança negativa). Ou seja, o Estado brasileiro sugou as poupanças privadas principalmente por intermédio da colocação de títulos públicos. Não é fato novo, mas se agravou nos governos petistas. Em dezembro de 2017, mais de 72% dos recursos captados pelo sistema bancário se destinaram a financiar o setor público.

Em editorial de 29/4/2018, o jornal *O Estado de S. Paulo* comentou: "**O Estado em sua configuração atual não apenas perdeu a capacidade de cumprir bem suas obrigações presentes, mas é o principal agente que impede o investimento**". Em outras palavras, um governo sem um razoável controle fiscal não estimula os cidadãos a fazer investimentos de risco, via compra de ações, pois precisa se socorrer da poupança da população vendendo títulos de renda fixa para girar sua enorme dívida ou financiar seu investimento básico.

Uma breve visão das últimas décadas do mercado de capitais ajuda a mostrar a história, exemplos positivos e negativos, e a perscrutar o futuro. Na melhor das hipóteses, ajudará a mostrar o que precisaria ser feito – ou preservado – pelos governos que comandarão o Brasil a partir de 2019. Olhar o passado e entender o presente são tarefas de grande serventia antes de auscultar o futuro.

No passado, altos e baixos

O mercado de capitais nos moldes atuais foi concebido nos anos 1960 pelos ministros Roberto de Oliveira Campos e Octávio Gouvêa de Bulhões e por economistas e juristas notáveis como Mário Henrique Simonsen, José Luiz Bulhões Pedreira e Alfredo Lamy.

O ideário daqueles personagens brilhantes se transformou num sólido conjunto legal, do qual fazem parte as leis bancária e do mercado de capitais, o Conselho Monetário Nacional e o Banco Central, e algum tempo depois a Lei das Sociedades Anônimas e a Comissão de Valores Mobiliários.

O propósito desse conjunto de instituições foi atrair empresas de todos os portes dispostas a abrir o capital e investidores individuais e coletivos interessados em subscrever emissões novas de capital. O Brasil já dispunha de certo caldo de cultura necessário ao desenvolvimento de aplicações de risco, como fundos de ações e companhias com ações em bolsa, como Souza Cruz, Alpargatas e White Martins, entre as estrangeiras; Vale, Banco do Brasil, Companhia Siderúrgica Nacional (CSN) e Petrobras, entre as estatais; além de bancos e indústrias, entre as companhias privadas nacionais.

As leis básicas dos mercados financeiros e de capitais definiram os papéis dos vários agentes, impuseram limites e criaram um mercado competitivo, à semelhança do norte-americano e bem diferente do mercado concentrado em conglomerados bancários que predominou anos mais tarde no país. É possível que houvesse mais competição entre o crédito e a capitalização das empresas se tivesse prevalecido o modelo original de Campos e Bulhões.

Todos esses temas são tratados nos artigos que compõem este livro, acrescidos de avaliações precisas sobre instituições e práticas de mercado, sobre investidores institucionais e executores de políticas para o mercado de capitais, como o Banco Nacional do Desenvolvimento Econômico e Social (BNDES). Questões como o papel das bolsas e a necessidade de ter mais investidores individuais, a estatização e os privilégios das estatais. A dicotomia entre o crédito e a capitalização permeia os textos. Alguns itens, entre tantos outros relevantes, merecem destaque.

Um deles é o Fundo de Garantia do Tempo de Serviço (FGTS), um mecanismo inovador criado para favorecer a formação de poupança dos trabalhadores e corrigir vícios da legislação trabalhista. Outro é o instituto da correção monetária, um poderoso artefato que permitiu recuperar a dívida pública em tempos de inflação, além de tornar o FGTS palatável para os trabalhadores. O problema foi o custo das iniciativas.

O FGTS é um fundo de poupança compulsória que pagou até há pouco rendimentos negativos aos trabalhadores, que dessa forma acabaram por subsidiar iniciativas públicas, do crédito à moradia ao saneamento, inclusive mediante empréstimos a companhias privadas que teriam acesso aos mercados livres se não existisse dinheiro barato oferecido por entidades estatais.

Quanto à correção monetária, esta acabou por se tornar danosa ao mercado livre, ao viciar os credores em ativos corrigidos pela inflação passada. Para os investidores em ativos de risco ficou o osso: a possibilidade de aplicar e enfrentar fortes oscilações no valor do seu capital. Inspirador da correção monetária, Octávio Bulhões penitenciou-se, admitindo as mazelas deste.

Os primeiros tempos do mercado brasileiro de capitais, compreendidos entre meados de 1960 e meados de 1980, foram pródigos em boas e más políticas.

Um dos primeiros instrumentos criados para fortalecer o mercado acionário foi o Decreto-lei nº 157, de 1967, que estabeleceu benefícios fiscais do imposto de renda para aplicações em bolsa e foi muito comemorado na época. Não era para menos. O DL nº 157 ajudou a fazer subir os índices bursáteis, propiciou fortuna a muita gente. Mas, num momento em que a economia crescia rapidamente, o incentivo favoreceu o que não deveria favorecer: a euforia do mercado acionário. Euforia que culminou na grande crise das bolsas que marcou os anos 1970. O Decreto-lei nº 157 é um exemplo dos riscos de adotar políticas pró-cíclicas em detrimento da situação fiscal, estimulando mercados já alavancados por uma economia em crescimento.

Outro exemplo notável foi a abertura do mercado de capitais para investidores estrangeiros, neste caso um exemplo louvável, ao incluir o Brasil no rol dos países que atraem investidores globais para o mercado local de capitais.

A criação das entidades de previdência privada abertas e fechadas (fundos de pensão) pela Lei nº 6.435/77 foi mais um ponto alto da política oficial, ao estimular a poupança de longo prazo e os investimentos em ações. Os fundos de pensão são conhecidos em todo o mundo como instrumentos notáveis de desenvolvimento econômico e geração de riqueza e prosperidade. Têm papel fundamental na criação de recursos para suportar as agruras do envelhecimento e a insuficiência dos benefícios da Previdência Social para custear gastos crescentes decorrentes do aumento da longevidade. Desde meados do século XX esses fundos existiam, no Brasil, no âmbito das empresas multinacionais.

As entidades privadas de previdência no país inspiraram-se no exemplo bem-sucedido de países desenvolvidos como os Estados Unidos e a Grã-Bretanha. Mas certa informalidade e liberdade de constituição dos fundos existentes no exterior, aliadas a leis gerais mais rígidas contra as práticas de desvirtuamento dos investimentos, não foi seguida no Brasil.

Ao longo dos anos, o próprio Estado brasileiro contribuiu para restringir a amplitude da previdência privada, pelo interesse compulsivo de achar meios para financiar os gastos públicos. As entidades de previdência foram obrigadas a aplicar vultosos recursos em títulos governamentais. Esse direcionamento engessou a gestão dos recursos dos fundos, que, em geral, pouco aplicam em ações.

Outro problema relacionado à previdência privada é o de que os maiores fundos de pensão são patrocinados por empresas estatais, até recentemente pouco sujeitas a controles rígidos. Além disso, em muitos fundos de pensão ou entidades de previdência estatais a gestão foi duvidosa ou mesmo fraudulenta. A falta de transparência favoreceu a atuação de gestores mal-intencionados.

Sem fiscalização eficiente e dirigidos por pessoas ligadas a agremiações políticas ou sindicais – e não por especialistas com reconhecida competência e lisura –, muitos fundos se envolveram em práticas criminosas. Adquirindo títulos sem liquidez ou com preços fora de mercado, ou aplicando em projetos duvidosos ou até inexistentes, alguns tiveram o patrimônio corroído e caíram em déficits atuariais vultosos. Muitos se tornaram, hoje, um pesadelo para funcionários já aposentados ou em atividade que têm de pagar a conta dos desmandos cometidos por colegas ou por gestores contratados para administrar o patrimônio das entidades. Houve omissão dos órgãos fiscalizadores, como enfatizou a professora e doutora Erica Gorga. Em artigo publicado em 11/5/2018 em *O Estado de S. Paulo*, intitulado "'Assalto' recorrente a aposentadorias", ela mencionou a prisão, no âmbito das Operações Papel Fantasma e Encilhamento da Polícia Federal, não só de empresários, mas de **"executivos de corretoras e bancos de investimento, consultores, advogados, contadores e gestores de recursos"** que em vez de desempenharem suas funções de modo independente e efetivo, **"teriam contribuído ativamente para montar esquemas de desvios"**.

"Como podem os participantes de entidades de previdência se defender de crimes praticados por quem deveria zelar pelos recursos?", indaga a especialista em mercados de capitais e defensora dos direitos dos minoritários. O capitalismo de laços a que se refere Lazzarini encontrou nos fundos de pensão uma espécie de reserva de caça, às expensas dos beneficiários ou dos contribuintes, pois em última forma o governo pode ser chamado para cobrir os rombos das estatais, sejam ou não provenientes de déficits nos fundos por elas patrocinados.

Num quadro agravado por crises econômicas, o setor de fundos de pensão perdeu expressão. A carteira de R$ 838 bilhões de ativos dos fundos fechados filiados à entidade do setor (Abrapp) correspondeu em 2017 a 12,8% do Produto Interno Bruto (PIB), bem menos do que os 14,2% do PIB registrados em 2012 e os 15,9% do PIB observados em 2009. Do total de ativos, em 2017, só 17,7% estavam aplicados em renda variável. Havia, em dezembro de 2017, pouco mais de 7,3 milhões de pessoas participantes de fundos de pensão, entre ativos, dependentes e assistidos.

Já a previdência privada aberta tinha 13,3 milhões de participantes em 2017 e reservas de R$ 756 bilhões, ou seja, o patrimônio médio individual é muito inferior ao dos participantes dos fundos de pensão. Os ativos da previdência privada aberta e fechada correspondem a cerca de uma quarta parte do PIB, bem menos do que em países desenvolvidos, onde superam 50% do PIB.

O BNDES é um caso à parte que ilustra boas e más políticas para o mercado de capitais. Concebido nos anos 1950 para financiar o investimento, o banco nasceu como grande emprestador dos projetos do Estado brasileiro, como os setores ferroviário e siderúrgico. Mas também abriu créditos a empresas privadas (e estatais) que abririam mais tarde o capital, como CPFL, Cemig, Aços Villares, Siderúrgica Riograndense, Furnas, Usiminas, Suzano. E desempenhou papel estratégico na Belgo Mineira, na CSN e na Vale, que dependiam de insumos básicos. Nos anos 1970, o banco atuou como financiador de última instância, salvando empresas que foram vítimas da crise do petróleo. As subsidiárias Embramec, Ibrasa e Fibase, depois fundidas na BNDESPar, tiveram papel relevante para salvar companhias abertas. Mais recentemente, o BNDES ajudou a pulverizar as ações da Petrobras e teve papel decisivo na execução do programa de privatização, que permitiu a venda do controle de empresas como Usiminas, Acesita, Cosipa, CSN, Light e de outras de porte maior, como Vale e Banespa.

Não se deve esquecer de que o BNDES, ao financiar inúmeras companhias abertas, ajudou a manter de pé o mercado de capitais e, em especial, o mercado acionário. A BNDESPar ainda hoje é grande investidora em empresas abertas, com ativos de cerca de R$ 50 bilhões em ações mais R$ 16 bilhões em participações, conforme os demonstrativos de dezembro de 2017. Mas quase R$ 25 bilhões estavam aplicados em ações de estatais como Petrobras, Eletrobras e Cemig e R$ 16 bilhões em ações da Vale. Ou seja, a carteira da BNDESPar é muito concentrada – mais de 80% destinada a apenas quatro empresas – e voltada, acima de tudo, para conveniências do acionista controlador, a União. Entre as participações relevantes, um único grupo muito favorecido nos governos petistas (JBS) aparece com uma terça parte do total aplicado pela BNDESPar nesse item.

Visto por sua atuação geral, talvez seja o caso de afirmar que a política do BNDES mais atrapalhou do que ajudou o mercado de capitais.

Com a atrofiada mão esquerda, o BNDES comprava ações e participações de umas poucas companhias ou criava fundos de ações e promovia privatizações. E com a gigantesca mão direita, concedia empréstimos subsidiados, cujo resultado foi o de tornar o mercado de capitais menos necessário às empresas. Recursos emprestados pelo BNDES chegavam a ser aplicados pelas empresas tomadoras em títulos públicos que rendiam mais do que o custo dos financiamentos. Negócio de pai para filho, sem risco. Quanto mais o banco recebia da União – foram cerca de R$ 500 bilhões na era petista –, mais recursos emprestava a leite de pato. Por que empresas de porte global buscariam recursos em mercados livres se o BNDES oferecia taxas subsidiadas?

Questão de atualidade

Na vasta gama de assuntos abordados nos artigos que compõem este livro estão questões diretas relacionadas à atividade bursátil, como o papel das bolsas e das sociedades corretoras de valores, a importância de ampliar o universo de investidores e de empresas abertas de todos os portes para assegurar mais investimentos, empregos e crescimento econômico, ao lado de aspectos de fundo, como a avaliação das leis que regulam os mercados e instituições-chave para o disciplinamento das operações e dos intervenientes, como o Conselho Monetário Nacional, o Banco Central e a Comissão de Valores Mobiliários.

Mas para além desses temas presentes na vida do mercado de capitais estão questões filosóficas e sociais. Corretamente abordadas, estas questões permitem que os mercados reflitam tendências mais amplas visíveis na sociedade brasileira e, muitas vezes, no mundo. É o caso da importância da atuação das associações de classe como locais de debate e aprimoramento dos mercados, não apenas aquelas que interagem diretamente com os mercados, como a dos corretores (Ancord – Associação Nacional das Corretoras e Distribuidoras de Títulos e Valores Mobiliários, Câmbio e Mercadorias), a das entidades (Anbima – Associação Brasileira das Entidades dos Mercados Financeiro e de Capitais) e as de analistas (Apimec – Associação dos Analistas e Profissionais de Investimento do Mercado de Capitais).

E é também o caso da presença crescente das mulheres na vida econômica dos países, inclusive no mercado acionário.

No texto "A Bolsa de Valores como sistema de poder", publicado nos idos de 1980 na *Revista de Direito Econômico*, Magliano Filho e Tercio Sampaio Ferraz Jr. trataram de aspectos sociológicos relacionados aos mercados de bolsa e aos mercados em geral, referindo-se ao sistema bursátil como "**um sistema com finalidades, autotransformador e com capacidade de adaptação criadora**". Tratava-se, então, de discutir as disfunções relacionadas à presença do Estado numa operação de venda maciça de ações da Vale. Os riscos do intervencionismo estatal foram abordados exaustivamente naquele e em outros trabalhos.

Não faltam exemplos para mostrar quão atuais são os artigos ora reproduzidos, caso da desestatização, abordada inúmeras vezes, como no texto "Desestatizar não é vender ações de estatais", publicado em julho de 1985. O caso da *holding* estatal da eletricidade, a Eletrobras, confirma a repetição, no presente, dos problemas passados.

A Eletrobras é um caso concreto e recente. Usada para fins demagógicos no governo Dilma Rousseff, que pretendeu baixar as tarifas reformulando o modelo de geração e distribuição de eletricidade, a *holding* estatal perdeu R$ 28 bilhões nos últimos seis anos, segundo reportagem de *O Estado de S. Paulo* de 5/4/2018. Os valores podem ser muito maiores quando se fala de *market cap*, mas os R$ 28 bilhões bastam para mostrar a enormidade de prejuízo que pode resultar de uma administração submetida a influências políticas. "**A desestatização passa antes pelo controle das estatais**", escreveu Magliano Filho há 33 anos. No segundo trimestre de 2018, os responsáveis pelas indicações políticas ainda hesitavam em entregar a carniça, em absoluto divórcio com a opinião pública e os contribuintes que pagam caro pela Eletrobras estatal.

Para os credores das estatais, estas são empresas sem risco. Quanto falta dinheiro, recorrem ao controlador ou dão calotes em outras estatais com as quais negociam. Na verdade, o risco é todo dos contribuintes, pois a conta do déficit sempre recai no Estado. Veja-se o artigo "O Estado e o mercado de capitais", publicado na revista *Conjuntura Econômica* de março de 1986.

Os fundos de pensão estatais são outro exemplo de absoluta atualidade. Há um rombo bilionário afetando grandes e pequenas entidades de previdência que orbitam na esfera pública. Problemas de maior ou menor gravidade foram citados pela imprensa em entidades como Postalis, Serpros, Funcef, Petros e Previ.

Nos regimes próprios de previdência, a Operação Encilhamento da Polícia Federal identificou irregularidades em 28 entidades de previdência municipais, mas o Ministério da Previdência calcula que entre cem e duzentos municípios enfrentavam problema idêntico, segundo manchete de *O Estado de S. Paulo* de 7/5/2018. Isso significa a negação do sistema previdenciário complementar, criado para permitir "a manutenção do nível de renda familiar do trabalhador... nos casos de concessão de aposentadoria ao empregado afastado de suas funções por velhice", como mostrou o texto "A previdência e o mercado de capitais", publicado em 1985 na revista *Digesto Econômico*.

Particularmente atual é afirmação de que "a adoção de uma política de crédito subsidiado, se não inviabilizava, pelo menos se constituía em poderoso fator de inibição do mercado de capitais, tornando o empresário resistente à ideia de abertura do capital da empresa e ao risco que essa atitude envolve". A frase está no texto "O mercado de capitais e o BNDES", publicado em 1984 no jornal *O Estado de S. Paulo* e antecipa um momento recente em que as empresas, em vez de ir ao mercado de capitais, obtinham empréstimos subsidiados da instituição.

Maior empresa do país, a Petrobras é outro exemplo – um caso ímpar por seu peso na economia do petróleo, com altos e baixos em função dos governos da hora. Trata-se de uma estatal que é ao mesmo tempo companhia aberta, multinacional do petróleo e instrumento da ação estatal, ao fixar preços de insumos básicos para a economia, como o diesel, a gasolina e o gás. Envolvida no petrolão e na operação Lava Jato, a Petrobras perdeu dezenas de bilhões de reais, saqueada por dirigentes mancomunados com empreiteiras e agremiações políticas. Trata-se, no caso, não só da maior empresa do país, mas da maior empresa aberta do país, com todos os reflexos sobre seus acionistas.

Mas aqui também é necessário atentar para o artigo "'*Think tanks*' – por que o Brasil precisa deles", em que Raymundo Magliano Filho e o jornalista Carlos Eduardo Lins da Silva já destacavam a importância de uma democracia fundada no poder das instituições, isto é, fundada "nos princípios da descentralização, da limitação do poder do governo e principalmente na capacidade de a sociedade civil se articular". Como se pode perceber, toda a preocupação que embasa o atual discurso sobre as instituições já estava presente no radar dos autores.

Luz à frente

Tratou-se, até aqui, de questões controvertidas a respeito do mercado de capitais e do mercado acionário. Vamos tratar, agora, do futuro, pois por maiores que possam ter sido as vicissitudes, o Brasil e seus mercados podem se recuperar.

Foi o que ocorreu, por exemplo, num período recente (2004 a 2009), quando muitas empresas se tornaram abertas e puderam se capitalizar via emissões de ações.

Os estrangeiros parecem mais ajudar do que atrapalhar. Lembre-se de que estrangeiros não abandonaram o Brasil, aportando a cada ano dezenas de bilhões de dólares em investimentos diretos na economia brasileira. Investimentos estrangeiros feitos em quase 17 mil empresas estabelecidas no país e que geravam 3,5 milhões de empregos diretos, segundo o Relatório de Investimento Direto no País (IDP) publicado em abril de 2018 pelo Banco Central, com dados até 2015.

Entre 2013 e 2017, segundo a Unctad, um organismo da Organização das Nações Unidas (ONU), o país recebeu cerca de US$ 280 bilhões em participações diretas. O Brasil é o 7º maior receptor de investimento estrangeiro no mundo, abaixo apenas de Estados Unidos, China, Hong Kong, Holanda, Irlanda e Austrália. Foram US$ 60 bilhões em participações diretas em 2017 e teria sido mais se todo o potencial da economia fosse mobilizado.

Muitos estrangeiros confiam no Brasil – às vezes, parecem confiar mais do que os próprios brasileiros. E é preciso entender por que isso ocorre.

O Brasil tem estabilidade institucional e eleições livres, temas a que os investidores globais atribuem grande valor. Há oportunidades. Muito além do problema da impopularidade do governo Temer, o trabalho desenvolvido na esfera econômica desde maio de 2016 apresentou pontos muito altos.

Os anos de 2016, de 2017 e de 2018, por exemplo, abriram luzes para o mercado de capitais – e não foram as de uma locomotiva que vem na direção contrária pronta para destruir as práticas alvissareiras.

Houve mais uma oportunidade de mudar, para melhor, e já se mostravam bons sinais de novos tempos.

A economia voltou a dar ares de normalidade com a presença do ex-ministro da Fazenda, Henrique Meirelles (e do seu sucessor, Eduardo Guardia), ajudando a recompor o papel do Estado na economia, com menos intervencionismo. A reação do mercado acionário foi imediata. Com a melhora das expectativas, o índice Bovespa subiu quase 40% em 2016 e mais de 26% em 2017. O interesse por ações persistia até meados de maio de 2018, quando a greve dos transportadores embaçou as perspectivas econômicas do ano.

Não é para menos. Regras foram criadas na tentativa de conter a volúpia de gastos da União, agora sujeitos a teto, permitindo antever uma evolução mais comedida da dívida pública apesar do vultoso déficit fiscal. As novas leis trabalhistas desestimularam os litígios e estão criando um ambiente mais propício para o emprego.

O Estado abre espaço para o setor privado ao diminuir o papel do BNDES como financiador.

A política do Banco Central ajudou a trazer o mercado de volta aos eixos. Sob o comando de Ilan Goldfajn, o BC teve papel decisivo na queda sustentável da inflação para níveis inferiores aos da tolerância do regime de metas, abaixo dos 3% ao ano, enquanto o juro básico caía ao menor patamar da história, 6,5% ao ano. Juros menores empurram os aplicadores para os mercados de risco, o que abre as portas da capitalização para as empresas. Não se esperava que as novas tendências ganhassem velocidade antes de definições quanto ao próximo governo, mas as expectativas de abertura econômica já melhoraram o ambiente.

O saneamento da Petrobras tornou-se um exemplo dos novos tempos. Sob o comando de Pedro Parente, então presidente do conselho de administração da B3, a estatal traçou planos ambiciosos para se livrar do passado e voltar aos lucros. A melhora do mercado global do petróleo pavimentou o caminho da empresa. Em maio de 2018, ela se comprometeu a pagar dividendos aos acionistas após anos de prejuízos e voltou a liderar o mercado de ações pelo critério de *market cap*. A Petrobras ficou mais parecida com uma empresa privada, até que a greve no transporte rodoviário pusesse o governo de joelhos e levasse Pedro Parente a pedir demissão. O exemplo da Petrobras poderia frutificar no ambiente estatal, permitindo ao governo exercer um amplo controle sobre as empresas em que é majoritário ou sócio único ou na medida em que se desfizer da maioria delas que não precisa nem deve administrar.

Há caminhos a seguir para fortalecer as instituições brasileiras, entre eles fortalecer o mercado de capitais, embora não haja consenso dada a Babel em que se transformou o país no ano eleitoral de 2018.

Um deles é respeitar as instituições, pois da estabilidade delas depende o futuro do país. Em vez de leis demais, estas devem ser poucas e claras, facilmente compreensíveis pela população. Enxugar a parafernália normativa, aí incluídos os atos de centenas de órgãos públicos, é essencial para reduzir os custos das empresas e aumentar a eficiência da economia. Nem seria preciso se socorrer das estatísticas da publicação *Doing Business* do Banco Mundial para entender o quanto o Estado dificulta os negócios dos brasileiros.

Outro é simplificar dramaticamente a legislação tributária, enfrentando as resistências de entes subnacionais em crise fiscal permanente e de grupos de pressão hoje beneficiados por impostos reduzidos.

Um terceiro é reduzir a dependência do Estado dos recursos da nação. A dívida pública terá de ter trajetória cadente até níveis compatíveis com a dimensão da economia brasileira vis-à-vis a dos demais países emergentes. É desafio gigantesco e de longo prazo, mas enfrentá-lo é indispensável para que o Brasil volte a ser *investment grade* para as agências de classificação de risco.

Segue-se a necessidade da segurança jurídica em todos os níveis, como fator essencial de atratividade para capitais locais e internacionais. Segurança jurídica significa segurança para investir, sem a ameaça de passa-moleques por parte dos responsáveis pela prestação jurisdicional.

Outro ponto, enfatizado em recente entrevista do ex-presidente do Banco Central Armínio Fraga, é profissionalizar os servidores do Estado, para que possam trabalhar com eficiência e produtividade comparáveis à de funcionários do setor privado.

Alguns pontos dizem respeito diretamente ao mercado de capitais, que necessita condições propícias para florescer.

O primeiro é ter como regra a ampla transparência das operações, permitindo aos investidores saber como são geridas as empresas e se há fiscalização adequada por conselhos e auditores. Jogar luz sobre o capitalismo de laços será uma tarefa notável, um vasto campo de atuação para a imprensa.

O segundo é assegurar a todos os acionistas direitos iguais ou semelhantes aos dos controladores, mediante ajustes na Lei das S/A.

Um terceiro é conferir extremo rigor às práticas dos órgãos reguladores, que devem ser dirigidos por pessoal altamente qualificado no plano profissional e no plano ético, enquadrando os responsáveis por omissões ou conivência com atos danosos a acionistas ou ao mercado.

Uma quarta linha de atuação é evitar a competição predatória entre crédito e capitalização, com vistas a privilegiar o risco. Isto é mais factível num ambiente macroeconômico favorável.

Combater o poder de mercado é outro caminho a seguir, priorizando a competição e defendendo o direito à concorrência.

Afinal, educação financeira é questão-chave para o desenvolvimento do mercado de capitais, algo que Raymundo Magliano Filho soube muito bem compreender, já que a Bovespa foi sua grande incentivadora e divulgadora. Por isso mesmo, a educação financeira deve ser obrigatória em todas as escolas, desde as secundárias até as faculdades e universidades. Pessoas que desconhecem a língua e a matemática, ou que mal sabem como proteger seus recursos, têm enorme dificuldade de prosperar.

O patrimônio acionário não deve ser apenas expressão de riqueza individual, mas coletiva. A posse direta ou indireta de ações ajuda a estabelecer vínculos de solidariedade entre empresas e trabalhadores, num mercado entre cujas finalidades estão eficiência e melhor distribuição de patrimônio e de lucros para milhões de pessoas.

Fábio Pahim Jr.

Prefácio

Este livro reúne artigos que escrevi ao longo das últimas décadas sobre temas que atravessam o campo do mercado de capitais. Uns mais diretos, outros menos, fato é que em todos delineia-se uma linha mestra: a preocupação de apresentar ao leitor a importância ímpar do mercado de capitais para a sociedade brasileira.

Durante este percurso inúmeros desafios foram constatados, como o leitor poderá perceber. E é justamente por essa razão que decidi tornar esses escritos públicos, e isso num sentido bastante preciso. Em vez de deixar que "a fúria roedora dos ratos" acabasse com eles, como dizia Bobbio sobre alguns de seus textos, dei-me conta de que publicá-los seria a melhor forma de chamar a atenção para a continuidade dos problemas que ainda emperram o caminho do desenvolvimento do mercado de capitais.

Isso significa que os artigos aqui reunidos constituem um campo de estudo para o próprio estudo do mercado de capitais. Diante do ímpeto de sempre se querer (re)inventar a roda, as páginas a seguir procuram destacar a serenidade necessária do olhar atento aos problemas nacionais, sem a pressa costumeira que se perde em fórmulas mágicas e sediciosos argumentos.

Se tenho a certeza de que o conteúdo deste livro pode orientar o futuro pela devida compreensão do passado, é também porque tive o privilégio de caminhar lado a lado com pessoas da mais alta consideração e profissionalismo. No âmbito dos artigos aqui reunidos, destaco meu professor e amigo, Tercio Sampaio Ferraz Junior (com quem escrevi dois artigos da presente coletânea), e Carlos Eduardo Lins da Silva (com quem escrevi um artigo da presente coletânea). A vivacidade, companheirismo e dedicação de ambos é parte constitutiva de todo este trabalho.

Também gostaria de agradecer ao jornalista Fábio Pahim Jr., amigo de longa data com um infindável conhecimento da área, que gentilmente escreveu as linhas que compõem a "Apresentação" do livro, absolutamente indispensável para uma adequada compreensão do contexto geral que amalgama os artigos. Por fim, agradeço a César Mortari Barreira, meu professor nos últimos anos, não só pelas aulas e discussões que tanto apreciamos, mas pelo incentivo e encorajamento para que eu decidisse publicar esses textos.

Uma última consideração: ao narrar os episódios que atravessam os artigos, eu os narro não só como um homem da "prática" e da "teoria", por assim dizer, mas como uma testemunha das dificuldades de um tempo que – e isso é fundamental – permanece. Um tempo de desafios ainda gigantescos para o mercado de capitais, sem dúvidas, mas que pode encontrar nas novas gerações um sujeito ativo capaz de tomá-lo pelas rédeas. Esse esforço, naturalmente, não pode ser suficiente sem o embasamento e reflexão necessários. Por isso mesmo, esses artigos podem ser um ponto de apoio para esta sincera expectativa que ainda aguarda pelos tempos de maturidade do mercado de capitais.

Raymundo Magliano Filho

Alguns aspectos pragmáticos da tomada de decisão com especial referência ao mercado bursátil

Com Tercio Sampaio Ferraz Junior*
Revista Brasileira de Mercado de Capitais, setembro a dezembro de 1974

Introdução

O longo título merece uma rápida introdução. É preciso situar os termos. Este artigo tem intenção meramente exploratória. Não se pretende oferecer uma teoria da decisão, nem muito menos da decisão no mercado de Bolsa. Apresentar aspectos é o máximo que se quer alcançar. Aspectos são entendidos aqui em termos de incursões abertas, ideias que não se fecham, nem querem fazê-lo. Mostra-se, apenas, aqui e ali, um caminho, uma porta, deixando-a aberta. Talvez se trate de aspectos triviais. Não o negamos. Mas sua reunião num conjunto não é arbitrária. Se não há fechamento de teoria, nem por isso deixa de haver orientações na análise. Daí o segundo termo do título: aspectos pragmáticos.

A pragmática é uma disciplina ao mesmo tempo antiga e nova. No passado chamava-se retórica e foi cultivada na Grécia, por Aristóteles, e em Roma, por Cícero (entre outros) com a maestria que os meios lhe permitiam. Modernamente, liga-se aos estudos da semiótica. A Semiótica é o estudo dos signos em tríplice referência. Signos são, por exemplo, as palavras de uma língua. Signos têm correlações tríplices: todo signo significa algo, refere-se a algo para o qual aponta. Esta referência é chamada de semiótica. Mas o signo também se refere a outro signo, isto é, eles se correlacionam entre si.

---

* Tercio Sampaio Ferraz Junior é um dos juristas brasileiros mais reconhecidos no exterior. Doutor em Direito pela USP (1970) e em Filosofia pela Johannes Gutenberg Universität de Mainz (1968), é autor de diversos livros de teoria e filosofia do direito.

Esta referência chama-se sintática. Por fim, signos são usados. Trata-se da referência ao intérprete ou usuário do signo. Esta última é a que se chama pragmática. Faz-se semântica, num sentido bastante lato, quando se estuda, por exemplo, a relação entre um modelo econômico e a realidade ao qual se aplica. Faz-se sintaxe, também num sentido lato, quando se estuda a relação dos modelos entre si ou dos elementos do modelo, internamente. A pragmática é o aspecto mais negligenciado, sobre o qual poucos estudos foram feitos nos diversos ramos do saber. Sua inexatidão compromete uma possível formalização. Pode-se, de modo geral, dizer que aspectos pragmáticos são aspectos comportamentais, ver os aspectos comportamentais ou pragmáticos é situar os problemas do ângulo da comunicação humana, vista como interação de sujeitos que trocam mensagens entre si, definindo, assim, uma situação. Por isso, a tomada de decisão ou, mais amplamente, a decisão em geral, é examinada neste artigo com vistas ao comportamento daqueles que decidem, subjetivando-se ao máximo a análise.

A referência ao mercado bursátil é intencional. Contudo, não pretendemos tomá-lo como objeto de análise, mas antes e tão somente como referência exemplificativa. Pode-se, entretanto, a partir dos exemplos, vislumbrar indicações para uma análise do comportamento de decisão do aplicador de Bolsa.

Por último, uma referência bibliográfica. O texto evita citações, procurando uma leitura contínua, já perturbada pela sua abertura. Desejamos, porém, mencionar as principais obras em que nos baseamos. Todo o modelo teórico da pragmática está fundado num livro de um dos autores deste artigo: Tercio Sampaio Ferraz Jr., *Direito, retórica e comunicação*. São Paulo: Saraiva, 1973. Servimo-nos, além disso, da obra de: March & Simon, *Teoria das organizações*. Rio de Janeiro: Fundação Getúlio Vargas, 1970; D. J. White, *Teoria de la decisión*. Trad. J. L. Garcia Molina. Madri: Alianza Editorial, 1972; D. Braybrooke & Charles E. Lindoblom, *Uma estratégia de decisão social*. Trad. A. Rosenburg. Rio de Janeiro: Zahar, 1972; Daniel Katz & Robert Kahn, *Psicologia social das organizações*. Trad. A. Simões. São Paulo: Atlas, 1970; Paul Watzlawick et al., *Pragmática da comunicação humana*. Trad. A. Cabral, São Paulo: Cultrix, 1973; Adam Smith, *O jogo do dinheiro*. Trad. C. Tozzi. Rio de Janeiro: Expressão e Cultura, 1969; Herbert Simon, *A capacidade de decisão e de liderança*. Fundo da Cultura, 1965; Herbert Simon, "Pesquisa política – a estrutura da tomada de decisão". In: *Modalidades de análise política*. Rio de Janeiro: Zahar, 1970; Niklas Luhmann, "Wirtschaft als soziales System". In: *Soziologisch autklärung*. Opiaden: Westdeutscher Verlag, 1971.

A pragmática da decisão

Situação comunicativa como sistema interacional

Toda decisão ocorre numa situação comunicativa. Admitimos que todo comportamento, o ato de falar, o discurso, é ação dirigida a outrem. O ato de falar, especialmente, é, porém, ação dirigida a alguém (ouvinte) por alguém (orador), com apelo ao entendimento de quem ouve. Considera-se, assim, discurso ou ato de falar apenas aquele que pode ser entendido, isto é, ensinado e aprendido. O aprender corresponde à possibilidade de o destinatário repetir o ato ensinado. Assim, quando, digamos, alguém ordena: "Aproxime-se", e o ordenado se aproxima, dizemos que o ato de falar realizou-se. A situação de ensinar e aprender, na qual se manifesta a compreensibilidade da ação, denominamos situação comunicativa. Situação comunicativa não deve ser confundida com uma relação de partes físicas, isto é, entre seres humanos apenas biologicamente constituídos e sinais fisicamente identificáveis (por exemplo, o dedo que aperta o botão e a luz acende), mas entre ações e resultados de ações fazendo com que a situação comunicativa não tenha uma estrutura à parte do seu funcionamento. Melhor explicando, as relações (estrutura) que compõem a situação só são identificáveis enquanto esta funciona. Neste sentido, falar, por exemplo, não é, em princípio, uma sequência predeterminada e automática de ações, não se confundindo o seu agir com um mero ritual, ainda que uma ritualização, como possibilidade, não se exclua.

Não sendo uma sequência preestabelecida ritualmente, aquilo que faz com que uma ação ocorra é o comportamento seletivo das partes que se põem em relação de ensinar e aprender, determinando alternativas, escolhendo caminhos, absorvendo incertezas, transformando questões complexas em questões mais simples etc. Esta sequência, que constitui a situação comunicativa, revela-se como ação inter-homines, sendo apenas de modo secundário uma relação entre agentes humanos e coisas.

Uma situação comunicativa não ocorre, porém, num vácuo, mas se manifesta sempre, por sua vez, num conjunto de articulações complexas que a circundam, tendo assim um limite identificável. Este limite tem um aspecto externo – mundo circundante – e um aspecto interno – estrutura da situação. O primeiro corresponde à complexidade maior ou à grande complexidade, isto é, ausência de consenso, conflitos em larga escala, alternativas abertas de ação etc. O segundo corresponde à complexidade reduzida ou complexidade menor. Assim, a situação em que cinco garotos atiram-se num monte de feno para descobrir vinte bolinhas de vidro e a situação em que o monte é dividido em cinco setores, um para cada garoto, estão em relação de maior e menor complexidade. Não, necessariamente, por uma razão de eficiência, mas pela simples diminuição das possibilidades de ação ou redução de alternativas. Nesses termos, podemos dizer que uma situação comunicativa, em que ocorre a ação, pode ser vista como constituindo um sistema. Neste, por exemplo, a ação do que fala (orador) quer ou pode provocar uma resposta no que ouve (ouvinte), influenciando-o, tornando-o passivo, reativo etc. Este comportamento de quem fala chamamos de mensagem ou comunicação. Uma séria de mensagens trocadas entre um orador e um ouvinte, denominamos interação. Neste sentido, dizemos que uma situação comunicativa constitui um sistema interacional.

Do que dissemos, podemos perceber que todo ato comunicativo deve ser visto dentro de uma situação, concebida como sistema interacional, a qual compreende a situação em que alguém informa e alguém é destinatário da informação. Esta situação pode ser racional ou irracional. Admitimos que uma situação comunicativa é racional na medida em que a relação entre as partes é ordenada de acordo com uma regra básica: a regra do dever de prova ou do ônus da prova, segundo a qual quem tem o dever de falar tem também o dever de provar aquilo que diz, sempre que solicitado. Toda vez que isto ocorre, isto é, toda vez que a parte que comunica tem condições para fundamentar o que comunica, dizemos que sua ação é sustentável. Assim, numa situação comunicativa racional, o emissor é aquele que tem o ônus da prova. O receptor é aquele de quem se espera uma reação (positiva, negativa, ativa, passiva, contestatória, indiferente etc.). Por fim, constitui elemento da situação o objeto da comunicação, isto é, aquilo é comunicado e que não deve ser confundido com o conteúdo da comunicação, aquilo sobre o que se comunica.

Assumimos que o ato comunicativo é um ato racional no sentido de ato fundamentante ou ato que presta contas do seu agir. Aqui é preciso distinguir dois casos diferentes. Ocorre às vezes que, numa situação comunicativa racional, alguém se dirige a outrem para produzir neste um sentimento de convicção, no sentido de conquistar sua adesão a uma asserção verdadeira. É o caso, por exemplo, do cientista que, realizando uma pesquisa, demonstra uma hipótese que soluciona determinado problema. A convicção que ele quer produzir nos seus colegas é um sentimento que se funda na verdade e o consenso, eventualmente obtido, é por ela condicionado. A relação interacional entre o que propõe a solução e o que é seu destinatário é de natureza cooperacional, caso em que entre as partes há homologia: ambas possuem qualidades não só para dialogar uma com a outra, mas também para verificar interpessoalmente o que é afirmado.

Ocorre, entretanto, outro caso de relação interacional em que as partes não são homólogas, mas heterólogas. A heterologia significa não que as partes se recusem ao diálogo, mas sim que dialoguem partidariamente, não se falando aqui de condições equivalentes de verificação intersubjetiva. Neste caso, dizemos que alguém se dirige a outrem não para convencer, mas para persuadir. Ao contrário da convicção, a persuasão é sentimento de natureza prática, que ocorre ao nível da ação e que não necessita da verdade para obter adesão. O objeto desta relação interacional não se confunde, pois, com problemas científicos, mas deve ser visto como questão conflitiva. Não se entenda o termo conflito no sentido usual, pois na língua cotidiana, conflitos pressupõem discussões violentas, onde a forte oposição entre as opiniões divergentes e inconciliáveis gera a recusa de dialogar e de apresentar razões para aquilo que se comunica. Entendemos, ao contrário, como conflito, em primeiro lugar, apenas um conjunto de possibilidades estruturadas em alternativas de natureza incompatível. Incompatibilidade distingue-se de contraditoriedade. Alternativas contraditórias pressupõem o princípio lógico do terceiro excluído (sendo B e C diferentes, A não pode ser igual a ambos, ao mesmo tempo). Alternativas contraditórias são mutuamente excludentes. Uma asserção contraditória não tem sentido. Nas alternativas incompatíveis, todavia, as possibilidades não se excluem mutuamente, pois, à diferença das contraditórias, elas não indicam, fora de qualquer situação, que a adoção de uma alternativa seja o oposto da outra. Assim, por exemplo, num sistema de regras de conduta, uma regra que recomende cautela nos negócios e outra que peça a coragem de assumir riscos aparecem como incompatíveis (mas não contraditórias) se alguém, num caso concreto, tem que optar por elas. A incompatibilidade só surge, então, no plano da ação (sistemas de ação), dentro de uma situação interacional: ela resulta de duas proposições analíticas (agir com cautela e assumir riscos) e uma proposição empírica (a que descreve a situação) que estabelece a concorrência entre as primeiras. Isto é, a provável oposição entre as duas proposições tem caráter analítico, enquanto sua incompatibilidade é um problema empírico.

Conflitos são, portanto, alternativas incompatíveis, mas que, além disso, pedem uma decisão. Questão conflitiva e decisão são termos correlatos. A decisão, neste sentido, pode ser vista como ação comunicativa que traz consigo graves sanções: decidir não quer dizer fazer desaparecer conflitos, mas resolver conflitos.

Embora não se possa negar, sobretudo pela literatura norte-americana sobre administração pública, que uma decisão procura alcançar, através de um arranjo de meios e compensações, um máximo de cooperação concreta e consenso entre os atingidos, parece-nos que tanto no caso da administração pública como no da privada, é preciso por em relevo que consenso e cooperação não constituem nem a finalidade, nem a condição primária da decisão. Decidir, neste sentido, não é primordialmente estabelecer uma repartição equitativa entre as chances melhores, reveladas pela justificação das alternativas em conflito numa situação dada, uma vez que isso pressuporia sempre, para a decisão, um critério exterior à própria situação, que teria de definir, idealmente o que se entende por repartição equitativa. Esta é a concepção idealista da decisão, presente na teoria da otimização, caso em que opiniões e contra opiniões deixam indiferenciados os momentos de concorrência e correlação na condição de um critério que ordene as opiniões. Nesta situação, todos os dados relevantes seriam anteriormente conhecidos e todas as alternativas poderiam ser enumeradas e avaliadas de antemão, não restando senão um ato de escolha. Se isto é possível em situações simples, percebemos, nas complexas, onde as avaliações não são tão nítidas, que um ato decisório não se confunde mais com um simples ato de escolha.

A nosso ver, a finalidade imediata da decisão está na absorção de insegurança (Simon/March), no sentido de que a partir de alternativas incompatíveis, enquanto premissas relativamente inseguras, novas premissas são obtidas, sem a necessidade de retorno às incompatibilidades primárias. Absorção de insegurança, entretanto, não significa, necessariamente, obtenção de consenso. A decisão não visa à diminuição ou à eliminação de incompatibilidades, no sentido de que certas alternativas em conflito seriam reduzidas a asserções não significativas, pois isto tornaria a incompatibilidade ainda mais aguda. Em termos de teoria da informação, a absorção de insegurança não deve ser confundida com um processo automático de eliminação de informações, como temos em decisões computadorizadas. Tanto a decisão quanto o trabalho do computador são processos seletivos, mas que não se cobrem necessariamente. Na decisão, o processo seletivo visa transformar incompatibilidades indecidíveis em alternativas decidíveis que, por sua vez, noutro plano, podem gerar novas alternativas indecidíveis, com a exigência de novas decisões etc. Isto liberta o conceito de decisão do conceito de harmonia e consenso. Uma decisão pressupõe sempre uma incerteza sobre a qual se situará a decisão e uma única certeza, a de que uma decisão será tomada. Ou seja, o conflito é condição de possibilidade da decisão na medida mesma em que a exige. A partir disso, ele não é eliminado, mas transformado.

Situação comunicativa e ato decisório

Como pode ser observado, estamos tomando o termo decisão num sentido bastante amplo, diferente daquele que está hoje divulgado e difundido em quase todas as ciências sociais e que foi desenvolvido pela Economia e Estatística no contexto da chamada teoria matemática da decisão. Esta, como é sabido, se atém a um conceito de processo decisório que não se importa com o comportamento daqueles que decidem.

Do que dissemos anteriormente, é possível perceber-se que o ato decisivo é visto por nós dentro de uma situação comunicativa, de natureza peculiar, em que o comportamento das partes em interação gera incompatibilidades que chamamos de conflito, as quais não podem ser solucionadas por meros atos de escolha, caso em que as alternativas, que aparecessem na situação, confinariam um sistema simples, em que todas as possibilidades poderiam ser enumeradas e avaliadas de acordo com critérios definidos. Ao contrário, a decisão propriamente dita é um tipo de solução que as partes buscam toda vez que as alternativas não se submetem a tais critérios, obrigando o pensamento a enfrentar complexidades incertas e indeterminadas, onde a racionalidade simétrica entre problemas e soluções de problemas não é a regra.

Desejamos, agora, considerar a estrutura do ato decisório dentro da situação comunicativa em que ele ocorre.

Dissemos que a exigência de decisão surge sempre que as partes comunicadoras, na situação comunicativa, são heterólogas. A heterologia manifesta-se de vários modos: pela diversidade dos interesses, que podem ser os mesmos ou complementares, mas vistos de ângulos diversos; pela diversidade das condições de avaliação; pelo seu modo diverso de falar etc., ocorrendo, então, entre as partes, um diálogo ao nível opinativo, sendo partidárias as suas ações e reações. O objeto comunicado é, assim, determinado como algo dúbio, aquele para o qual não há parâmetros certos (o que aliás desqualificaria o objeto como algo dúbio), nem ao menos parâmetros prováveis (o que daria a chance de se eliminar a dubiedade por um ato de escolha). São justamente essas características que qualificam o objeto comunicado como um conflito ou questão aqui conflitiva, aquela que só pode ser solucionada por decisão. Assumindo-se que a relação interacional ocorre entre partes heterólogas, poderíamos também dizer que o conflito é uma espécie de interrupção que nos motiva a retomá-la, reconstruindo-se a comunicação. Nesta medida, mais uma vez se reafirma, a decisão é o ato que está na dependência direta das partes comunicadoras e do tipo de conflito que entre elas ocorre.

Algumas observações exploratórias sobre o processo decisório no mercado bursátil a título de uma teoria provisória da decisão

O mercado bursátil como sistema interacional

Não vamos desenvolver nenhuma teoria do mercado bursátil, nem tentar qualquer definição a seu respeito. Nosso intento é mais limitado. Observamos, pelo dito anteriormente, que uma análise pragmática da decisão obriga-nos a vê-la dentro de um sistema interacional que chamamos de situação comunicativa. Vamos, pois, elementarmente e na medida das nossas necessidades, fixar alguns comportamentos deste mercado.

De modo geral, pode-se dizer que toda decisão é, até certo ponto, uma questão de acomodação. A solução eleita no ato decisório jamais permite a realização completa ou perfeita dos objetivos visados pelas partes, sendo apenas a melhor solução nas circunstâncias. Neste sentido, a situação comunicativa e o seu mundo circundante limitam, inevitavelmente, as alternativas disponíveis e, assim, as possibilidades de decisão.

Os teóricos costumam ver o mercado bursátil como um jogo infinito de **n** pessoas (A. Smith), ou ainda como um jogo de soma não nula, caso em que a soma dos ganhos de um jogador não é necessariamente igual à soma dos prejuízos do outro. Caracterizamos, com isso, uma situação interacional, em que dois ou mais comunicadores, heterólogos, estão diante de alternativas incompatíveis, cada uma das quais, se efetivada, implicará um ganho ou um prejuízo para quem opta, dependendo do comportamento dos demais comunicadores, tomadas no seu conjunto.

O mercado bursátil, visto como sistema interacional, deve ser delimitado no seu repertório e na sua estrutura. Chamamos de repertório o conjunto de elementos que compõem o sistema. Denominamos estrutura o conjunto das relações, conforme um conjunto de regras, que se estabelecem entre os elementos. Tratando-se de um sistema interacional, o seu repertório é constituído de comportamentos e de sujeitos destes comportamentos. Poderíamos, a título de sujeitos da interação, classificar uma série de entidades como grupos financeiros, investidores, individuais, fundos, carteiras personalizadas, clubes de investimento etc. Chamemos, entretanto, para simplificar, de sujeito da situação bursátil apenas o aplicador, entendendo como tal aquele que, diante de outrem, tem como possibilidades limitadas de comportamento vender ações, comprar ações, não vender ações, não comprar ações. A opção do aplicador por um destes comportamentos faz do seu ato um ato decisório. A decisão de um aplicador tem por destinatário outro aplicador ou o conjunto dos aplicadores, com os quais, então, ele interage. Cada decisão, nesta medida, tem um peso no curso de situação, definindo, através da interação entre decididores e destinatários da decisão, o desenvolvimento da ação, podendo surgir daí novas situações que irão tornar a situação mais ou menos complexa, donde a exigência de novas e contínuas decisões.

A situação interacional bursátil deve, neste sentido, ser considerada como não somativa, na medida em que a situação não é vista como emergente ou derivada das propriedades dos sujeitos que interagem. Assim, quando dizemos, por exemplo, que a decisão de A afeta o comportamento de B, não podemos deixar de considerar a reação de B como um estímulo para o evento seguinte. A relação entre as partes não é, pois, linear e unilateral, mas bilateral e circular. Portanto, a retroalimentação é a qualidade que explica como as partes se interagem. O sistema interacional é aberto ao mundo que o circunda, do qual retira energia para agir e para o qual exporta a energia que produz. Por isso seu padrão de atividade é cíclico. Isto porque o produto exportado (poupança) tende a aumentar a complexidade do mundo circundante, e esta complexidade aumentada volta a ser motivação externa do sistema (não se devendo confundir aumento de complexidade com aumento de riqueza). Como sistema, o mercado bursátil proporciona recursos financeiros à realização de investimentos, cuja função é promover o entrosamento de necessidades distintas e complementares de aplicadores e empresários. Neste sentido, atua como sistema auxiliar do sistema econômico maior, o qual se constrói em torno da possibilidade de adiar decisões sobre a satisfação de necessidades, garantindo, apesar disso, já no presente, esta satisfação, a fim de aproveitar a disposição de tempo ganho (Luhmann); ou seja, o problema central do sistema econômico é de natureza temporal. A satisfação de necessidades futuras pode, é claro, ser tratada como um problema atual, e isso se faz com a imagem da **escassez**. Mas uma visão sistêmica nos mostra que a escassez não é uma qualidade natural das coisas (idêntica à falta-de, ausência-de), nem uma relação natural entre necessidades e satisfação de necessidades, mas sim um ponto de vista abstrato de comparação que permite ao economista exprimir as necessidades como temporalmente consistentes, equalizando-as através do transporte para o mecanismo do dinheiro. O dinheiro é cronicamente escasso, podendo atuar, por isso, como expressão presente e sempre atual da necessidade abstrata de garantir a satisfação, já no presente, das necessidades futuras. Com isso cria-se a motivação abstrata para a privação de necessidades satisfeitas no presente, no interesse das necessidades futuras, concretamente incomparáveis. Percebe-se, assim, que o sistema econômico não tem como função eliminar, mas aumentar a escassez, que não diminui, mas cresce com o aumento da capacidade produtiva (Luhmann).

Neste contexto, o mercado bursátil atua como uma forma de redução de complexidades infinitas, na medida justamente em que possibilita relações impessoais, isto é, neutraliza a relevância de outros papéis dos participantes do sistema econômico, dispensando outras formas de controle do comportamento, trazendo, todavia, para o próprio mercado, incertezas de orientações e insegurança nos comportamentos decisórios. Nestes termos, na situação interacional bursátil, os aplicadores, ao agirem, assumem papéis básicos que queremos denominar de investidor e especulador. Estes papéis correspondem a especificações internas do sistema. Entendemos por investidor o aplicador que compra ou vende, ou deixa de comprar e vender, visando a rendimentos da ação a longo prazo e não jogando nas oscilações; o especulador, ao contrário, joga nas oscilações, visando ao lucro a curto prazo.

Em resumo, o mercado bursátil, subsistema interacional, permite-nos distinguir o seguinte repertório ou conjunto de elementos: aplicadores, que são os sujeitos de interação comunicativa, e o objeto comunicado, que são os seus comportamentos (vender, comprar, não vender, não comprar). O número de indivíduos capazes de atuar nesta situação é praticamente infinito, sendo, no entanto, limitado o número de comportamentos possíveis. Diante desta complexidade, o mercado desenvolve estrutura própria, conjunto de relações que comporta retroalimentação, padrão cíclico de atividades e comportamento através de papéis determinados e devidamente neutralizados. Para o nível exploratório da análise que estamos fazendo, basta-nos esta descrição sumária e elementar, uma vez que a complicação de modelo resultaria numa perda de nitidez.

Qualidades conjeturais da decisão, tendo em vista a situação interacional bursátil

A inserção da decisão bursátil numa situação interacional permite-nos levantar algumas qualidades conjeturais do ato decisório. Valemo-nos, para esta parte da análise, do estudo de Watzlawick, Beavin e Jackson (op. cit.).

Dada a situação comunicativa que acabamos de descrever, o comportamento dos participantes é sempre um comportamento decisório, ou seja, não existe para o aplicador a possibilidade de não decidir. Face às alternativas conflitivas – vendo não vendo; compro não compro – o aplicador estará decidindo, ainda que resolva ignorar o conflito. Tal fato decorre da observação de que o comportamento não tem oposto, isto é, não existe um não comportamento que seja também um comportamento. Daí a impossibilidade de não decidir, já que a decisão de não optar é também uma decisão.

Sendo a decisão um procedimento interacional (quem decide decide para alguém ou em relação a alguém), podemos, então, afirmar que ela sempre implica um cometimento, isto é, ao decidir, não só se transmite uma informação, mas, ao mesmo tempo, impõe-se um comportamento. A informação transmitida corresponde ao relato da decisão. O relato é aquilo que é comunicado, por exemplo: *compre 150 ações da empresa X*, não devendo ser confundido com o objeto de decisão que é o comportamento *compre*. A transmissão de um relato (também chamado de conteúdo) é sempre acompanhada de um aspecto ordem, que se refere à maneira pela qual o relato deve ser compreendido, referindo-se, pois, a uma informação sobre a informação, em que se definem as relações entre as partes. Compara-se, por exemplo, a decisão *compraremos as ações da empresa X* com a decisão *é preciso comprar as ações da empresa X*. O relato de ambas é aproximadamente o mesmo, com mudanças apenas na ordem. Numa situação bursátil, portanto, uma decisão envolve não só uma informação, mas releva concomitantemente uma informação sobre a informação, que interfere no comportamento do destinatário, na medida em que transmite um relato e uma ordem que classifica o relato. Normalmente, numa interação bursátil, as relações raramente são definidas por ordens deliberativas e conscientes. Quando esta acontece, entretanto, as relações entre as partes podem tornar-se difíceis, caracterizando-se por uma luta que tende a romper com a neutralidade das relevâncias de outros papéis impostos pelo mercado, surgindo interferências políticas e/ou sociais declaradas.

Uma decisão é, pois, sempre um ato comunicativo. Como ato humano, definiu-se como basicamente digital, embora seja também analógica. O caráter ao mesmo tempo digital e analógico da decisão é o responsável por muitas de suas ambiguidades. Uma comunicação digital, apresenta-se, genericamente, como uma comunicação verbal. Sempre que usamos uma palavra para denominar algo, a relação entre a palavra e a coisa é arbitrária. Palavras são, pois, signos arbitrários, sem nenhuma relação com aquilo que significam. O material da mensagem digital é, por isso, complexo, versátil e abstrato, possuindo recursos sintáticos de construção do tipo: se... então, ou... ou, não etc. Já a comunicação analógica apresenta uma complexidade menor, não possui recursos sintáticos desta natureza, não tem forma negativa e corresponde, em geral, a toda comunicação não verbal. Assim, por exemplo, as palavras de uma decisão verbal – resolvemos comprar mais de 100 ações – correspondem ao aspecto digital da decisão; se ela é oralmente comunicada, correspondem ao aspecto analógico o tom de voz e o acento posto nesta ou naquela palavra que define as relações entre os comunicadores. O problema da ambiguidade surge porque a decisão, usando necessariamente as duas linguagens, tem que traduzir constantemente de uma para a outra. Sempre que isto é feito, podem ocorrer problemas para a compreensão do ato decisório, dado a impossibilidade de traduções perfeitas. Assim, quando um grupo decide comprar determinada ação na baixa para revendê-la na alta, sua decisão digital pode ser acompanhada de comunicações analógicas, como demonstrações de desinteresse ou interesse por outas ações ou outros tipos de ações. Como, entretanto, a mensagem analógica é ambígua em relação à digital, podem surgir complicações. Assim, por exemplo, uma empresa decide publicar sua meta de exportação no ano fiscal e o faz digitalmente, a fim de promover o interesse por suas ações, ao mesmo tempo em que, analogicamente, está querendo dizer: estamos crescendo, daremos mais dividendos aos acionistas (esta seria a tradução digital do que se está comunicando analogicamente). Como a comunicação analógica é ambígua, ela pode, então, ser entendida como: o mercado está saturado, estamos procurando uma alternativa. É verdade que a comunicação analógica só vale dentro de uma situação concreta na qual tem seu significado. Mas sempre que a própria situação é equívoca, os problemas permanecem. Assim, uma empresa pode enviar aos seus departamentos um plano de contenção de despesas (decisão digital), querendo analogicamente dizer: estamos cuidando de nossas finanças, podendo, porém, ser interpretada, na situação ambígua do mercado: financeiramente não estamos bem, pois estamos contendo despesas.

O leitor já deve ter percebido, pelos exemplos, que o aspecto digital da decisão refere-se mais ao relato, isto é, a informação comunicada, enquanto o aspecto analógico diz antes respeito à ordem, isto é, às instruções para as partes de como deve ser entendido o relato. Sabendo-se que a ordem é uma comunicação sobre a comunicação, isto é, uma metacomunicação, podemos concluir que a capacidade da metacomunicar adequadamente é condição *sine qua non* de uma decisão bem-sucedida.

A característica seguinte do ato decisório refere-se a sua natureza interacional. Toda decisão pressupõe um decididor e um endereçado da decisão. O problema consiste em saber quem decide e quem é o destinatário da decisão. Para um observador externo, um processo decisório é composto de uma série de mensagens e respostas a mensagens, em sequência ininterrupta, sem que se possa, em princípio, distinguir o decididor do destinatário da decisão. Para os participantes da decisão comunicativa, entretanto, a situação pode ser claramente definida. Assim, para o observador externo, a decisão do investidor A de comprar ações da empresa X corresponde à decisão do investidor B de vendê-los ao investidor A. Ambos decidem. Para os participantes, porém, ocorre aquilo que é chamado de pontuação de sequência de eventos ou definição de posições. A pontuação organiza os eventos comportamentais e é básica para as interações na situação. Na verdade, a divergência em como pontuar a sequência de comportamentos faz do ato decisório um ato estratégico. Neste sentido, quando um investidor decide comprar, pode-se perguntar se, no fundo, sua decisão não corresponde, por assim dizer, a uma resposta à decisão de outro de vender. Estratégias do tipo *vou comprar para causar o aumento do preço, para depois vender em melhores condições* representam lutas em torno da pontuação da sequência. Concluímos, então, que toda decisão está na dependência da pontuação da sequência de eventos da qual os comunicadores da situação podem se servir para controlar a sequência, o que faz do ato decisório um ato estratégico.

A definição de posições, básica para a estratégia da decisão, leva-nos, por fim, a mais uma qualidade interacional do ato decisório. Costuma-se dizer que a decisão de empresários de procurar poupança, emitindo ações, obrigações etc., e a disposição de investidores de adquiri-las são complementares. Relações complementares são aquelas baseadas na noção de diferença. Por sua vez, decisões complementares são as que aumentam a diferença entre as partes, fazendo com que os respectivos papéis se complementem. Neste caso, podemos distinguir entre relações de coordenação, hipótese em que uma parte assume claramente a posição de decididor, sem impor à outra a posição de destinatário, mas comportando-se de tal modo que a outra se encaixa no seu comportamento. Por exemplo, uma grande empresa assume a posição de compradora de suas próprias ações, através de sua *holding* – decide comprar –, provocando uma reação complementar de coordenação, fazendo com que investidores menores resolvam vender. Os comportamentos são dessemelhantes, mas ajustados, provocando-se mutuamente. Outras hipóteses há, porém, em que a relação complementar é de subordinação. Isto ocorre quando o decididor ocupa, em relação ao destinatário, uma posição hierárquica superior, estabelecida pelo contexto social ou institucional. Por exemplo, uma decisão do Banco Central de intervir na Bolsa, ou o caso em que uma determinada empresa é a única compradora possível de suas próprias ações, através de uma *holding*, o que lhe garante a posição hierarquicamente superior. Além das relações complementares, mencionamos também as de reciprocidade, no sentido de que, na situação, ambos os comunicadores emitem e recebem decisões, trocando continuamente de posição. A interação é, então, baseada na noção de igualdade. Nesta hipótese concentram-se as decisões consensuais, em que a ação de um tende a refletir o comportamento do outro. Por exemplo, um aplicador decide vender e outro comprar a mesma ação pelo mesmo preço.

As qualidades conjeturais do ato decisório nos fazem ver, pois, em que sentido o comportamento interacional de decididores e destinatários da decisão constitui dado fundamental para entendermos seu processo. Além disso, estas qualidades nos permitem compreender também a colocação das alternativas e seu relacionamento com a própria decisão.

Relação entre tipos de conflito, de decisão e de estratégia

Para um aplicador qualquer, a reação esperada do destinatário de sua mensagem determina o tipo de conflito. Aproveitando-nos de uma tipologia de Simon e March (op. cit.), e modificada para o nosso ponto de vista, distinguimos:

a) O destinatário recusar-se-ia a aceitar a alternativa A do aplicador, e, embora fosse capaz de reconhecer-lhe as vantagens, não lhe parecia suficientemente boa para atingir um padrão considerado satisfatório; como a alternativa B, por hipótese, não pode ser proposta pelo aplicador, pois, por motivo análogo ele não poderia aceitá-la, a situação comunicativa gera um conflito de inaceitabilidade. Esta hipótese ocorre sempre que a incompatibilidade resulta da recusa de uma, de outra, ou de ambas as partes em aceitar alternativas viáveis. Este caso pode ser exemplificado com uma situação de mercado especulativo, na qual as ações variam de preço rapidamente, podendo o comportamento dos agentes apresentar as seguintes características: a alternativa X de um investidor (comprar) e a alternativa Y de um especulador (vender) geram inaceitabilidade; daí a busca de redução da incompatibilidade, capaz de motivar a decisão do investidor de nem comprar nem vender, ou de procurar uma alternativa Z, que rompa o dilema.

b) Mais comum, contudo, é a situação em que o aplicador percebe e conhece as consequências da alternativa A que ele gostaria de propor, mas há também a alternativa B, cujas consequências são igualmente perceptíveis. Neste caso, pode ocorrer, na relação aplicador-destinatário, um conflito de incomparabilidade, hipótese em que as alternativas são por ambos aceitáveis, mas nenhum deles é capaz de identificar qual delas lhe é mais favorável. Assim, numa situação de mercado estável, a alternativa do investidor X (vender mas não comprar) e a alternativa do investidor Y (comprar mas não vender) podem pedir decisão, na medida em que ambos não identificam o que lhes é mais favorável. Esta situação pode gerar um processo persuasório, com a finalidade de demonstrar a decisão mais razoável.

c) Ocorre ainda o caso em que os aplicadores, decididores e destinatários da decisão, não percebem sequer as consequências das alternativas propostas, não podendo igualmente avaliar-lhes as vantagens; trata-se, então, de um conflito de incerteza. Numa situação de mercado em alta ou em baixa, a alternativa do investidor A (vendo agora) e a alternativa do investidor B (compro agora), dada a baixa informação, gera incerteza, donde a busca de uma redução, por exemplo, a decisão de esperar, ou o pedido de uma clarificação.

A partir dos conflitos ora configurados (as três hipóteses podem ser combinadas, produzindo tipos mistos), podemos ressaltar, agora, alguns elementos que vão nos permitir a distinção entre tipos de decisão. Na tipologia conflitual, há dois fatores que a organizam. Um se refere ao conhecimento ou percepção das consequências da alternativa; podemos falar também no grau de informação que as partes comunicantes têm das alternativas, no sentido de perceber-lhe as consequências e avaliar-lhes as vantagens; o outro se refere ao critério de julgamento, ao padrão considerado satisfatório que podemos chamar de objetivo do investidor ou lucro. Chamemos estes dois fatores de compreensão e lucro visado. A compreensão corresponde à informação que as partes têm sobre as características do conflito diante do qual se encontram. O lucro visado significa a alteração na situação, projetada pelas partes.

De acordo com Braybrooke e Lindblom (op. cit.), admitamos que as decisões, em termos do seu projeto, possam visar a uma grande ou a uma pequena mudança (lucro). Em termos de lógica formal, grande e pequeno são palavras (predicadores) contrárias, ou melhor, são contrários polares, pois indicam polos opostos entre as quais há uma espécie de linha contínua que as une, de tal modo que todo pequeno o é em relação a um grande e vice-versa. Admitamos, de acordo com os mesmos autores, que pequena é uma mudança que se prende em uma variável relativamente sem importância da situação ou uma mudança relativamente sem importância numa variável importante. Esta mudança é também chamada de incremental. As grandes mudanças ou mudanças não incrementais dão-se ao contrário. Na verdade, a diferença entre ambas é apenas de grau e não se deve olvidar, ao distingui-las, o fator tempo (uma mudança incremental, a longo prazo, pode ser vista como não incremental). Nas mudanças incrementais distinguimos ainda entre as repetitivas, as que se repetem frequentemente, e as não repetitivas, as que constituem um pequeno passo numa sequência descontínua.

Com a linha contínua das pequenas e das grandes mudanças (lucro), fazemos cruzar outra linha gradativa, referente a dois outros polos da decisão: com alta e com baixa compreensão. De um lado, falamos em informação falha, possibilidade imprecisa ou confusa de avaliar as consequências ligadas às alternativas em jogo, bem como das suas vantagens.

Combinando os dois contínuos, podemos agora distinguir os seguintes tipos de decisão: (o quadro é adaptado de Braybrooke e Lindblom, op. cit.).

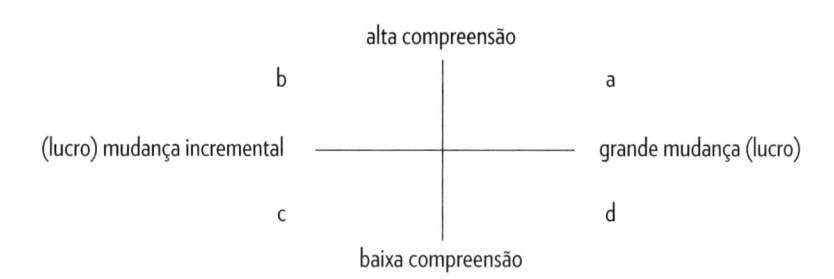

```
                         alta compreensão
                    b              |              a
(lucro) mudança incremental  ——————+——————  grande mudança (lucro)
                    c              |              d
                         baixa compreensão
```

A letra (a) corresponde a decisões que visam a um grande lucro e são guiadas por alta compreensão; a letra (b), decisões que visam efetuar um lucro incremental, guiadas por alta compreensão; a letra (c), decisões que visam efetuar um lucro incremental, guiadas por baixa compreensão; a letra (d), decisões que visam efetuar um grande lucro, guiadas por baixa compreensão.

Destes quatro tipos, o quadrante (a) tem pouco interesse para o mercado bursátil. Não se pode falar, neste caso, em decisão propriamente dita, mas em escolha. A situação de grande lucro conjugado com alta compreensão configura, na verdade, situações utópicas, em que os aplicadores estariam buscando uma solução ótima, num campo de possibilidades minuciosamente especificado e nitidamente definido. Isto exigiria que os agentes, ao escolherem, tivessem já todas as alternativas possíveis, que constituiriam para eles um dado, que eles não precisariam indagar como fora obtido. Cada alternativa seria, então, associada a um conjunto de consequências (escolhas possíveis) que deveriam ocorrer, caso fossem assumidas. Pressupõe-se, aqui, um modelo. Chamemo-lo socrático, de racionalidade, segundo o qual há um critério para se dizer como convém que as pessoas ajam, podendo ter sido outra a sua ação, no caso de falta de informações, se os agentes tivessem sabido. Esta concepção da decisão racional, sobretudo no mercado bursátil, é utópica, pois tendo em vista o fator grande lucro somos obrigados a neutralizar ao extremo a atuação dos agentes, procurando visualizar as suas ações em função dos quadros de referência, de um terceiro observador que estabelece a racionalidade delas de um ângulo privilegiado. Se isto fosse possível, uma ótima solução não seria propriamente decisão, pois não haveria conflito, podendo-se mesmo duvidar se haveria até escolha, pois estaria prevista a existência de padrões que permitiriam a comparação de todas as possibilidades para todos os agentes e a existência de uma possibilidade que, conforme os padrões, seria preferível.

O quadrante (b) trabalha, como o anterior, com alta compreensão. Mas, nesse caso, a decisão, ou melhor, a escolha é possível, pois a situação de pequeno lucro, com caráter além do mais repetitivo, se coaduna com a neutralização dos papéis. No mercado de capitais podemos vislumbrar, como exemplo, o caso em que os agentes são aplicadores em renda fixa, que jogam com alta informação e visam a pequenos lucros. Trata-se de situações em que o comportamento das partes é, num alto nível, previsível e controlável, mesmo com alta neutralização dos papéis. Suas decisões podem, por isso, ser programáveis (Simon), no sentido de serem repetitivas e rotineiras, criando-se condições para a elaboração de um processo definido para a sua abordagem, de modo que não tenham de ser repensadas toda vez que ocorram. Trata-se, pois, de decisões em que a relação entre decididor e destinatário é estabilizada e limitada na sua reflexividade, isto é, na possibilidade (controlada) de metadecisões; o decisor controla as ordens e os relatos. Sendo, então, decisões de baixa reflexividade (possibilidade regressiva de metacomunicações), dada a alta compreensão e o pequeno lucro, é possível limitar as alternativas, excluindo-se de decisão a questão de como decidir, a discussão em torno do modo de decidir, o qual pode, assim, ser programado, ou seja, submetido a procedimentos padronizados de operação. Dadas as expectativas comuns e definidos os canais de informação, admite-se inclusive análise matemática, simulação com computadores e processamento eletrônico de dados.

O último quadrante, o quadrante (d), refere-se, por sua vez, a decisões inusitadas, não estruturadas e de importantes consequências. A baixa compreensão que as alimenta, torna praticamente impossível até mesmo seu pioneirismo estratégico. Classificamos aqui os comportamentos do especulador, em situações de crise, os quais, trabalhando sempre com baixa informação, procuram grandes e rápidos lucros. Suas decisões são, por isso, de alto riacho, jogos de tudo ou nada, em que o decididor tem de se servir de formas intuitivas de percepção da situação comunicativa. Nestas decisões, todas as alternativas são incertas, nem decididor nem destinatário podem prever os comportamentos, que são classificados, então, de oportunistas. Oportunismo não deve ser confundido, porém, com insensatez, com atitudes do tipo vale qualquer coisa, o que der e vier, mas pressupõe certa organização – intuitiva – do comportamento, no sentido de se fixar de um só golpe as múltiplas mudanças de orientação e de preferência dos endereçados da decisão.

Deixamos de propósito, por último, o quadrante (c), pois, no moderno mercado bursátil, com a difusão dos meios de comunicação, recebemos informações de todos os tipos, lugares e formas, aparecendo o grande problema de como organizá-las e utilizá-las. A solução que parece difícil e onerosa, faz-nos ver, paradoxalmente, que esta enorme e difusa quantidade de informações nos situa, na verdade, na posição de baixa compreensão. As decisões do quadrante (c) são de alta reflexividade, no sentido de que não só a questão de decidir, mas também o modo de decisão está submetido à decisão. Isto é provocado pelo comportamento até certo ponto imprevisível das partes, donde a impossibilidade de tratamento geral e preestabelecido, no sentido de decisão programada. Envolvendo-se as partes, aqui, com questões não repetitivas, complexas no sentido de ausência de critérios consensuais, a decisão exige técnicas heurísticas específicas, donde a montagem de verdadeiras estratégias com o fito de, se não controlar e prever, ao menos provocar ou influir no comportamento dos destinatários.

As decisões do terceiro quadrante exigem uma estratégia peculiar. Sendo baixa a compreensão dos comportamentos é necessário, por um processo que visa a pequenos lucros, realizar um levantamento, se não abrangente, ao menos suficiente das opções possíveis num caso em tela. Trata-se de uma técnica altamente produtiva, que, levando em conta o comportamento das partes da situação, busca estabelecer um quadro progressivo e contínuo de decisões parciais, tendo em vista um objetivo último a ser fixado. Braybrooke e Lindblom denominam-na estratégia do incrementalismo disjunto.

Os delineamentos da estratégia, visando ao mercado bursátil, não podem ser feitos nos limites deste artigo, senão de modo indicativo e sucinto. Assumimos que grande parte das decisões bursáteis é desse tipo. Portanto configuram-se em situações comunicativas sistemas interacionais em que as complexidades sociais dos comportamentos estão, numa razoável medida, reduzidas, uma vez que os comunicantes se relacionam impessoalmente como investidores, sem que seja grande problema a definição da natureza das suas relações, assumidas, em princípio, como de reciprocidade. Como vimos, porém, a relação, aspecto ordem das comunicações, embora exista independentemente dos relatos (conteúdo), manifesta-se, na prática real, através deles. Assim, nas situações do quadrante (c), o mercado funciona como redutor dos comportamentos decisórios ao nível das relações, isto é, do aspecto ordem – todos veem a todos como investidores. A relação, entretanto, manifestando-se pelos relatos – aquilo que se compra e vende –, faz com que as partes – investidores – se desneutralizem até certo ponto, classificando-se em grandes e pequenos investidores. Este modo de relação, por sua vez, delineia o ponto de partida da estratégia de decisão: o decidior parte da situação dada (*status quo*), tentando levantar alternativas que dela difiram incrementalmente, sem tentar compreender a própria situação (a baixa compreensão o impediria de chegar a um resultado satisfatório). Isto é, o investidor não se pergunta se o estado atual do mercado (estável, oscilatório) é bom ou mau, se seria preferível um ou outro, mas apenas considera se uma pequena mudança nos rendimentos de uma ação é desejável e, tendo de escolher, se o incremento numa vale o incremento de outra.

Esta escolha parcial, que nos levará à decisão, tem algumas características. Os investidores sabem que, embora as suas relações sejam de reciprocidade, o relato ou conteúdo de suas decisões podem levá-los a relações pseudorrecíprocas, caso em que o destinatário deixa que o decidior assuma esta posição, controlando-a, na verdade, e estabelecendo complementaridade. Como esta possibilidade não pode ser observada, o decidior limita as alternativas a que dá sua atenção apenas àquelas que diferem incrementalmente do *status quo*.

Isto é, ele negligencia, até certo ponto, grandes mudanças, pois a admissão da sua ocorrência levaria o decididor a situações em que a decisão é não decidir, aguardar, clarificar etc. Além disso, dada a baixa compreensão, ele não apenas restringe as alternativas consideradas, mas também limita o seu exame das consequências. Ele sabe que, mesmo a longo prazo, não é possível prever todas as reações dos destinatários de suas decisões. Ao omitir, entretanto, algumas consequências, ele o faz com consciência da sua importância relativa. Para que isto ocorra sem grandes perigos, é preciso que ele considere seus objetivos, sem estabilizá-los num ponto final, deixando-os em aberto, na sua correlação constante com os meios disponíveis, não deixando jamais de levar em consideração o custo da execução do objetivo e sua mutabilidade, tentando, sempre que necessário, adaptá-lo. A racionalidade de sua estratégia não repousa assim nem nos fins buscados (segurança, rentabilidade, liquidez), nem nos meios disponíveis (aplicar em ações seguras, em ações de determinada faixa de preços, em *blue chips*, em ações de determinado nível de liquidez, em ações que apresentem características monopolísticas etc.), mas na correlação funcional de alternativas e soluções de alternativas.

Esta correlação depende, ela própria, de um tratamento estratégico. Quando o decididor traça os objetivos, é preciso não tomá-los como regras de comportamento, mas como temas de orientação. Tomá-los como regras é comprometer-se. Assim, por exemplo, fixamos como regra o objeto: comprar somente ações de determinado nível de preço. A partir deste momento, a reação dos destinatários nos leva a um mercado em processo de alta, em que os preços vão alcançando outros níveis, podendo-se demonstrar que o mercado vai ultrapassar a escala dos níveis de preços atuais. Neste momento a fixação da regra pode levar o decididor a um desequilíbrio na correlação de meios e fins. Por isso a estratégia recomenda que se trabalhe com temas de orientação. Por exemplo: é desejável aplicar em ações dotadas de segurança. Para a execução do objetivo tomado como tema de orientação do comportamento, procede-se a uma espécie de avaliação em série, procurando-se compor um quadro das companhias em correlação com o objetivo visado. Como entretanto a segurança é um valor subjetivo, trabalhando-o como tema apenas, é sempre possível, diante de dificuldades, mudar o tema ou alargá-lo ou restringi-lo. Assim, se verifica que, no momento, em geral, ações que apresentam rentabilidade e liquidez são seguras, abandona-se por ora o valor segurança como tema central, deixando-o de reserva para o instante necessário.

Conclusão

Muitos leitores devem ter ficado impressionados com as ideias alinhavadas neste artigo, tão diferentes das análises refinadas que aparecem hoje sob diversos títulos, como pesquisa operacional, análise matemática da tomada de decisão, computação eletrônica etc. A impressão causada, diga-se de passagem, é justamente devido ao desnível em exatidão de ambas as análises. Numa época em que o refinamento científico é procurado com toda ênfase, pode parecer até retrógrada uma tentativa deste gênero. Nossa intenção, entretanto, não foi a de nos colocar em oposição aos outros métodos, mas sim a de levantar alguns aspectos que nos parecem importantes e que são, a nosso ver, descuidados pelo analista da decisão.

Em nosso último parágrafo, fixamos algumas observações em torno da estratégia da decisão. Dos quatro tipos discutidos rapidamente, demos uma atenção um pouco maior ao quadrante (c), sem querer, com isso, esgotar o assunto. A correlação entre decisão, conflito e estratégia da decisão, tendo em vista o comportamento de quem decide e de quem é destinatário da decisão, foi apenas explorada na forma de amostra. Nossa intenção, neste sentido, foi tão somente a de insinuar por que caminhos pode seguir a reflexão, sem contudo ter a pretensão de tê-los percorrido. Se esta insinuação foi entendida, já nos damos por satisfeitos.

Fundos de pensão não foram iniciativa espontânea

Folha de S.Paulo, caderno Economia, 14 de janeiro de 1979

Após a Segunda Guerra Mundial a sociedade americana começou a pensar mais profundamente na possibilidade de as coisas realmente poderem acontecer, pois, até então, havia uma perspectiva mais duradoura quanto a mudanças. Desta forma, com o advento da guerra, a sociedade começou a pensar mais detidamente no futuro. Esta perspectiva psicológica levou, sem dúvida, a mentalidade americana a começar a se preocupar com visão mais profunda do seu devir.

Em função da Segunda Guerra Mundial e da Guerra da Coreia, a economia americana estava preocupada fundamentalmente com a estabilidade dos preços, as companhias não tinham condições de poder aumentar os salários dos empregados.

Os fatores conjunturais levaram, então, a sociedade americana a um conflito de interesses: de um lado os sindicatos desejavam aumento dos salários, de outro as companhias, em função da política de estabilização dos preços, não podiam pensar em aumentos salariais naquele momento. Parece que a alternativa mais viável para poder amenizar aquela possível incompatibilidade seria postergar o problema para um futuro não tão próximo. Assim, surgiu a ideia de se criarem os fundos de pensão, instrumento que possibilitaria dar um benefício futuro ao operário no momento em que a sua capacidade de trabalho estivesse diminuída.

Vê-se, perfeitamente, o poder de barganha que possuíam os sindicatos desde aquela época, pois conseguiram, com a sua pressão, institucionalizar programas privados de aposentadorias e outros benefícios.

Outro fator que poderíamos definir como elemento de pressão à formação dos fundos de pensão é a própria responsabilidade social da empresa, pois esta sentia que os seus colaboradores precisavam estar amparados no momento em que não tinham condições de oferecer plenamente a sua capacidade de trabalho, porque já haviam dispendido durante seu percurso dentro da empresa. Este caráter social patenteia a visão de participação e colaboração da sociedade americana, demonstrando que os operários foram elementos que compuseram o sistema de trabalho e precisavam no seu final serem lembrados pela sua contribuição.

Surgimento no Brasil

Pelo que podemos depreender, o surgimento dos fundos de pensão teve uma lógica na sua origem e evolução. Fatores (conjunturais) como a Segunda Guerra Mundial, responsabilidade social da empresa, pressão dos sindicatos etc., levaram a sociedade americana a pensar em benefícios futuros: os fundos de pensão.

No Brasil, parece, à primeira vista, que fatores semelhantes de preocupação não nos levaram a pensar em soluções equivalentes, mas sim num modelo econômico de planejamento governamental acelerado de desenvolvimento.

Como não tivemos a possibilidade de ter se processado no Brasil o desenvolvimento econômico espontâneo, optamos por um desenvolvimento econômico planejado, as ideias foram quase sempre amadurecidas em reuniões de gabinete, buscando-se artificialmente nos modelos desenvolvidos fórmulas para que o modelo implantado pudesse alcançar todos os seus objetivos. Desta maneira os fundos de pensão foram regulamentados, não tendo sido originados de um crescimento natural espontâneo, ou gerado em função das pressões da sociedade, mas em razão das necessidades de implementação do modelo proposto.

Sabe-se que, após a Segunda Guerra Mundial, os países subdesenvolvidos tomaram consciência de que a programação do desenvolvimento econômico tinha o grande mérito de alcançar resultado superior ao desenvolvimento espontâneo. Sendo assim, esta ideologia começou, paulatinamente, a ser absorvida pelos países dependentes das economias centrais e, pouco a pouco, esta consciência foi ganhando maior dimensão.

Esta ideologia também foi captada pelos responsáveis por nosso desenvolvimento econômico.

Não há dúvida de que os organizadores de nossa política tiveram muita dificuldade em definir os objetivos básicos de nossa sociedade. O consenso era difícil, principalmente por sermos um país continental com tantas influências e diversidades regionais.

Conclui-se, então, que a alternativa mais viável era a de que a decisão deveria ser programada e imposta. E isto é o que realmente sucedeu no caso da legislação dos fundos de pensão.

Não estamos e não é nossa preocupação entrar no mérito da questão em saber se a legislação é boa ou má, se apresenta pontos positivos ou negativos. O que desejamos salientar, apenas, é que ela surgiu de cima para baixo, sem nenhuma pressão aparente por parte dos sindicatos ou uma visão de maior responsabilidade social por parte do empresário, mas por ser uma variável do modelo que deveria ser implantado.

Não podemos exclusivamente culpar os definidores de nossa política pela imposição de um modelo, nesse ponto de vista, paternalista, porque toda a nossa tradição mostrava que tudo o que se relacione com problemas de benefícios aos trabalhadores tinha sido produto de uma decisão governamental. O crédito nas soluções dos problemas trabalhistas era, além disso, tanto maior quanto as reformas representassem uma atuação do governo e fossem por ele geridas. Sendo assim, o nosso modelo não deixa de ter também sua lógica, pois apresenta uma preocupação clara de desencadear um processo que, por si só, provavelmente não ocorreria com a rapidez desejada.

O paternalismo, portanto, aparece no caso dos fundos de pensão como uma medida inteligível dentro de um processo de desenvolvimento dirigido e acelerado.

De certo modo, porém, esse paternalismo manifesta de maneira indireta uma oportunidade para que as empresas tomem pulso, dentro do contexto nacional, da sua responsabilidade social e da sua dimensão democrática. Não pode ser esquecida, desta forma, a grande possibilidade do modelo virar-se contra si próprio, passando de paternalista dirigido e institucional para uma forma privatista, semiespontânea, sendo absorvido pela sociedade como algo que lhe seja próprio. Em que medida isto será viável? Para responder a essa pergunta devemos considerar algumas variáveis.

Variáveis importantes

Um elemento importante que colaborou para que se pensasse com mais objetividade nos fundos de pensão nos EUA foi a proporção das pessoas idosas, pois atualmente estima-se em 10% a população com mais de 65 anos, quando no início do século XX esse percentual girava ao redor de 4%. Esse aumento percentual desde o começo do século levou a uma conscientização do problema econômico das pessoas com idade avançada. Assim sendo, era desejável a sociedade americana preocupar-se com a formação de planos de benefícios ou aposentadorias para tentar minimizar possíveis conflitos de interesse da futura sociedade.

Como é do conhecimento de todos, o Brasil apresenta uma população jovem, em que as pessoas com mais de 65 anos estão ao redor de 3% da população total, apresentando um índice de três vezes menos que a população americana.

Por esses dados apresentados, quanto à faixa etária, verifica-se que não existe uma fonte de pressão permanente, por parte dos mais idosos, pois representam um percentual ainda sem grande significação.

Pelos últimos dados do Swiss Credit Bank, a renda *per capita* americana é de 8.715 dólares e a do Brasil, 1.200 dólares. Verifica-se, assim, que a renda per capita americana é sete vezes superior a nossa, o que, sem dúvida, possibilita enormemente a constituição de fundos de pensão, pois num país de renda alta as necessidades básicas são atendidas e sempre há uma preocupação maior com a expectativa da estabilidade futura. O americano é um povo que pode se dar ao luxo de fazer reservas substanciais para usufruir pensões no futuro.

Já o povo brasileiro, que está em fase de crescimento econômico, na sua população existe ainda, basicamente, uma preocupação pelo consumismo imediato, não há grande possibilidade de criar poupança, pois quase todo o salário é consumido pelas suas necessidades básicas, não sobrando valores para esse tipo de investimento.

Verifica-se, então, que nem todos terão possibilidade de participar dos fundos de pensão, pois há uma discrepância muito grande na distribuição de renda, e também forte concentração de salários em determinada faixa.

Como sabemos, ainda temos uma proporção muito grande entre população rural e urbana. A população rural é a metade da população urbana, enquanto, em outros países, e especificamente nos EUA, essa relação chega a ser quase 4 milhões de trabalhadores rurais para 200 milhões de americanos. Não há dúvida de que a proporção que se apresenta no Brasil irá mudar, tendendo a apresentar perfis de países desenvolvidos. E este ponto será, no futuro, um fator de pressão na formação dos fundos de pensão, pois na fase de grande urbanização a sociedade absorve hábitos e fica ávida por ter instituições de benefícios semelhantes aos grandes países. Assim, de maneira difusa no início, mas de forma objetiva depois, iremos sentir, mais vivamente, os reclamos das grandes cidades em relação aos trabalhadores em fim de carreira.

Evolução dos fundos

Pelos dados obtidos em 1974, existiam aproximadamente 50 mil fundos de pensão nos EUA. Eles, na sua maioria, são fundos de investimento, podendo ser administrados por um grupo administrativo próprio, ou por administradores de ativos.

Nesse mesmo ano, os fundos de pensão aplicavam 70% dos ativos em ações de S/A de capital aberto. Isso totalizava 150 bilhões de dólares de propriedade dos fundos, correspondente a 30% do valor total de companhias com ações negociadas. Os fundos de pensão arrecadam cerca de 20 bilhões de dólares por ano a mais do que pagam.

Em 1973 os fundos de pensão contavam com 30 milhões de empregados não governamentais, quase 3 milhões de profissionais autônomos e todos os funcionários públicos (15 milhões); este total de 50 milhões de pessoas equivale a 50% da força de trabalho empregada.

Acredita-se que, em 1985, os fundos de pensão terão 50% das empresas americanas, em função do seu rápido crescimento, pois esse plano tem duplicado a cada cinco anos.

Regulamentação no Brasil

O fundo de pensão americano é, até o momento, a resposta mais eficaz a uma das mais profundas mudanças na condição do homem sobre a terra, a sobrevivência da maioria da população até a velhice, ultrapassando a idade de trabalho, pois traz os benefícios de maior independência e dignidade às pessoas idosas e o abrandamento generalizado das tensões sociais.

Os fundos de pensão ajudam, indiretamente, a resolver os problemas emocionais, físicos e culturais da velhice e aliviam a pressão que a sobrevivência de grande número de pessoas idosas exerce sobre a família, pois, nos grandes países, as pessoas idosas recebem uma pequena pensão governamental que gira em torno de quantias para a mera sobrevivência.

Fundos de pensão são, pois, recursos ou fundos destinados a complementar os planos de previdência social. Os fundos de pensão são geridos por pessoas jurídicas, geralmente estabelecidas sob a forma de fundações de seguridade social. Essas entidades apresentam-se sob dois aspectos, tendo um objetivo comum: garantir, na aposentadoria, o mesmo padrão de vida que o participante tem enquanto atua na sua plena força de trabalho. Em outras palavras, os fundos de pensão ou seguridade social pretendem prover segurança econômica na velhice, em complemento à previdência oficial. De acordo com o anteprojeto de lei que regula os fundos de pensão, podemos ter dois tipos de entidades. A primeira dessas entidades pode ser chamada de *aberta*. Sua principal característica é o fato de que o benefício, a ser pago a partir de um determinado período de tempo, é formado pelas contribuições periódicas dos participantes, somadas as receitas oriundas das aplicações feitas pelos dirigentes da entidade, nos mercados mobiliários e imobiliários.

A segunda dessas entidades, ditas *fechadas* ou *semifechadas*, tem seus recursos originários de três fontes distintas:

a) Contribuição dos participantes.
b) Contribuição das empresas mantenedoras.
c) Juros e correções monetárias oriundos dos investimentos.

Sua principal característica é a participação de uma empresa instituidora que, além das contribuições mensais, faz uma dotação inicial de recursos capaz de garantir, em primeira instância, a complementação de aposentadoria daqueles empregados que já estejam atingindo os tetos limites ditados pelo INPS; além de outros compromissos, previstos, nos estatutos da fundação.

Os planos usuais de suplementação dos fundos de pensão compreendem os seguintes benefícios:

Suplemento de Aposentadoria por Invalidez; Suplemento de Aposentadoria por Tempo de Serviço; Suplemento de Aposentadoria por Velhice; Pagamento do Abono Permanência após a concessão da Aposentadoria; Suplemento de Pensão; Suplemento de Auxílio Doença; Auxílio Funeral; Auxílio Maternidade; Auxílio Nupcialidade; Auxílio Reclusão; Assistência financeira e empréstimos.

Pelo retorno do investidor individual

Revista da Bolsa do Rio de Janeiro n° 389/21, maio de 1979

Antes de 1964 o nosso mercado de capitais era incipiente e pouco representava em termos de volume de operações e companhias cotadas em Bolsa.

A partir da regulamentação da Lei nº 4728, que disciplinou e ordenou todo o nosso mercado de capitais, a Bolsa passou a ser colocada num lugar de destaque para poder colaborar com o desenvolvimento do país.

Num período inicial de adaptação às novas normas, o nosso mercado era representado, em sua quase totalidade, por operações entre investidores individuais.

Nesta época, o mercado era carente de investidores institucionais (fundos mútuos – fundos de pensão –, companhias de seguros, fundações e outros tipos de fundos) e a presença dos poucos investidores individuais não lhe dava suportes significativos. Os reclamos, por isso, eram constantes por parte dos elementos que trabalhavam no setor.

Em 1967 foram criados os fundos ficais 157, elaborados por um grupo de trabalho que tinha em mente desenvolver dois objetivos: 1) expandir o nosso mercado de capitais; e 2) suprir o capital de giro das nossas empresas.

A tendência é mundial

Quanto ao primeiro tópico, podemos dizer que o instrumento fiscal do 157 representou um elemento de significado e de dinâmica na política governamental, para o desenvolvimento do mercado de capitais (conforme Trubek, Jorge Hilário e Paulo Sá no livro *O mercado de capitais e os incentivos fiscais*). O 157 serviu como um elemento "disparador" e também automantenedor de crescimento de mercado. O referido decreto-lei reflete um meio-termo conciliatório entre medida de emergência a curto prazo e objetivos de desenvolvimento a longo prazo.

Em relação ao segundo tópico, não seria somente com esse instrumento

(157) que se poderia tentar suprir a deficiência de capital de giro das nossas empresas, pois é um problema estrutural que mantemos há muito tempo na nossa sociedade empresarial. Seria pretender demais desejar sanar com esse incentivo fiscal uma distorção crônica do capital das nossas empresas.

Nesse sentido, parece o 157 ter tido no seu bojo mais a ideia de desenvolver o mercado de capitais do que realmente capitalizar as nossas empresas. Para dar mais validade a essa ideia, podemos verificar, pela sua essência, que ele era um instrumento transitório de incentivo fiscal e não um componente estrutural efetivo de mercado.

Até 1971 era bem significativa a participação dos investidores individuais nas operações de Bolsa. Contudo, com o boom do mercado e a consequente desilusão daqueles investidores, houve uma acentuada tendência para a sua retirada do sistema.

Em 1974, com a crise do petróleo, esta tendência assinalava, em contraposição, a entrada dos fluxos do 157 que em 1976 atingiu uma participação nos pregões de Bolsa ao redor de 30%.

Embora em 1977 essa porcentagem tenha caído para 20%, não se pode negar que o 157 se tornou um elemento representativo do mercado secundário e também de certa expressão no mercado primário, nas subscrições de capital, auxiliando, dentro das suas limitações, o suprimento de capital de giro de algumas empresas.

Depois do fundo 157 apareceram outros investidores institucionais em função da regulamentação das aplicações das reservas técnicas das companhias de seguro e, mais recentemente, nas modificações introduzidas quanto às aplicações dos fundos de pensão, que vieram proporcionar um crescimento significativo destes investidores em nosso mercado.

Esse fenômeno, contudo, não é um fato isolado. Na verdade, a tendência dos mercados mundiais em contar com a participação expressiva de investidores institucionais parece ser normal e, até certo ponto, esperada pelos homens que militam no mercado.

Desenvolvimento planejado

Nos Estados Unidos, em 1961, os investidores individuais representavam 61% do valor das negociações com empresas abertas no pregão da Bolsa de Nova York. Os restantes, 39%, eram feitos por instituições. Em 1971, a situação mudou substancialmente: os investidores individuais representavam 32% e os investidores institucionais passaram para 68%. Estima-se que, em 1980, 80% do volume de negociações da Bolsa de Nova York serão feitos por investidores institucionais.

Acredita-se que em 1985 os fundos de pensão terão 50% das empresas americanas, em função de seu rápido crescimento, pois os fundos de pensão têm duplicado a cada cinco anos.

Também na Europa o grau de participação do investidor institucional, como aplicador em ações mostra uma tendência nitidamente ascendente em todos os países, ainda que varie de país para país. E pode-se perceber, claramente, que sua participação é maior naqueles países em que o mercado demonstrou maior grau de desenvolvimento.

Estima-se que, hoje, os investidores institucionais respondam por aproximadamente 60% do volume diário de negociações com ações da expressiva Bolsa de Londres e 90% das operações com títulos governamentais.

A propriedade das ações na Inglaterra gradualmente está se concentrando nas mãos das instituições. O quadro abaixo demonstra a mudança da distribuição:

	1963	1973
Investidor individual	58,7 %	42,0 %
Instituições de caridade	2,6 %	4,4 %
Cias. de seguro	10,6 %	16,2 %
Fundos de pensão	7 %	12,2 %
Fundos mútuos	1,2 %	3,4 %

Na França, verifica-se um grande desinteresse pelo mercado bursátil por parte do investidor individual. A opção por outros investimentos, fora da Bolsa, é sentida de maneira bem aguda. O quadro abaixo irá demonstrar a pequena participação do investidor individual sobre o total dos investimentos em ações.

Ano	Investidor individual
1967	66%
1968	68%

1969	59%
1970	19%
1971	43%
1972	42%
1973	49%
1974	10%
1975	4%

Na Bolsa japonesa, a participação do investidor institucional já apresentava o expressivo número, em 1964, de 54% do volume da Bolsa de Tóquio, e em 1973 de 67%.

Os principais investidores dessas bolsas são: companhias de seguro, fundos de investimento, fundos de pensão, bancos comerciais, associações de poupança e fundações.

Entre nós, na criação de investidores institucionais, nem sempre houve um nascimento espontâneo. Estes quase sempre não apresentaram uma lógica de nascimento como nos outros países mencionados, pois no Brasil o modelo econômico de planejamento governamental acelerado é que foi marcante no aparecimento desses investidores institucionais.

Como sabemos, tem-se tentado no Brasil o desenvolvimento planejado, as políticas sempre foram articuladas em reuniões de gabinetes, buscando-se artificialmente, nos modelos desenvolvidos, fórmulas para que o modelo implantado pudesse alcançar o sucesso desejado. Desta forma, os fundos de pensão e os fundos 157 foram regulamentados, não tendo sido originados de formação ou crescimento natural espontâneo, mas em razão das necessidades de implementação do modelo proposto.

Participação direta

Já nos outros países, os investidores institucionais tiveram um crescimento espontâneo, surgindo em função das aspirações da sociedade, como os fundos de pensão nos Estados Unidos.

Lá havia um conflito de interesses: de um lado os sindicatos desejavam aumento de salários; de outro, as companhias, em função da política de estabilização de preços, não podiam majorar os seus preços. Uma alternativa viável para poder amenizar aquela possível incompatibilidade foi postergar o problema para o futuro, criando os fundos de pensão, instrumento que possibilitaria um benefício futuro ao operário no momento em que a sua capacidade de trabalho estivesse diminuída.

Já, na Inglaterra, fatores psicossociais como o "culto à equidade", nos anos 1950 a 1960, levaram a sociedade a desenvolver fundos de pensão e companhias de seguro com planos de seguro de vida, fundos fechados e fundos mútuos.

Em 1970, com a pressão crescente da esquerda, firmou-se a tendência da presença dos investidores institucionais no mercado.

Isto posto, podemos dizer que, apesar das origens diferentes, verifica-se que os pontos de estreitamento, lá como cá, são os mesmos, pois a participação dos investidores institucionais é sempre crescente e cada dia mais as ordens de compra e venda são emanadas por estas instituições. Consequentemente, o investidor individual perde campo nas operações globais do mercado de ações.

Percebe-se que, desta maneira, diminui substancialmente a participação dos elementos da sociedade de forma direta, só se processando de maneira indireta.

Na realidade, esta forma indireta de participação coloca os indivíduos longe dos processos do mercado de ações, dificultando o seu contato com o mundo acionário. Esta distância gera para a sociedade uma imagem cada vez mais complexa da Bolsa, pois como o investidor individual não participa (senão indiretamente) do processo, acredita ser aquilo um emaranhado complicado que somente alguns elementos têm condições de entender e operar.

O feitiço pode inverter

Cada vez mais se vê a distância que vai haver entre o mercado e os homens, na sociedade, e a dificuldade de participação da sociedade de uma forma mais direta no mercado. O desenvolvimento crescente das técnicas de gerência de administração dos investidores institucionais e o culto da *performance* das carteiras dos fundos levam ao investidor uma ideia de desespero *a priori* na aplicação de suas próprias poupanças, fazendo com que se desenvolva dentro dele um sentimento de inibição patente.

Como se verifica, a sociedade, pelas suas próprias forças, ou por decisões de planejamento político-econômico, criou os investidores institucionais para funcionar como um elemento de redução da complexidade do sistema social de participação no mercado, mas está novamente engendrando outra complexidade, qual seja a de que o mercado acionário institucionalizado se torna um sistema complexo de que o indivíduo como tal não consegue participar. Para enfrentar este novo problema é necessário, pois, descobrir novos mecanismos de participação que, sem eliminar as vantagens obtidas com o investimento institucional, permitam a sua reintegração no sistema como indivíduo.

No Brasil, a participação do investidor institucional, promovida pelo planejamento do desenvolvimento acelerado, vem gerando problemas desta ordem, como sucede nos países que nos têm servido de modelo, ainda que em escala diferente. Por isso mesmo, parece-nos importante que, nesta fase atual da evolução do nosso mercado, questões deste gênero sejam destacadas, para que o aprendiz de feiticeiro não venha um dia a enfrentar consequências do feitiço que o próprio feiticeiro tem dificuldades de controlar.

O papel das bolsas

Folha de S.Paulo, 23 de março de 1980

Um dos instrumentos fundamentais para o desenvolvimento econômico brasileiro deveria ser o mercado de capitais. Pelo menos em nível dos governos revolucionários esta palavra de ordem tem sido constante. Afinal, desde 1964 é que se ouve que a função do mercado seria a de capitalizar a empresa privada nacional, assegurando-lhe melhores condições de competitividade e uma permanente fonte de recursos para seus programas de expansão.

Um dos grandes problemas que o empresário brasileiro continua enfrentando é reunir o capital de risco necessário para a consolidação de uma grande empresa que possa, por exemplo, participar dos setores básicos da economia. Foi por isso, justamente, que os governos revolucionários tentaram criar condições de capitalização mediante um conjunto de estímulos tanto à formação de um mercado primário de ações, quanto aos mercados secundários já existentes.

Portanto, uma das mais importantes questões do mercado brasileiro de capitais, nos dias de hoje, talvez seja a de saber se as bolsas de valores estão ou não cumprindo satisfatoriamente seu verdadeiro papel.

De um lado, as autoridades econômico-financeiras procuraram fazer com que as bolsas desempenhassem um papel auxiliar no processo de capitalização de recursos pelo empresariado privado nacional. Nesse sentido, elas procuraram renovar as lideranças entre os corretores, modernizar os mecanismos do mercado e introduzir até mesmo uma nova legislação sobre as sociedades anônimas, criando uma Comissão de Valores Mobiliários sob inspiração da similar norte-americana, a Securities Exchange Comission. De outro lado, no entanto, o que se viu foi um crescente processo de endividamento, que tornou as empresas brasileiras ainda mais frágeis e dependentes.

Qualquer homem ligado ao mercado diria que as tendências do endividamento não devem mudar muito, pelo menos a curto e a médio prazos.

Por isso mesmo, o momento exige que uma velha questão seja novamente colocada: estariam as bolsas de valores descumprindo seu verdadeiro papel ou, antes, não seria o caso de se indagar se o seu papel lhe foi corretamente atribuído? Não é difícil perceber que, agora, a antiga questão em torno da função das bolsas já não é mais a mesma.

Qual, então, a importância real da instituição da Bolsa de Valores, naquele país? Que ela exerce um papel econômico importante, isso é inegável. Mas sua dimensão social é que merece nossa atenção, especialmente porque a abertura das empresas para uma pluralidade de acionistas tornou-se uma forma de legitimar a democratização do processo de desenvolvimento. A possibilidade de fragmentação do quadro acionário, a proteção às minorias societárias, a distinção entre o controle da empresa e o controle acionário e a existência de um perfil razoável de distribuição de renda acabam, nesse sentido, criando condições para a ampliação do consenso social, permitindo à sociedade conscientizar-se de seu papel no processo de crescimento.

As bolsas de valores norte-americanas revelaram-se, desse modo, como verdadeiros procedimentos institucionalizados que legitimam as decisões no setor econômico no âmbito da iniciativa privada. Essa ideia de procedimentos institucionalizados deve ser entendida, antes que cause alguma confusão, em analogia a certos procedimentos políticos tradicionais.

Nesse sentido, procedimentos são interações reguladas, como é o caso das eleições ou do funcionamento de um parlamento. Assim a eleição é uma forma de engajamento que capta as insatisfações sociais, canalizando-as de uma forma controlada e permitindo uma participação popular no processo de recrutamento político, no qual as divergências podem ser manifestadas com menores riscos, de radicalização e conflitos em escalada. Essas eleições legitimam o recrutamento para postos eletivos não porque instauram um consenso majoritário, mas, justamente, porque abrem a perspectiva para manifestação do dissenso controlado.

Assim, de acordo com a analogia proposta, ao propiciar a participação de uma forma aberta, as bolsas acabam canalizando insatisfações geradas pela irregular distribuição de renda, estabilizando expectativas de participação socioeconômica da comunidade. Afinal, todos podem – ao menos em tese – investir. A garantir desta possibilidade é que funciona como um elemento de estabilização.

Por isso, um sólido mercado de ações, regulamentado pela nova legislação das sociedades anônimas e fiscalizado por uma instituição como CVM, poderia constituir-se em importante caminho de redistribuição do poder de decisão, o qual nos dias de hoje se acha concentrado nas mãos de administradores dos grandes conglomerados industriais e financeiros. Por outro lado, na medida em que forem criadas condições para uma maior e melhor distribuição do capital existente, de um lado, e uma maior e melhor distribuição do poder, de outro, o conflito entre as empresas brasileiras, multinacionais e estatais ficaria minimizado.

No contexto brasileiro dos nossos dias, os lemas da capitalização da indústria nacional e do desenvolvimento econômico por intermédio das bolsas de valores são, pois, fórmulas clássicas que talvez merecessem uma revisão por parte dos orientadores da política econômica. Não que estas funções devessem ser esquecidas, mas sim no sentido de se acrescentar a elas uma maior preocupação com o desenvolvimento político e com o desenvolvimento social.

Na maior parte dos debates travados a respeito do mercado de capitais, nos últimos anos, tem faltado uma visão de todo o contexto nacional, pois quase sempre as discussões concentram-se sobre a concorrência entre papeis de rendimento fixo e de rendimento variável, sobre os juros subsidiados como incentivo ao endividamento e sobre as novas medidas do Banco Central, como se todo o sistema de captação e de canalização de poupanças fosse um território independente do conjunto da economia e de seus propósitos.

Nesta ordem de ideias, a conclusão a que se chega é talvez pouco ortodoxa. Afinal, a percepção de que, no mercado moderno, os diferentes setores da vida social não são estanques, nem tem funções tão específicas como aparentemente as análises de mercado deixam transparecer, nos conduz a pensar que o papel das bolsas de valores em nosso país deveria ser mais abrangente.

Assim sendo, as bolsas poderiam colaborar para construir instrumentos mais sofisticados, com a finalidade de possibilitar uma ligação entre os modelos econômicos, político e social, pretendendo com soluções mais modernas permitir a canalização de maiores recursos para a área da iniciativa privada, tornando exequível uma revisão do modelo de desenvolvimento e garantindo, deste modo, uma possibilidade de maior legitimação da nossa economia de mercado.

A verdade é que não se pode discutir qual a verdadeira natureza do papel a ser desempenhado por uma Bolsa de Valores sem uma comparação com o que acontece tanto em países mais desenvolvidos, quanto em nações com circunstâncias muito semelhantes às nossas. Os norte-americanos, por exemplo, têm efetuado seu desenvolvimento econômico sem a colaboração do mercado de capitais de modo tão expressivo.

Ao mesmo tempo, não se pode esquecer que a tecnologia mudou muito, nas últimas décadas, e que o mundo contemporâneo vem revelando novas facetas na maioria das instituições econômicas – e, entre elas, o mercado de capitais. É por isso que antigamente costumava-se dizer que o mercado secundário tinha a função quase exclusiva de facilitar a liquidez dos bens móveis e de lhes fixar os preços, possibilitando assim o desenvolvimento do mercado primário, que punha em contato de um lado o investidor e, de outro, o empresário.

A situação mudou, não há dúvida. No último quarto deste século, face à crescente complexidade da sociedade moderna, o mercado de valores mobiliários vem assumindo novas e importantíssimas funções de natureza não somente econômica mas, igualmente, política e social. A tal ponto que Daniel Bell, um dos teóricos do "advento da sociedade pós-industrial", chega a fazer esta observação sobre as fontes de recursos da empresa privada norte-americana:

> A proporção mais significativa vem do autofinanciamento, graças ao sucesso da empresa em si. Durante a última década, mais de 60% de capital investido nas mil maiores firmas industriais do país veio do financiamento interno (mediante o reinvestimento de lucros).

Sua conclusão, portanto, não poderia ser outra: "O capital reaplicado constituiu a base do aumento acusado pelo ativo das grandes sociedades. E o crescimento do capital reaplicado é produto da sagacidade administrativa". É certo que Bell superestima, talvez, o problema da competência empresarial, mas também deixa evidente que, nos Estados Unidos, a instituição da Bolsa de Valores não é mistificada. Em outras palavras, ninguém nega a ela sua dimensão política e social altamente relevantes, nem o vigor de seu mercado. No entanto, não se atribui a ela, exclusivamente, a responsabilidade pelo desenvolvimento econômico nacional.

A Bolsa de Valores como sistema de poder

Com Tercio Sampaio Ferraz Junior*
Revista de Direito Econômico, maio a agosto de 1980

A noção de sistema é hoje, na terminologia da ciência moderna, um vocábulo de grande importância, embora impreciso. Sendo nossa intenção, neste trabalho, abordar o tema Bolsa de Valores de um ângulo sociológico, parece-nos que a questão do modelo de abordagem deve ser previamente esclarecida para que possamos situar melhor a dimensão em que se movimenta a nossa análise. Para a tradição clássica da filosofia social, a sociedade sempre foi vista, em geral, como a união dos homens concretos, donde a expressão corpo social. Enquanto conjunto de seres humanos, uma sociedade era considerada um corpo social entre outros corpos sociais. Daí a distinção entre os que pertencem e os que não pertencem ao corpo social, bem como a ligação dos limites da sociedade a fatores como a pertinência ao clã ou a fronteiras territoriais.

A sociologia mais recente rompe, porém, com este postulado.[1] A sociedade, vista então como um sistema estruturado de ações significativamente relacionadas, não inclui mas exclui do sistema social o homem concreto que passa, analiticamente, a fazer parte do seu mundo circundante. Ou seja, a conexão de sentido que liga as ações do sistema social não coincide com a conexão de sentido das ações do ser humano concreto. Homem concreto e sociedade são, um para o outro, mundo circundante, sendo um para o outro complexo e contingente. O homem é para a sociedade e esta para aquele um problema a resolver, apesar disso, ambos são de tal modo estruturas que possam coexistir.

---

* Tercio Sampaio Ferraz Junior é um dos juristas brasileiros mais reconhecidos no exterior. Doutor em Direito pela USP (1970) e em Filosofia pela Johannes Gutenberg Universität de Mainz (1968), é autor de diversos livros de teoria e filosofia do direito.

Que significa isso? Admitamos que todo ser humano tenha comportamentos. Definamos comportamento como um estar em situação. Quem está em situação transmite mensagens, quer queira quer não queira. Comportar-se é estar em situação com os outros, os endereçados das mensagens. Estes também estão em situação. Donde comportar-se ser, na realidade, troca de mensagens. Esta troca de mensagens é que é o elemento do sistema social propriamente dito: a interação.

Comportar-se, portanto, é trocar mensagens e, neste sentido, comunicar-se. Ora tanto o comportamento quanto a comunicação não têm contrários. Todo homem sendo um ser em situação se comporta e se comunica. Trata-se, pois, de um dado irrecusável, ponto de partida de qualquer concepção do social.[2]

Assumindo-se este postulado, observamos, em seguida, que a comunicação humana ocorre em dois níveis básicos: o aspecto relação ou cometimento e o aspecto conteúdo ou relato. O aspecto conteúdo é a mensagem que emanamos, aquilo que em geral transmitimos verbalmente. O aspecto relação é a mensagem que emana de nós, correspondendo à determinação das posições ocupadas pelos agentes da interação, tendo em vista o conteúdo transmitido e que se manifesta em geral de modo não verbal, pelo tom de voz, pela expressão facial, pelo vestuário, pelo status etc. Como o comportamento é interacional, podemos imaginar que, ao trocar mensagens, o emissor espera do receptor certas respostas, agindo o receptor da mesma forma em relação ao emissor. Dizemos que, ao comportar-se, ambos têm uma expectativa de comportamento um do outro e dos seus próprios. Isto gera uma situação cuja complexidade pode alcançar graus inimagináveis conforme o esquema: A se coloca perante B (cometimento ou relato). A tem expectativas da reação de B. B tem expectativas da reação de A. A tem expectativas sobre as expectativas que B tem dele. B tem expectativas sobre as expectativas que A tem dele etc.

Ora, o conjunto instável dessas relações de expectativas, em que além disso os conteúdos das mensagens nem sempre estão adequados aos cometimentos e vice-versa, nos dá uma imagem da complexidade das situações em que vive o ser humano, complexidade definida como possibilidades de expectativas de interações correspondentes, em número superior às expectativas de interações que podem ser realizadas.

Assim, como as situações comportamentais são complexas, o ser humano, ao interagir, tem de selecionar expectativas e possibilidades de interação, apegando-se, em geral, àquelas que têm mais chances de não serem desiludidas (seletividade do comportamento).

Ora, quando esta seleção é feita, sabe-se que se trata de uma escolha entre as mais prováveis, isto é, sabe-se que apesar da seleção esta pode não se confirmar por ter-se escolhido expectativas que são desiludidas (contingência da seletividade). Por isso, para sobreviver, o homem tem que desenvolver mecanismos que garantam, num certo grau de confiança, as expectativas dos outros, as próprias e as seleções de expectativas que ambos fazem. Conviver, assim, é assegurar-se contra desilusões. Estes mecanismos são estruturas que reduzem a complexidade, instaurando-se assim os sistemas sociais, onde, então, as interações se tornam dinamicamente estáveis. Trata-se, pois, de um controle de seletividade, uma espécie de dupla seletividade fortalecida contra desilusões. Por seu intermédio, torna-se possível o encontro da seletividade de alguém com a seletividade do outro, de tal modo que as possibilidades de ação de um passem também a ser de outro. Em outras palavras, a dupla contingência do mundo social exige a construção de novas estruturas de expectativas estabilizadas em termos de expectativas de expectativas. O comportamento social, em termos de vivência e ação, tem, pois, dupla relevância: a dimensão da expectativa imediata de comportamento e a dimensão da avaliação do que significa o próprio comportamento para a expectativa do outro. Na integração destas dimensões é que se coloca o problema sociológico do mercado de capitais.[3]

Os sistemas sociais são, em suma, reduções garantidas de complexidade. Esta garantia é dada pela dupla seletividade. Vamos denominar a situação instaurada pela dupla seletividade de estrutura de um sistema. Na comunicação humana, o emissor, ao transmitir mensagens, realiza uma seleção de possibilidade que o receptor recebe não como seleção, mas como um fato, isto é, como premissa para sua própria seleção. Isto, de certo modo, alivia o receptor, que pode deixar de lado a complexidade primária ou pelo menos encará-la em confronto com uma seleção já feita. É justamente este alívio que é potenciado pela estrutura, na medida em que ela relaciona uma seleção à outra seleção. Por exemplo: A seleciona exigir uma multa contratual. B pode ou não aceitar a exigência, mas já parte do fato de que a exigência é uma expectativa de A. Normas que regulam a elaboração de um contrato potenciam por sua vez a expectativa de A ou de B. As estruturas nascem, portanto, num processo de interações a partir das presunções comuns (1ª seleção), que vão permitir novas seleções (seleção potenciada).[4]

Toda estrutura, nestes termos, ao assegurar um estreito campo de possibilidades como esperáveis, no fundo nos ilude a respeito da real complexidade do mundo circundante, donde a possibilidade das desilusões e o caráter contingente de qualquer sistema social. O que as estruturas permitem, pois, é a transformação do problema da permanente complexidade do mundo num problema de como enfrentar desilusões: psicologicamente as estruturas regulam a angústia.

O mercado bursátil como um sistema interacional

Mercado como conceito sistêmico

Partindo-se do postulado básico de que sistemas são reduções de complexidade de um mundo circundante, por definição, mais complexo, com o qual ele mantém relações problemáticas, a identificação de um fenômeno social como sistema requer inicialmente o estabelecimento da forma específica como ocorre esta redução. Por exemplo, se quiséssemos identificar o modo como um acontecimento do mundo social, digamos, uma aula, constitui um sistema, seria preciso identificar no fenômeno o elemento-chave que possa servir de elo entre outros elementos. No caso, poderíamos escolher como elemento-padrão o tipo de relação que se instaura entre os seres humanos, alunos e professor, designando-o como aprendizagem. Definida aprendizagem como elemento-chave, poderíamos dizer que de um lado temos elementos que não aprenderam ainda e têm uma disposição para aprender, de outro, elementos que já aprenderam e têm disposição para ensinar. A noção proposta, seria, certamente, pobre para um pedagogo, mas, em nossa intenção, serve de exemplo de como se processa a identificação de um sistema.

Esta exigência inicial corresponde àquilo que Easton chama de determinação da "unidade do sistema"[5] e que corresponde à possibilidade de se responder questões do tipo: é possível distinguir qualquer sistema social de outros sistemas? Como devemos proceder para fazê-lo? Uma possibilidade seria fazer esta identificação a partir dos seres humanos que interagem, mas isso coloca dificuldades empíricas, difíceis de serem superadas. Por isso, a teoria dos sistemas tende a encarar sistemas sociais não como conjunto de pessoas, mas como conjunto de ações entre elas. Nestes termos, se nos propomos a identificar o mercado como sistema social, cumpre saber qual a sua unidade-padrão, no sentido de interação-padrão.

Desejamos propor, inicialmente, que o que caracteriza basicamente os mercados, desde o seu aparecimento, é a relação entre a disposição de excessos (de bens, mercadorias etc.) e a cobertura de necessidades que se têm dos mesmos bens, mercadorias etc. De um ponto de vista formal, os mercados têm por função o estabelecimento de uma relação de negação, no sentido de que uma coisa pode mudar de possuidor bem como um possuidor poder cambiar as suas coisas: alguém que possuía deixa de possuir, alguém que não possuía passa a possuir, uma coisa que era possuída por alguém deixa de ser possuída por ele e passa a ser possuída por outro.[6]

Poderíamos denominar esta unidade interativa como relações de troca, cientes de que a simples troca implica complexidades crescentes, pois nem sempre o que possui algo é um dos polos da relação, podendo aparecer não possuidores também como prováveis trocadores.

Os mercados, nestes termos, são a manifestação mais patente da própria vida econômica, vista ela mesma como sistema. Sistemas econômicos se constroem em torno da possibilidade de adiar decisões sobre a satisfação de necessidades, garantindo-se apesar disso, já no presente, esta satisfação, a fim de aproveitar a disponibilidade de tempo ganho. Ou seja, o problema central (complexidade a ser reduzida) do sistema econômico é de natureza temporal: a satisfação de necessidades futuras que devem ser garantidas desde o presente. Para entender isto utilizamo-nos da imagem da escassez. A escassez não é uma qualidade natural das coisas (idêntica a falta-de, ausência--de), nem uma relação natural entre necessidade e satisfação de necessidade (o homem é por natureza um ser insatisfeito), mas sim um ponto de vista abstrato de comparação que permite ao economista exprimir necessidades como temporalmente consistentes e permanentes, equalizando-as através do mecanismo do dinheiro. O dinheiro é cronicamente escasso, podendo atuar, por isso, como expressão presente e sempre atual da necessidade abstrata de garantir a satisfação, já no presente, das necessidades futuras. Com isso, cria-se a motivação abstrata para a privação de necessidades satisfeitas no presente, no interesse de necessidades futuras, concretamente incomparáveis. Deste modo, o sistema econômico não tem por finalidade eliminar a escassez, mas aumentá-la continuamente, criando complexidades crescentes.[7]

Nesse contexto, os mercados atuam como forma de redução de complexidades infindas, através das ditas relações de negação ou de troca. Eles permitem relações impessoais, isto é, neutralizam a relevância que possam ter outros papéis exercidos pelos parceiros, neutralizando um engajamento moral bem como um controle valorativo de parte a parte. No mercado, os parceiros aparecem, primordialmente, despidos de quaisquer qualidades, salvo as de vendedor e comprador. Neste sentido a complexidade das interações sociais é reduzida, pois o homem que é, eventualmente, um pai de família, religioso, membro de um clube, de um partido político etc., enfrenta, no mercado, o seu parceiro, em princípio, ou como vendedor ou comprador, despido de outros caracteres (amigos, amigos; negócios à parte, diz reveladoramente o ditado popular).

É claro que esta "neutralização", que permite trocas infindas, que abstrai perspectivas concretas do indivíduo visto como um conjunto de papéis, gera, por sua vez, uma complexidade interna ao mercado, como a ditada pela insegurança na orientação e na decisão com respeito a opções mercadológicas (por exemplo: para quem vender, de quem comprar, o que vender, o que comprar). Esta nova complexidade é, então, reduzida pela criação de estruturas internas como, por exemplo, o aparecimento de figuras "repersonalizadas", do tipo freguês, cliente, que permitem uma diminuição nos riscos produzidos pela neutralização. Os mercados, como qualquer sistema, respondem ao aumento de complexidade com um processo de diferenciação, isto é, separando funções, criando, de funções unitárias, funções diversificadas, por exemplo, transformando comprador em comprador fiel e infiel, regular ou ocasional, fazendo o mesmo o vendedor.[8]

Encontramos no mercado, pois, as noções anteriormente mencionadas de complexidade, seletividade e contingência. Quanto maior a complexidade das interações sociais, mais elástica tem de ser a seletividade propiciada pelo mercado, capaz de enfrentar riscos (contingência) maiores. Um dos mecanismos mais importantes para enfrentá-los é o dinheiro. Podemos definir o dinheiro como um meio de comunicação típico dos sistemas econômicos no sentido de que propicia uma espécie de seletividade que motiva uma aceitação, da seleção realizada, por parte de outros.[9] Expliquemos isto por uma analogia. Por exemplo: poder é um meio de comunicação do sistema político pelo qual interferimos na decisão de outros que não jungidos a aceitar a decisão da autoridade, que limita para eles as possibilidades de escolha mesmo contra sua vontade. Já o dinheiro, à diferença do poder, é um meio de comunicação pelo qual o parceiro que dele dispõe decide para si próprio pela fixação e satisfação concretas de necessidades, motivando o outro, deste modo, pela limitação e entrega de sua liberdade de escolha, a uma ação que realize aquela satisfação. Isto é, ao entregar dinheiro, eu "obrigo" o outro a entregar aquilo que satisfaz minhas necessidades. Com isto, porém, o outro passa a gozar da mesma possibilidade com respeito a mim e a terceiros. O dinheiro tem assim, a propriedade comunicacional de reduzir complexidades sem que, no sistema, o conjunto das possibilidades seja diminuído: ao contrário, o conjunto tende a crescer. Ou seja, enquanto o poder diminui o acesso de outros às complexidades (em termo de possibilidades em aberto), o dinheiro, como meio de comunicação, tende a aumentar a liberdade de escolha dos outros.[10]

O dinheiro torna-se, assim, um símbolo capaz de "generalizar", isto é, dotar as relações econômicas de independência quanto às diferentes formas de complexidade.

A partir dessas qualidades "generalizadoras", podemos entender o aparecimento de possibilidade de controle dos mercados sobre si mesmos. Isto se dá através de reflexividade, isto é, da possibilidade de um mecanismo de aplicar-se a si mesmo, no caso de o dinheiro tornar-se um meio de comunicação para si próprio. Neste sentido, podemos entender que os mercados possam constituir subsistemas cada vez mais complexos, atravessando diferentes graus de complexidade. Assim, se o dinheiro, num primeiro estágio, possibilita, como símbolo generalizador, trocas, num segundo estágio, ele se torna um instrumento que nos permite trocar possibilidades de troca. No estágio seguinte, o mecanismo do dinheiro se aplica ao próprio mecanismo do dinheiro, ou seja, torna-se possível comprar e pagar dinheiro com dinheiro, criando-se mecanismos de crédito e juros. Neste estágio chegamos à possibilidade de indagar não do custo das coisas, mas do próprio dinheiro. Isto permite um último degrau, onde ocorre uma diferenciação entre financiamento por crédito e financiamento pela criação de dinheiro, esta última possibilidade nos levando diretamente à esfera política e ao tema do controle dos mercados via planejamento.[11]

O mercado bursátil como sistema

Nesse contexto, em que o mercado funciona como um poderoso mecanismo para enfrentar riscos e, até certo ponto, reduzir controladamente a complexidade das relações econômicas, desejamos encaixar os mercados bursáteis. No seu aspecto econômico,[12] as bolsas têm por função, de um lado, viabilizar a canalização da poupança, de outro, facilitar a transação de toda classe de valores (mediante a concorrência de compradores e vendedores), através de uma organização que permite a formação de preços de juros que servem, por sua vez, para as relações econômicas que compõem a complexidade a ser reduzida. A Bolsa, neste sentido, é um mercado para a formação de preços.

A possibilidade de se ver o mercado bursátil como sistema significa, porém, de um lado, a sua concepção com o subsistema de um sistema mais abarcante, com o qual mantém relações num sentido vertical, e com outros subsistemas, com os quais mantém relações num sentido horizontal.

A concepção exige, por outro lado, uma determinação da complexidade interna do sistema, isto é, dos seus elementos constituintes (repertório) e das relações entre eles conforme certas regras (estrutura). A análise destes dois aspectos é que poderá nos fornecer os elementos para uma visão abarcante da função da Bolsa no sistema econômico, bem como os caracteres do seu funcionamento interno. Para realizar esta empresa, propomo-nos, inicialmente, a caracterizar internamente a Bolsa como sistema típico, para situá-la depois no seu meio ambiente, para, então, mostrar como se dão as interações entre ambos.

Caracteres analíticos do sistema da Bolsa

De acordo com as premissas de uma teoria sistêmica, qualquer conjunto de variáveis pode ser selecionado para representar um sistema que queiramos focalizar. Sendo sistema sempre uma redução de complexidade através de seletividade, qualquer sistema isola alguns aspectos da complexidade maior, sendo analítico por natureza. No caso dos sistemas humanos, isolamos a variável comportamento tida como interação ou troca de mensagens. Para circunscrever o sistema econômico, isolamos um tipo específico de interação vista como relações de troca. O mesmo deve ser feito agora para identificar o mercado bursátil.

A unidade básica e abrangente da análise continua sendo a noção de interação. Embora, aparentemente, esta formulação seja simples, ela não deixa de ir contra uma série de tendências usuais no estudo da Bolsa, feita diretamente por suas estruturas e elementos particulares, formais ou informais, através dos quais se manifestam as interações bursáteis. Nossa perspectiva afasta-se, neste sentido, de uma análise de elementos como sociedades corretoras, pregão, empresas de capital aberto, Conselho da Bolsa, ações, tipos de ações etc., sem contudo excluí-los do âmbito de estudo. Estes elementos podem ser importantes ou incidentais, mas justamente a sua importância ou incidentalidade só podem ser reveladas a partir de um princípio capaz de distinguir as interações bursáteis de outras interações. Assim, a característica analítica do sistema bursátil não afetará o seu status empírico. Ele apenas significará que, para fins de tratamento teórico, as atividades bursáteis serão diferenciadas e temporariamente abstraídas de outros tipos de atividades; de qualquer modo, permaneceremos lidando com comportamentos observáveis. Como veremos, a ênfase dada aos processos de interações bursáteis dará um caráter dinâmico à análise, pois o caráter processual, interno e externo, comandará continuamente as nossas reflexões.

Nossa proposta analítica é de que aquilo que distingue as interações bursáteis de outros tipos de interações econômicas é que serão interações predominantemente voltadas para operações de compra e venda de valores determinados (isto é, que têm cotação), visando a uma troca de poupança, operadas por mediadores e realizadas em lugar determinado. A tarefa que encetamos procura compreender o sistema de interações, em qualquer sociedade, através do qual são feitas e executadas tais operações.

Essa definição analítica implica a instauração de um sistema como redução de complexidade nos três níveis seguintes: temporal, social e real.[13] Ao nível temporal, a complexidade a ser reduzida está na possibilidade de a simples passagem do tempo desiludir nossas expectativas de comportamento dos outros. A passagem do tempo afeta a validade das expectativas, o que vale hoje, pode não valer mais amanhã. Diante desta situação podemos desenvolver expectativas cognitivas, no sentido de que o desiludido vai adaptando suas expectativas às desilusões de fato. Por exemplo, se um produto custa hoje (x) e amanhã (x+1), o comprador vai alterando sua expectativa no sentido de ir aprendendo a conviver com o aumento contínuo, criando mecanismos de controle como certa apatia que tudo aceita ou estabilizando as desilusões por uma espécie de crença na regularidade negativa, ou podemos, de outro lado, recursarmo-nos a aprender, não nos adaptando, criando expectativas normativas que se expressam através de regras estendidas como resoluções de não aprender com as desilusões.[14] Nesse sentido, a Bolsa fixa preços, permite cotações, graças à concentração da oferta e da procura e ao agrupamento dos dados relativos a um e outra, tendendo a estabelecer um equilíbrio entre ambas. Em outras palavras, a Bolsa se revela um mercado para a formação de preços, com certa força impositiva sobre os agentes. Ela reduz complexidade temporal na medida em que fixa cotações, permitindo operações de compra e venda de valores determinados. A cotação é variável no tempo, mas, em cada momento, ela é fixa, realizando certa redução da multiplicidade de preços possíveis a cada instante. Se compararmos esta possibilidade que o mercado bursátil oferece com outros mercados, por exemplo, uma feira livre, nesta, a cada momento, os preços são variáveis, a possibilidade de uma cotação geral escapa das mãos dos agentes, só podendo ser medida *a posteriori* ou por cálculos de previsibilidade, ao passo que, na Bolsa, as cotações são, em todo instante, controladas.

É evidente que esta característica não é propriedade apenas da Bolsa de Valores, mas de qualquer mercado bursátil (como as bolsas de mercadorias). A especialidade, no que diz respeito à complexidade temporal, não se dá, pois, apenas no modo redução (através de cotação), mas também pelo objeto, no caso, de valores mobiliários. Não é fácil definir o objeto em tela. Há definições amplas, outras mais estreitas, que dependem de situações concretas, podendo-se duvidar da possibilidade de uma definição teórica universal. Talvez seja, pois, convenientemente, assumir operacionalmente que o objeto das operações de compra e venda sejam valores mobiliários no sentido básico em que o termo é tomado legalmente no Brasil, compreendendo transações com ações e debêntures, o que não exclui outras possibilidades como bônus, letras de câmbio etc.[15]

A menção ao objeto nos conduz diretamente a um segundo nível de complexidade, referente ao conteúdo das expectativas em jogo nas interações.

É perfeitamente possível e provável que as interações em jogo na relação bursátil abarquem uma infinidade de conteúdos significativamente diferentes. O investidor pode ser motivado por inumeráveis impulsos, visar a diferentes finalidades. Numa relação fora do mercado, estes fatores dão ao conteúdo da interação certa imprevisibilidade que pode ser reduzida conforme diferentes instrumentos redutores. Por exemplo, ao comprar, se conhecemos pessoalmente o vendedor, temos mais condições de controlar suas expectativas. Mas, em inúmeros casos, isto é praticamente impossível. Um mercado funciona, neste sentido, como redutor de complexidade, ao aproximar pessoas que se controlam pelo papel que exercem: compradores e vendedores. Ou seja, não importa, naquele momento, quem é quem; apenas se revela momentaneamente que há compradores e vendedores. As expectativas pessoais são, então, neutralizadas, aparecendo primariamente as expectativas concernentes ao papel (de vendedor e comprador).

O mercado bursátil realiza, nesta linha de pensamento, uma redução análoga de complexidade quanto ao conteúdo. Quando dizemos que as interações bursáteis visam a uma troca de poupança, estamos neutralizando os caracteres pessoais e de incontroláveis variações dos participantes da interação. Entendemos por troca de poupança a permuta de parcelas de renda não consumida pela comunidade, na forma de títulos e dinheiro, que visam a uma renda variável. Isto identifica os participantes numa forma específica que pode ser denominada trocadores de poupança, ou seja, agentes que, ao trocar poupança na forma de dinheiro e títulos, visam a renda variável.

Dentro da interação bursátil, porém, os tocadores de poupança poderiam, de novo, assumir diferentes papéis. Temos, então, uma espécie de segunda redução ou uma neutralização potenciada, que vai fazê-los aparecer como investidores ou especuladores.

Esta segunda redução se revela necessária porquanto a primeira, neutralizando os caracteres pessoais, acaba por gerar uma nova complexidade, ao aumentar as possibilidades de interação bursátil. A ideia de que os trocadores de poupança são, potencialmente, vendedores e compradores ao mesmo tempo, traz para as interações um número maior de temas e de expectativas a serem controladas. O horizonte de suas atividades pode ser atual, mas tem de levar em consideração a projeção futura de possibilidade. Quem vende ou compra tem de pensar se o seu ato não terá prováveis consequências não apenas pessoais, mas para o próprio sistema no seu conjunto. As razões que nos levam a comprar ou vender contribuem para o aumento de complexidade do mercado, exigindo uma ação estratégica, que, muitas vezes, escapa ao agente trocador de poupança. Esta sobrecarga na capacidade de orientação exige uma simplificação através da qual os traços singulares de comportamento de cada um na interação bursátil começam a ser interpretadas como características da própria interação, possibilitando certa uniformidade, donde a oportunidade de se obterem expectativas antecipadas.

A ideia de que os trocadores realizam investimentos ou fazem especulações é uma destas formas de simplificação. A distinção não tem, necessariamente, um sentido analítico, mas é uma proposta baseada no sendo comum, visando a distinguir entre o trocador de poupança que busca, em sua atividade, sobretudo o rendimento da ação, jogando na estabilidade do mercado (investidor) e o que procura sobretudo a valorização da ação, se possível rápida e descontínua, jogando muito mais na sua momentânea liquidez (especulador). O investidor, neste sentido, vê o seu lucro eventual como uma expectativa de comportamento dos próprios objetos, enquanto o especulador olha imediatamente para o comportamento de outros trocadores como motivo de atuação. Esta distinção que, evidentemente, é apenas exemplificativa de uma necessidade compulsiva em se realizar uma redução de complexidade no próprio interior do conjunto das interações bursáteis, como condição mesma da sua viabilidade, poderia nos levar a uma série de observações, com o intuito de mostrar como os perfis dos trocadores, no sistema, vão dando a ele um caráter próprio, de peculiaridades idiossincráticas.

O terceiro nível de complexidade é social. Nesse nível, um sistema se instaura à medida que as suas relações com o seu mundo circundante se estabilizam. Isto é possível, em primeiro lugar, pelo reconhecimento das interações não como um fenômeno isolado, mas como uma instituição aparecendo, inclusive, numa forma jurídica. O conjunto das interações como sistema tem sua existência autônoma assegurada, não dependendo daquilo que cada interação, em particular e concretamente, possa significar. Em segundo lugar, o reconhecimento como uma instituição deve ser de tal modo genérico que ele não predetermina estritamente as interações, deixando à interação concreta uma margem livre de realização.

A institucionalização é, na verdade, uma redução de complexidade pela qual o sistema garante a expectativa de terceiros não partícipes das interações. O terceiro não partícipe não é um papel social, mas uma situação permanente. Qualquer um é terceiro em relação a uma série de interações sociais. Ora, característica do terceiro é, justamente, ocupar-se de outras coisas, o ter a atenção voltada para outros interesses, podendo, eventualmente, ter a sua atenção conquistada, vindo a ocupar-se também das coisas do sistema. Esta atenção, contudo, é escassa, colocando-se assim o problema de como justificar-se o conjunto das interações do sistema do sistema perante terceiros desatentos. Como, porém, a atenção é escassa e tende a permanecer escassa, a função da instituição não é obter um reconhecimento de fato, mas de operar com o pouco reconhecimento de fato. A institucionalização permite, pois, uma antecipação deste reconhecimento, isto é, cria a possibilidade de supor-se o reconhecimento, instaurando mecanismos geradores de uma confiança suposta por parte de terceiros nas interações do sistema. Um destes mecanismos é, por exemplo, o chamado engajamento pelo silêncio. Como, porém, nas sociedades complexas, a participação de terceiros tende a uma anonimidade crescente, os sistemas desenvolvem uma espécie de institucionalização do papel social de terceiros no sentido de que alguém assuma reconhecidamente este papel.

Por exemplo, ao interagirem, os homens entram em conflito, solucionam seus conflitos. Para que o modo de solução dos conflitos se estabilize em relação à comunidade, ele é institucionalizado. Criam-se instituições, como o Poder Judiciário, que garante, por suposição, uma expectativa sobre as expectativas daqueles que nada têm a ver com os conflitos que estão sendo solucionados. Na instituição judiciária, os juízes são, então, terceiros institucionalizados que garantem, para a comunidade, a credibilidade das soluções jurídicas efetivadas.

Este é, a nosso ver, o papel dos mediadores nas interações bursáteis. Sua função é, pois, garantir a credibilidade das interações no sistema, neutralizando um eventual dissenso fático (desconfiança), por parte do mundo circundante. Os mediadores bursáteis são agentes que põem os trocadores de poupança em relação, fundados na confiança institucionalizada, de fato e legal, que inspiram. A institucionalização de fato da confiança é ditada pela complexidade das informações necessárias a um domínio razoável das interações que exigem uma especialização de conhecimento (é a figura do *expert*). A institucionalização legal resulta da regulamentação jurídica da sua atividade. Os mediadores são, neste sentido, corretores, ou seja, agentes que têm a exclusividade na mediação, isto é, na realização das operações de compra e venda das ações cotadas, ou meros intermediários, ou seja, agentes que gozam de uma credibilidade de fato e que promovem as interações através dos corretores. Ambos representam garantia de confiabilidade das interações, permitindo a institucionalização do sistema, isto é, a possibilidade de se imputar a terceiros não participantes o necessário reconhecimento (ainda que suposto) das interações bursáteis que se realizam.

As interações bursáteis podem ser vistas, pois, como sistemas de ação capazes de estabilizar expectativas e grupos de expectativas referentes às três dimensões propostas. Respectivamente, a cotação como vimos, é estabilização de expectativas na dimensão temporal (garantia da validade da expectativa relativa do preço contra a passagem do tempo); a mediação institucionalizada é estabilização de expectativas na dimensão social (garantia de validade das interações tendo em vista o consenso de terceiros e a confiança despertada pela instituição como tal); e a troca de poupança como estabilização de expectativas na dimensão dos conteúdos (garantimos unidade e conexão de expectativas bursáteis, independentemente do fato de que, concretamente, haja diferença entre elas quanto ao seu conteúdo).

Os sistemas bursáteis permitem, assim, uma espécie de imunização simbólica de certas expectativas, as expectativas bursáteis, contra os fatos, em termos de uma indiferença controlada: elas se realizam, persistem, independentemente das desilusões que frequentemente possam ocorrer na troca dos bens mobiliários.

Deste modo, um sistema bursátil fica identificado como um conjunto de interações, abstraídas da totalidade do comportamento social, através das quais mediadores possibilitam a realização de operações de compra e venda de valores cotados, efetuando-se uma troca de poupança. As pessoas que estão no processo de se engajar em tais interações, ou seja, que estão em papéis bursáteis (mediador, investidor, especulador), podem ser consideradas genericamente como membros do sistema.

Se a conceituação da Bolsa de Valores como um sistema de interações leva-nos a identificar os elementos principais e genéricos de um sistema, obriga-nos também a descrever o que é exterior ao sistema. Isto nos conduz à noção de meio ambiente do sistema bursátil.

Meio ambiente intra e extrassistêmico

Assumindo-se que a Bolsa seja um sistema, está implícita na noção de sistema a noção de limite. A ideia de limite, contudo, é ambígua e de difícil configuração. Numa perspectiva ingênua, o limite significa a possibilidade de identificar o que não faz parte do sistema. Sucede, porém, que a concepção de sistema aberto exige a consideração do que está dentro e do que está fora como esferas relacionadas por um fluxo de trocas. Isto complica a análise.

De maneira geral, definido o sistema como redução de complexidade, o mundo circundante da complexidade reduzida é, por assim dizer, uma complexidade maior. Analiticamente, a noção de limite revela-se, assim, como uma linha diferencial entre duas complexidades: uma maior, outra menor.

Ao aplicar esta noção analítica a sistemas fenômenos, encontramos, porém, certas ambiguidades. Por exemplo, devem os bancos, de modo geral, ser excluídos do sistema bursátil? O fato de as instituições bancárias se desenvolverem em múltiplas atividades coloca uma dúvida quanto a sua pertinência ao sistema.

A própria noção de sistema aberto, isto é, aquele que sofre influência, só faz sentido se podemos distinguir entre o "interno" e o "externo". O instrumento analítico desta separação é a variável de comportamento assinalada anteriormente como interações predominantemente voltadas para operações de compra e venda de valores cotados, visando troca de poupanças, operadas por mediadores institucionalizados e realizadas em lugar determinado, esta variável é dita interna ou dependente.[16] Supõe-se que tenha alta relevância para o funcionamento do sistema. Isto, porém, não significa que as variáveis ditas externas ou independentes e que servirão para identificar o meio ambiente do sistema sejam irrelevantes ou de menor significado para o seu funcionamento. Sua exclusão do sistema para propósito de análise indica apenas que desejamos compreender o fenômeno do fluxo de influências. As variáveis externas são independentes no sentido analítico de que são tomadas como dados.[17] Como tais, elas constituem parâmetros de sistemas, e a análise assume-as como tais, sem indagar da sua origem e sem esmiuçar os seus valores. Assim, por exemplo, o Ministério da Fazenda pode ser considerado, para o sistema bursátil, uma variável externa. O mesmo não se pode dizer dos Conselhos das Bolsas, que é uma variável interna.

Isto posto, podemos definir o meio ambiente do sistema bursátil como o conjunto de elementos (e suas interações) que não são definidas como variáveis do sistema (constituem outros tipos de interação), mas que são relevantes para o sistema. Nesta definição estão incluídos os dois caracteres analíticos mencionados: variáveis dadas que são as outras interações, mas que são relevantes para o sistema. Isto exclui da noção de meio ambiente uma série de interações que, embora possam ser consideradas variáveis externas, não são relevantes para o sistema no sentido de que o influenciam. Por exemplo, um contrato de locação de um imóvel residencial entre dois indivíduos nos Estados Unidos é uma interação de outro tipo, mas irrelevante para a Bolsa em São Paulo.

É preciso, contudo, assinalar que, por meio ambiente podemos estar nos referindo a uma noção físico-social, que pode nos conduzir a enganos. O limite procurado, entretanto, não é físico. Para evitar ambiguidades deste tipo, é preciso distinguir entre o que chamaremos de meio ambiente intra e extrassistêmico. A Bolsa, como sistema, constitui um subsistema de um sistema maior, constituído, por sua vez, de outros subsistemas, além da Bolsa. Por outro lado, este sistema abarcante será também um subsistema de outro sistema ainda maior e assim por diante. Analiticamente, os limites de todos os sistemas podem ser interpretados como o critério de inclusão ou exclusão dos sistemas que formam o foco de interesse. Isto, porém, não significa que estejamos pensando o sistema da Bolsa como um envelope que se inclui, com outros, num envelope maior e assim por diante. A noção de limite não é física nem pode ser nitidamente física, o que não enfraquece, contudo, sua utilidade analítica.

Assim, apesar desta restrição, é possível obter alguns indícios empíricos que nos permitem perceber quando passamos de um sistema para o seu meio ambiente. Em sistemas sociais altamente diferenciados na sua estrutura (padrões regulares de expectativa, conforme certas regras) é possível a indicação de alguns daqueles indícios. É o caso dos sistemas bursáteis, que se diferenciam do seu meio ambiente: 1) pelo grau de distinção dos papéis e das atividades que lhes são próprias – trocadores de poupança e mediadores, realizando condutas específicas; 2) pelo grau em que os elementos que ocupam estes papéis formam um grupo separado nas interações sociais, possuindo um sentido de solidariedade e coesão interna; 3) pelo grau em que estes papéis tomam a forma de uma coordenação própria, que gira em torno de valores cotizados, diferente de outras formas de coordenação, como as do mercado imobiliário, que gira em torno de bens imóveis. Para simplificar, entretanto, chamamos de meio ambiente intrassistêmico o conjunto dos elementos que fazem parte do mesmo sistema abarcante, do qual o elemento – a Bolsa – também faz parte, mas que com ela não se confunde. Por sua vez, meio ambiente extrassistêmico é o conjunto dos elementos que não fazem parte do mesmo sistema abarcante do qual a Bolsa é um elemento, mas que para ela é relevante.

Na prática, as partes intra e extrassistêmicas podem ser classificadas de diversos modos, mas será proveitoso dividi-las em diferentes subsistemas. Nos intrassistêmicos podemos incluir, de modo geral, o sistema econômico como um conjunto abarcante de vários subsistemas. Nos extrassistêmicos, temos não só outros sistemas sociais, como o político, o jurídico, o cultural, mas também, num sentido amplo, o sistema biológico. Nada existe de predeterminado nesta classificação, pois esta não e a única visão alternativa. Como, porém, nossa análise não se baseia numa estrita categorização do meio ambiente do sistema bursátil, não é preciso perder muito tempo com sua especificação. Basta que reconheçamos a sua existência e os problemas teóricos que daí provêm.

De certa maneira podemos dizer que, em resumo, o meio ambiente significa uma complexidade maior que se acha reduzida no sistema bursátil. Como redução de complexidade, o sistema da Bolsa é um entre outros sistemas com os quais ela coordena. Estes constituem o seu meio ambiente intrassistêmico. Mas há uma complexidade maior que envolve o próprio meio ambiente intrassistêmico. Este é o meio ambiente extrassistêmico. O conjunto dos dois forma o meio ambiente total.

Os conceitos de limite e meio ambiente ajudam a ordenar a nossa análise. O sistema bursátil é aberto na medida em que está exposto, em graus variados, aos acontecimentos que ocorrem no seu meio ambiente. Assim, o que acontece com um sistema bursátil, sua estabilidade ou mudança, será, em parte, função de variáveis internas, que estamos primordialmente interessados em definir e explicar. Por sua vez, a sua forma de funcionamento, as pressões que sofre e o comportamento que se manifesta seria como uma resposta a tais pressões também serão produtos do que se passa no meio ambiente total do sistema.

O funcionamento do sistema: os fatores de pressão

Os sistemas sociais, de um modo geral, são sistemas abertos e, por conseguinte, são sistemas em constante mudança. O que isto significa é que, para sobreviver diante de divergências, pode-se ser obrigado a aceitar mudanças dependendo das circunstâncias em um ou em todos os aspectos significativos de um sistema. Os membros devem ser capazes de modificar o seu sistema, de acordo com as circunstâncias em relação ao seu âmbito, membros, estruturas de processos, objetivos, regras de comportamento, ou devem ser capazes de manipular o seu meio ambiente para aliviar a tensão. Apenas onde, de alguma forma, eles são capazes de defender-se dos efeitos da mudança do meio ambiente, onde a mudança for insignificante, é que podemos esperar que um sistema persista, embora ele não esteja dotado com a capacidade de autotransformação ou de manipulação do seu meio ambiente. De outra forma a persistência de padrões de interação capazes de atender as funções fundamentais de um sistema exige que os membros engajados nesta atividade sejam capazes de adaptar, corrigir, reajustar, controlar ou modificar o sistema ou os seus parâmetros para enfrentar os problemas criados pela tensão interna ou externa.[18]

Para entendermos o sistema da Bolsa como um sistema aberto que persiste em constante mudança são necessárias definições de alguns conceitos fundamentais. É preciso que entendamos, neste sentido, as noções de funcionamento normal de um sistema e a noção de fontes de pressão que atuam sobre aquele funcionamento normal. Todo sistema caracteriza-se pela institucionalização de certas expectativas. Estas expectativas podem ser desiludidas. Fontes de pressão são elementos que atuam sobre o sistema e que desiludem as suas expectativas. Desiludir significa aqui variar a ordem normal de funcionamento. Para obtermos a noção de funcionamento normal de um sistema, como o sistema bursátil, é necessário recorrermos à noção de variáveis essenciais.[19]

Variáveis essenciais são tipos de relações ou padrões de interação que consideramos propriedades centrais de um sistema. A persistência de um sistema como o bursátil exige primeiramente a presença destas variáveis essenciais. Além disso, é necessário que elas funcionem em um certo nível. Em outras palavras, existe um padrão essencial; e os distúrbios que afastam o sistema desse padrão não devem alterar o seu caráter. Podemos assinalar, analiticamente, como variáveis essenciais do sistema bursátil, em primeiro lugar, as operações de compra e venda de valores cotados. Em segundo lugar, o fato de que estas operações visam a troca de poupanças e, em terceiro, que são realizadas por intermediários num lugar determinado. Como se vê, as variáveis assinaladas são tiradas da noção de unidade do sistema bursátil anteriormente analisada.

Como dissemos, para que um sistema funcione, é preciso que estas variáveis existam no sistema e que a sua presença, maior ou menor, ocorra dentro de certo limite. Vamos então observar agora cada uma das variáveis mencionadas, nestes dois aspectos: existência e variação do grau de existência num certo limite. A primeira variável se refere às operações de compra e venda de valores cotados; numa palavra, à cotação. Entendemos por cotação a fixação do preço justo mercantilmente chamado de preço corrente. Em termos de variável no aspecto de existência, o sistema bursátil tem que ter a possibilidade de fixação do preço justo. Em termos de variável quanto ao seu grau ou grau de presença, a fixação do preço justo está ligada a uma combinatória suportável de rentabilidade, segurança e liquidez. A segunda variável essencial se refere às operações que visam à troca de poupança, em uma palavra, troca de poupança. Entendemos a troca de poupança como permutas de parcelas de renda não consumidas pela comunidade, na forma de ações e dinheiro que visam a uma renda variável. Em termos de presença ou existência dessa variável no sistema, isto significa a possibilidade (primariamente econômica e secundariamente política, jurídica e social) da poupança e da troca. Em termos de variável no sentido do grau da sua presença, o sistema bursátil, para funcionar, tem que admitir um mínimo suportável (dependendo da complexidade social) de poupadores e de trocadores. Quanto à terceira variável, ou seja, que as operações sejam realizadas por intermediários, num lugar determinado, numa palavra, variável institucionalização, entendemos por isso a possibilidade de se supor o consenso ou confiança na expectativa de terceiros não participantes, assegurada pela existência de papeis de terceiro institucionalizado: os mediadores ou corretoras. Estes, por sua competência técnica e pelo múnus público que receberam, neutralizam uma eventual desconfiança por parte da sociedade, a respeito das trocas de poupança, garantindo, de certo modo, a legitimidade social da possibilidade das interações. Em termos de variáveis quanto à existência, o sistema bursátil tem que ter um mínimo (dependendo da complexidade) de mediadores oficiais, e um lugar oficial de mediação. Em termos de variável quanto ao grau, esta institucionalização dos mediadores e do lugar da mediação tem que produzir um mínimo de confiança, de fato e legal.

O que estamos propondo, neste passo, é que qualquer sistema bursátil para funcionar tem que ter a presença destas três variáveis essenciais, dentro de um grau mínimo de variação. A ausência de uma delas leva o sistema a uma situação de instabilidade, que pode conduzi-lo ao perecimento. Os sistemas bursáteis, como sistemas abertos, persistem não na medida em que as suas variáveis não sofram qualquer influência, mas sim na medida em que, apesar das influências sofridas, as variáveis essenciais continuem existindo ao menos dentro de um grau mínimo. Podemos, neste sentido, afirmar que as três variáveis essenciais apontadas podem ser consideradas como mecanismos estabilizadores de expectativas e de grupos de expectativas do sistema bursátil referente a três dimensões anteriormente distinguidas: a temporal, a social e a real. Respectivamente, a cotação significa uma estabilização das expectativas do sistema na sua dimensão temporal, ou seja, garantia do preço contra a passagem do tempo que o altera. A institucionalização é estabilização de expectativas na dimensão social, ou seja, garantia contra a desconfiança de terceiros em relação àquilo que ocorre dentro do sistema. E terceiro, a troca de poupança, é estabilização de expectativas na dimensão real do sistema, ou seja, garantia de certos conteúdos de expectativas, certa renda, por exemplo, e um grau de liquidez determinado com certa segurança.

O sistema da Bolsa, como qualquer sistema social, não pode evitar certos distúrbios na presença e no grau de existência das suas variáveis essenciais, mas as consequências dos distúrbios nos destinos do próprio sistema, isto é, se ele vai sobreviver, e de que forma vai sobreviver, dependerão da capacidade e da presteza do sistema em enfrentar tal pressão. Para enfrentar os distúrbios é necessário que o sistema possa regulá-los de alguma maneira. Através do tempo, os sistemas sociais em geral, desenvolvem extensos repertórios de técnicos para enfrentar as possíveis pressões. De um modo geral, podemos dizer que os sistemas sociais, e o sistema bursátil é um deles, procuram controlar as mudanças internas e no meio ambiente de tal forma que elas não se tornem causadoras de pressão ou distúrbios, ou então, se já se tornaram causadoras de pressão, procuram os sistemas evitar os perigos já presentes. Estas observações nos conduzem à questão de como é possível detectar a maneira pela qual os distúrbios afetam o funcionamento do sistema bursátil e quais são eles.

Input de demanda e de suporte

Desde que concebemos o sistema bursátil como analiticamente separável de todos os outros sistemas sociais, e, com frequência, empiricamente diferenciado, é útil tratar os distúrbios ou influências originados do comportamento nos sistemas do meio ambiente, como trocas ou transações que atravessam os limites do sistema. Para fazer isto, propomos reduzir as influências maiores e mais significativas do meio ambiente a uns poucos indicadores. Através do exame destes, estaremos aptos a avaliar e acompanhar o impacto potencial dos acontecimentos do meio ambiente no sistema. Tendo esse objetivo em mente, designaremos como *outputs* os efeitos transmitidos de um sistema para o meio ambiente, designando como *inputs* os efeitos transmitidos pelo meio ambiente ao sistema. A transação entre sistemas será assim encarada como uma ligação entre eles, sob a forma de uma relação *input/output*.[20]

De maneira geral, esta representação do funcionamento de um sistema sugere que o que está acontecendo no meio ambiente afeta o sistema na forma de tipos de influências que circulam nele. Através de suas estruturas e processos, o sistema atua nestas influências de tal maneira que elas são convertidas em *outputs*. Estas são as decisões ou respostas do sistema. Os *outputs* retornam, por sua vez, ao sistema pelo meio ambiente. Isso demonstra claramente que os *inputs* do meio ambiente são exatamente os *outputs* do sistema. Esta relação é dinâmica. Existe um contínuo fluxo de influências ou *outputs* do sistema para e através dos meios ambientes. Modificando os meios ambientes, os *outputs* influenciam assim a próxima série de efeitos que se desloca do meio ambiente de volta para o sistema. Desta forma, identificamos este circuito contínuo como um circuito de *feedback* ou retroalimentação.

Entendemos, pois, por *input* qualquer acontecimento externo ao sistema, limitando-nos momentaneamente aos *inputs* do meio ambiente que alteram, modificam ou afetam o sistema de alguma maneira. Na medida, porém, em que as coisas que acontecem dentro de um sistema marcam seus destinos como um sistema de interações, é possível levá-las em conta como refletindo, através de *input*, alguma coisa que sucede dentro do sistema. Esses *inputs* vão ser chamados de *inputs* internos.[21] Falamos, pois, em *inputs* externos quando nos referimos a exigências externas, provindas do meio ambiente e de *inputs* internos quando nos referimos a exigências internas, surgidas no próprio sistema. Os *inputs*, assim definidos, podem ser distinguidos em dois tipos principais: *inputs* de demanda e *inputs* de suporte. *Inputs* de demanda são expressões articuladas, dirigidas ao sistema, propondo algum tipo de respostas que precisaria ocorrer. *Inputs* de suporte são expressões articuladas de expectativas de comportamento, que garantem um mínimo de funcionamento do sistema. A distinção entre *input* de demanda e de suporte vale para ambos, isto é, tanto para o *input* externo quando para o *input* interno.

Pressões de demanda e de suporte
Em qualquer sistema existe um *input* de demanda e de suporte. Quando existe uma sobrecarga nas demandas (em número e variedade) ou uma queda no suporte abaixo do nível mínimo, temos, respectivamente, pressões de demanda e de suporte. Ou seja, pressões de demanda são mudanças no meio ambiente que podem alterar o volume e a variedade das demandas, configurando sobrecargas para o sistema. Pressões de suporte são mudanças no meio ambiente que alteram as condições mínimas de funcionamento do sistema, modificando a possibilidade de atender as demandas.[22]

No que diz respeito à Bolsa, o seu meio ambiente intrassistêmico (sistema econômico) pede basicamente (*input*) troca de poupança, que significa para ele movimentação de recursos e, secundariamente, cotação e institucionalização. Já o meio ambiente extrassistêmico (demais sistemas sociais) pede basicamente (*input*) institucionalização, que significa para ele confiança e secundariamente cotação e troca de poupança. E o próprio sistema da Bolsa (em termos de *input* interno) pede basicamente cotação, sem o que ele não trabalha, e secundariamente, institucionalização e troca de poupança.

Uma sobrecarga ou uma deficiência nestes *inputs* gera pressões para a Bolsa: por exemplo, a liberação da taxa de juros no meio ambiente intrassistêmico pode provocar uma pressão de demanda no sentido de exigência de trocas que permitam auferir renda superior. Já a falta de um controlador eficiente (como o Banco Central) pode gerar uma pressão de suporte no meio ambiente extrassistêmico pela queda da confiança mínima exigida. Ou ainda, juros de empréstimo subsidiados do BNDES geram pressão de suporte da parte do meio ambiente intrassistêmico, afetando a troca de poupança pela diminuição do registro das companhias de capital aberto.

Alguns acontecimentos geram, por sua vez, pressão de demanda e suporte, como é o caso da inflação, que diminui a possibilidade de poupar (pressão de suporte) e exige renda maior do que ela (pressão de demanda), podendo ser vista nesse sentido como uma pressão do meio ambiente intrassistêmico, mas também do meio ambiente extrassistêmico na medida em que afeta a confiança.

São de se considerar ainda as pressões internas que ocorrem pela sobrecarga ou deficiência nos *inputs* internos. Por exemplo, a manipulação de mercado cria uma demanda artificial (vide caso das ações da Audi) na forma de pressão de demanda, mas também uma pressão de suporte na medida em que afeta a confiança necessária ao funcionamento da Bolsa. São ainda *inputs* internos gerando pressão de suporte a concorrência predatória, a quebra de corretoras, a concentração de poderes decisórios (Fundo 157), confusão de funções etc.

Na hipótese não real de um funcionamento absolutamente estável do sistema bursátil, os *inputs* do meio ambiente seriam os *outputs* do sistema. Os *outputs*, sendo a resposta que o sistema dá às exigências do meio ambiente, corresponderiam exatamente a estas exigências. Num certo sentido, se isto, de fato, ocorresse, os *inputs* do meio ambiente exigindo movimentação de recursos, garantia de preços e confiança, fariam com que os *outputs* do sistema bursátil fossem respectivamente troca de poupança, cotação e institucionalização.

O sistema bursátil, contudo, como qualquer sistema social, funciona normalmente sob pressão. Isto é, a pressão não é uma anomalia mas faz parte da vida normal do sistema. Por isto, os sistemas, para darem respostas adequadas, vão exigir mecanismos reguladores que impeçam que as pressões se tornem insuportáveis. Isto significa que o que chamamos de estabilidade do sistema é apenas um tipo especial de mudança, ou seja, um sistema estável é aquele que, sob pressão, muda sem criar problemas insuperáveis nas suas variáveis essenciais.

Os mecanismos reguladores

Mecanismos reguladores são instrumentos funcionais do sistema que permitem uma adequação das suas respostas às pressões do meio ambiente. Estes mecanismos podem se referir às pressões de demanda ou de suporte. No primeiro caso, temos mecanismos reguladores de demanda, e, no segundo caso, mecanismos reguladores de suporte.[23]

Reguladores de demanda

Os mecanismos reguladores de demanda podem atuar de duas maneiras: ou evitando que certas perturbações no meio ambiente venham a tornar-se fonte de pressão ou evitando os perigos consequentes de pressões já existentes.

A) Mecanismos preventivos

No primeiro caso falamos em mecanismos preventivos, os quais estão no limiar do sistema e evitam a ocorrência de sobrecarga de demanda, na medida em que impedem que certas demandas do meio ambiente se transformem em demandas tipicamente bursáteis. Por exemplo, uma crise ministerial gera demandas políticas que um sistema bursátil regulado impediria que se transformassem, pelo menos diretamente, em demandas bursáteis sobrecarregadas.

Estes mecanismos reguladores denominados preventivos podem ser classificados em três tipos: os institucionais, isto é, aqueles que vão permitir uma adequação prévia das respostas do sistema ao meio ambiente tendo em vista o consenso de terceiros e a confiança despertada pela instituição (Bolsa) como tal; os normativos, isto é, aqueles que vão permitir uma adequação prévia das respostas do sistema e ao meio ambiente, tendo em vista a cotação; os reais ou de conteúdo, aqueles que vão permitir uma adequação prévia das respostas do sistema ao meio ambiente tendo em vista a troca de poupança.

Entre os mecanismos reguladores preventivos do tipo institucional, podemos mencionar a atividade das corretoras, quando, ao aconselhar, ao interpretar os acontecimentos, ao direcionar os investimentos, acabam por exercer certa regulação na demanda, estabelecendo sistemas de confiança, funcionando como filtros para as influências imediatas, de ocorrências do meio ambiente nas demandas bursáteis. Nesse sentido, num mundo altamente complexo, a competência técnica da corretora gera confiança e atua como instrumento regulador das pressões de demandas, segurando-as, diversificando-as.

Como exemplo de mecanismos reguladores preventivos do tipo normativo, temos a atividade de certos órgãos dotados de poder normativo, como os Conselhos de Administração das Bolsas de Valores, quando estabelecem normas com o fito de evitar sobrecargas nas demandas antes que elas ocorram, mudando as condições que nos levariam a eventuais pressões. É o caso da suspensão de ações cotadas em Bolsa, quando a informação insuficiente a respeito de acontecimentos relevantes gera uma incerteza perigosa para o mercado (caso das ações da Light, Servix Engenharia).

Quanto aos mecanismos regulado-preventivos do tipo real, ou de conteúdo, temos a coerção cultural que, ao definir mentalidades, estipular valores sociais, como mentalidade capitalista, espírito de concorrência, de competição, de investimento, de poupança, atua positivamente, orientando o próprio mercado.

B) Mecanismos repressivos ou *a posteriori*
Como dissemos, os mecanismos reguladores de demanda podem atuar também evitando os riscos consequentes de pressões já existentes: são os mecanismos repressivos ou *a posteriori*. Estes, da mesma forma que os anteriores,

os preventivos, podem ser classificados em institucionais, normativos e reais.

Os institucionais devem ser entendidos como procedimentos diversificados, capazes de aumentar os canais captadores de demandas, quando estas convergem concentrada e sobrecarregadamente num único canal. Referimo-nos, neste caso, a certa espontaneidade criativa do próprio mercado que, por exemplo, quando sente que os tipos de operações em Bolsa estão muito estritos, limitando-se a operações à vista e a termo, podem criar novos tipos de operações, como operação a termo futuro, mercado de opções, aliviando pressões existentes.

Os reguladores repressivos normativos correspondem à atividade de órgãos dotados de poder normativo, os quais através da edição de normas reprimem a sobrecarga de demandas. Podemos citar, como exemplo, a atuação normativa do Banco Central quanto à diversificação que os fundos fiscais (Decreto-Lei nº 157) devem possuir nas aplicações de seus investimentos. Isto foi feito porque se verificou que os fundos começavam a concentrar as suas aplicações em determinado setor de atividade, ou em determinadas companhias de capital aberto, desequilibrando o mercado.

Quanto aos reguladores repressivos reais, trata-se de instrumentos capazes de criar uma adaptação nas expectativas de demanda a certas pressões que não podem ser eliminadas, isto é, mecanismos que adaptam o sistema à pressão, numa forma de convivência: por exemplo, a correção patrimonial das ações (mecanismo de correção monetária) cria uma mentalidade que permite o mercado conviver, de modo mais ou menos aceitável, com as pressões de demanda proporcionadas pela inflação.

Reguladores de suporte
Falamos até agora dos mecanismos reguladores de demanda. Voltemo-nos, agora, aos mecanismos reguladores de pressão de suporte. De modo geral, trata-se de instrumentos do sistema que permitem o restabelecimento de suportes vacilantes. Recordemos que são *inputs* de suporte para a Bolsa a possibilidade mesma de poupança, a existência de laços de lealdade ou confiança, independentemente das desilusões concretas e o equilíbrio entre liquidez, rentabilidade e segurança das ações cotadas.

Quando estes suportes caem abaixo do nível crítico, é necessária a atuação de mecanismos reguladores.

Dentre estes, distinguimos os reguladores estruturais, os reguladores de suporte difusos e os *outputs*.[24]

A) Reguladores estruturais

Os reguladores estruturais correspondem a autotransformações do sistema, que muda internamente os seus objetivos e estruturas para manter, num nível mínimo, o seu *output* (isto é, no caso do mercado, movimentação de recursos, garantia de preços e confiança). Na Bolsa, por exemplo, anteriormente, as empresas eram obrigadas a corrigir o seu ativo imobilizado, dando margem a distribuições de bonificações. A pressão de suporte ocasionada pela inflação (perda de confiança no mercado, menos possibilidade de poupança etc.) fez com que anualmente o imobilizado das empresas fosse reajustado de acordo com os índices de correção monetária, gerando pagamento de dividendos não crescentes, mas assegurando a persistência do sistema.

B) Regulador de suporte difuso

Os reguladores de suporte difuso correspondem, por sua vez, a processos habituais de criação de mentalidade propícia de funcionamento do sistema, com o fito de constituir reserva de suporte difuso, isto é, daqueles mecanismos que fazem com que os membros se liguem ao sistema por laços de lealdade.

De um modo muito geral, nos sistemas sociais, no da Bolsa inclusive, existem reguladores que servem para todos eles, como, por exemplo, a propaganda, a educação etc.

Na Bolsa especificamente, a imagem do seu Conselho enquanto órgão oficial que cuida das operações e garante a sua lisura, torna-se representativa da austeridade da eficiência necessária, difusamente, para o estabelecimento de confiança.

O mesmo se pode dizer da imagem gerada pela CVM (Comissão de Valores Mobiliários), tendo em vista a tranquilidade e confiança do investidor.

Nestes exemplos, o regulador de suporte difuso está localizado na imagem veiculada pelos órgãos de fiscalização e não no próprio órgão.

C) *Outputs*

Os próprios *outputs* de um sistema podem funcionar como mecanismos reguladores. Caindo o suporte difuso, o bom funcionamento do sistema no sentido de atender às demandas que lhe são postas atua como regulador de pressão de suporte difuso. Isto é, havendo para os membros de um sistema uma satisfação em perceber que as suas demandas estão sendo atendidas, há uma boa probabilidade de se conseguir a sua lealdade ao sistema e ainda que nem todas as demandas estejam sendo satisfeitas. Este razoável equilíbrio entre o *output* e o *input* de demanda é que acaba por funcionar como um mecanismo regulador da pressão de suporte difuso (falta de lealdade).

Nesse sentido, o satisfatório funcionamento da Bolsa, na medida em que ela consegue dar aos pedidos de cotação, troca de poupança e institucionalização (ou confiança) uma resposta razoável, alimenta a lealdade do investidor.

Feedback

Vistos quais são os mecanismos reguladores, a questão que se propõe agora é de saber como o sistema pode produzir respostas (*outputs*) que regularizem o volume das demandas ou que aumentem o volume de suporte, isto é, como ele se torna capaz de chegar a um julgamento sobre que mecanismos devem ser acionados, preferencialmente.

Para cumprir esta função, o sistema necessita de informações. Se o sistema é aberto, ele será dotado de canais que veiculam informações: a) sobre o meio ambiente e sobre o próprio sistema, b) sobre a disposição de suporte dos seus membros (lealdade) e sobre as demandas manifestadas, c) sobre os efeitos já produzidos por suas respostas (*outputs*).

Supondo-se que, por definição, a produção de *outputs* do sistema bursátil depende dos seus membros (corretores e investidores), é em direção a eles que estas informações devem fluir.

Este fluxo de informações é o que se chama de circuito de *feedback*, ou seja, os membros do sistema bursátil são os que viabilizam cotação, troca de poupança e confiança. São eles que, de certo modo, provocam a atuação dos mecanismos reguladores. Mas para isso é necessário que eles conheçam o seu meio ambiente, que saibam como este reage ao sistema da Bolsa, que conheçam o seu próprio sistema, que se conheçam a si próprios bem como os efeitos das respostas que estão sendo produzidas. Ora, os membros têm informações sobre tudo isto, o que pode ajudá-los a continuar agindo. Pode ser, entretanto, que isto não ocorra. Assim, o circuito de *feedback* ou de autoinformação do sistema nos mostra que o mercado bursátil é um vasto processo que converte os *inputs* em *outputs*, os pedidos de cotação, troca de poupança, confiança em efetiva cotação, efetiva troca de poupança e em efetiva confiança.

Este circuito de informações que permite o processo de conversação pode, porém, funcionar ou não. Se não funcionar, isto é, se os *inputs* não podem ser convertidos em *outputs* temos o colapso do sistema. O *boom* da Bolsa de 1971 mostrou uma situação de quase colapso.

O circuito de *feedback* das informações pode, entretanto, ser controlado. Os membros podem ter, não ter, perder este controle. Para efetivação de controle existem estratégias que envolvem o grau de precisão ou de distorção das informações, o tipo de canal utilizado para obtê-las, a influência que o aparelho perceptivo dos membros possa sofrer por parte de preconceitos, falta de habilidade, ideologia, experiência passada.

Se o sistema é autônomo, esse controle será exercido pelos próprios membros, caso contrário ele vem de fora e o sistema é heterônomo. A questão do controle torna-se, pois, de substancial importância para a compreensão global do sistema bursátil.

Controle

Formas

A palavra controle é usada aqui no sentido de dominação, isto é, de ter o poder de decisão no que diz respeito aos *outputs* do sistema.

Distinguimos, neste sentido, duas formas possíveis de controle:

1. Controle interno: caso em que aquele que controla atua no interior do sistema, lançando mão de mecanismos de poder próprios da sua estrutura.

2. Controle externo: caso em que este pertence a elementos do meio ambiente intrassistêmico (sistema econômico) e extrassistêmico (sistema político e sistema social etc.).[25]

Controle interno

No que diz respeito ao controle interno, o poder de interferir nos *outputs* do sistema pode ser exercido por seus membros das seguintes formas:

1º) Controle pela massa de investimentos (no sentido de volume de dinheiro ou de títulos). Assim, por exemplo, possuindo o investidor (pessoa física ou jurídica) grande quantidade de ações, caso venda tudo de uma só vez, poderia provocar um grande declínio da ação, possibilitando um controle no *output* cotação. Este controle pode também ser exercido por um mediador.

2º) Controle administrativo: através de resoluções administrativas de órgãos do próprio sistema é possível exercer controle sobre os *outputs* de cotação, troca de poupança e confiança, o que ocorrerá através das normas expedidas pelos Conselhos de Administração da Bolsa.

Técnicas de controle interno

Nestas duas formas de controle interno podemos vislumbrar técnicas específicas de atuação. Assim, no controle pela massa de investimentos, temos, inicialmente, o que poderíamos chamar de técnicas institucionais. Estas consistem na organização do controle interno pela criação de instituições, com o objetivo de investimentos. Na Bolsa é o caso, por exemplo dos fundos fiscais 157, mútuos, fundos de pensão e companhias seguradoras.

A concentração de investimentos nas mãos dessas instituições permite poder de manobra tanto no que diz respeito à cotação quanto à troca de poupança e confiança. Quanto à cotação, estas instituições podem até certo ponto interferir no preço da ação. Quanto à troca de poupança, a sua interferência ocorre diante do prestígio das instituições que podem inibir ou forçar outros investidores a agir. Quanto à confiança, este mesmo prestígio pode ser um fator importante para a lealdade do mercado, que dependerá em parte das instituições para aparecer como digno de confiança ou não. Esta dependência lhes dá respeito e, por conseguinte, certo poder.

Temos em seguida o que chamaríamos de técnicas contratuais. Estas, por sua vez, consistem na organização do controle interno pela massa dos investimentos mediante pactos contratuais, limitados às partes contratantes. Cite-se, por exemplo, o caso de empresas que se utilizam de fundos de liquidez ou sustentação para manter o nível mínimo de preço ou liquidez, estabelecendo-se uma relação entre detentores de ação e compradores que se comprometem a comprar e vender. Com isso se interfere em todos os *outputs*. Caso semelhante acontece com a utilização de corretores (especialistas).

No que diz respeito ao controle administrativo, podemos mencionar as seguintes técnicas: 1) estabelecimento de cláusulas restritivas da circulação de ações: o conselho da Bolsa pode interferir no *output* de confiança através de fixação de pré-requisitos para que seja admitida uma ação ou para que uma companhia se retire; 2) regulamentação de operações e termos; 3) regulamentação de operações à vista. Através dessas regulamentações todos os *outputs* podem ser alterados. De uma forma ou de outra, estas técnicas conferem aos órgãos internos do sistema certo poder de decisão.

Controle externo

No que diz respeito ao controle externo, isto é, aquele que pertence a elementos do meio ambiente, o poder de interferir nos *outputs* do sistema pode ser exercido da seguinte maneira:

1) Controle pela situação mercatória, ou seja, controle exercido pelas empresas que compõem o mercado primário, as quais, pela sua situação de emissores de ações, podem interferir nos *outputs* do sistema.

2) Controle pela situação institucional, isto é, controle exercido pelos órgãos de administração pública, através da possibilidade de elaborar as normas, cláusulas, resoluções que dizem respeito ao funcionamento e organização da Bolsa, que lhe permite interferir direta ou indiretamente nos *outputs* do sistema.

Técnicas de controle externo
Nestas duas formas de controle externo podemos também perceber técnicas específicas de atuação. Assim, no controle pela situação mercatória, temos, inicialmente, o que chamaríamos de técnica de investimentos artificiais, pela qual uma determinada empresa interfere na cotação de suas ações, fazendo com que elas sejam compradas por agentes do sistema com a finalidade, por exemplo, de promover uma subscrição.

Temos em seguida o que denominaríamos técnica de manipulação de informações, pela qual uma empresa, fornecendo ou sonegando informações da sua própria situação ou mesmo criando uma imagem artificial, pode interferir na cotação, nas trocas de poupança e sobretudo na confiança.

Por fim, temos a técnica de distribuição de proventos, pela qual, por exemplo, uma empresa pode, através de uma política de dividendos, bonificações ou subscrições, interferir nos *outputs* do sistema, sobretudo no que diz respeito à troca de poupança.

No que se refere ao controle pela situação institucional, mencionaríamos, então, as seguintes técnicas:

1) A técnica constitutiva, que corresponde à possibilidade que tem um órgão de constituir normativamente modos de operação, seus limites etc. Por exemplo, o Banco Central pode alterar os limites em dinheiro e em títulos das operações a termo, fazendo com que o mercado seja modificado nas suas cotações, possibilidade de troca, o que lhe dá certo poder de controle.

2) A técnica fiscalizadora, que corresponde à possibilidade que tem um órgão de fiscalizar as operações realizadas e a realizar, eventualmente atuando por meio de punições, o que lhe confere certo poder de decisão sobretudo quanto ao *outputs* confiança do sistema. Típica, neste caso, é, por exemplo, a atuação da CVM (Comissão de Valores Mobiliários).

Conclusão

Pelo que dissemos até agora, é possível perceber o sistema bursátil como um sistema com finalidades, autotransformador e com capacidade de adaptação criadora. Ele consiste em interações de seres humanos capazes de antecipar, avaliar e agir construtivamente, para evitar distúrbios no meio ambiente e no próprio sistema. As demandas e os suportes podem ser moldados de acordo com o propósito e intenções dos membros do sistema, na medida em que o conhecimento, os recursos e as condições o permitam, caso em que o sistema goza de certa autonomia. Caso contrário, o sistema tende a não ser autorregulado.

De um modo ou de outro, o sistema bursátil foi descrito aqui como um vasto processo de conversão, no qual os *inputs* de demanda e suporte sofrem tal ação, que é possível ao sistema persistir e produzir *outputs* que atendam às demandas de algum dos seus membros e que conservem o suporte da maioria. Ou seja, o sistema bursátil é uma maneira de transformar os *inputs* de demanda e de suporte em cotação, troca de poupança e confiança em níveis adequados.

É evidente que se qualquer pressão ameaça destruir o sistema, o seu impacto irá interferir de algum modo na sua capacidade de manter funcionando tal processo de conversão. Não podendo ser fornecidos os *outputs* mencionados, o sistema entra em colapso.

É claro que a identificação daquilo que impede um sistema bursátil de continuar em funcionamento exige uma investigação ao mesmo tempo extremamente simples e complexa. Qualquer um pode perceber que uma inflação descontrolada, uma crise econômica violenta, um processo revolucionário etc., podem levar à destruição permanente de um sistema. Mas esta resposta nos diz muito pouco, pois o problema é localizar e descrever sistematicamente os verdadeiros processos através dos quais as pressões implícitas a tais acontecimentos são comunicadas ao sistema bursátil. Isto é possível através da identificação de *inputs* e *outputs* como indicadores mais complexos de variáveis.

A persistência de um sistema bursátil nos conduziria, portanto, a examinar dados como: a natureza dos *inputs*, as condições variáveis que os tornam um distúrbio causador de pressão no sistema, as condições do meio ambiente e do próprio sistema que geram tais condições de pressão, as formas típicas pelas quais o sistema procura enfrentar as pressões, o papel de informação do seu *feedback*, e o papel que os *outputs* bursáteis desempenham nestes processos de conversão e de enfrentar a pressão.

Isto, entretanto, aponta para uma investigação empírica que extravasa os limites deste trabalho, o qual, se na sua conceituação não apresenta muita coisa a mais, tenta fornecer, ao menos, um modelo analítico dinâmico, de natureza sociológica, do sistema bursátil.

Notas

1. LUHMANN, N. *Rechtssoziologie*. 2 v. Reinbeck bei Hamburg: Rowohlt, 1972, v.1., p. 134. Ver também JAGUARIBE, H. *Sociedad, cambio y sistema político*. Buenos Aires: Paidos, 1972, p. 22 e ss.
2. WATSLAWICK, P.; BEAVIN, J. H; JACKSON, D. D. *Pragmática da comunicação humana*. Tradução de Alvaro Cabral. São Paulo: Cultrix, 1973, p. 44 e ss.
3. Para os conceitos de complexidade, seletividade, contingência, estrutura e sistema, ver LUHMANN, op. cit., v. 1, p. 31 e ss.
4. FERRAZ JUNIOR, T. S. *A função social da dogmática jurídica*. São Paulo: Atlas, 1978, p. 105.
5. EASTON, D. *Uma teoria de análise política*. Tradução de Gilberto Velho. Rio de Janeiro: Zahar, 1968, p. 63.
6. LUHMANN, N. *Soziologische Aufklärung*. Opladen: Springer, 1971, p. 209.
7. Idem, p. 206 e ss.
8. Idem, p. 210.
9. Idem, p. 213.
10. Evidentemente, esse aumento de liberdade não ocorre sempre e pode mesmo não ocorrer de modo total, na medida em que o dinheiro se torna um instrumento de poder.
11. LUHMANN, 1971, op. cit., p. 216.
12. SASTRE, A. R. *Operaciones de Bolsa*. Madri: Revista de Derecho Privado, 1944, p. 48 e ss.
13. LUHMANN, N. *Legitimation durch Verfahren*. Neuwied am Rhein und Berlin: Suhrkamp, 1969, p. 70 e ss.
14. LUHMANN, 1972, op. cit., p. 42.

15. EIZIRIK, N. *O papel do Estado na regulação do mercado de capitais*. Rio de Janeiro: IBMEC, 1977, p. 27 e 28.
16. Sobre a noção de variável interna ou dependente, ver EASTON, op. cit., p. 93 e ss.
17. Idem, p. 97.
18. Sobre noção de persistência, ver EASTON, op. cit., p. 11 e ss.
19. Sobre esta noção, ver EASTON, op. cit., p. 131 e ss.
20. Ver KLAUS, G. *Wörtenbusch der Kybernetik*. Hamburg: Fischer Bücherei, 1971, 2 v., p. 280 e 471.
21. Ver EASTON, op. cit., p. 157. Easton chama os *inputs* internos de *withinputs*.
22. Idem, p. 156.
23. Idem, cap. 8.
24. Idem, p. 168 e ss.
25. Sobre a noção de controle, controle interno e externo, e suas técnicas ou formas de organização, ver COMPARATO, F. *O poder de controle na sociedade anônima*. São Paulo: Revista dos Tribunais, 1976, p. 9 e ss.

O mercado e as intervenções

Folha de S.Paulo, sem data

As intervenções do Banco Central em instituições do mercado financeiro foram aceleradas nos últimos tempos. Em três meses quinze delas sofreram-nas, criando-se um clima de evidente incerteza, insegurança e, consequentemente, de descrédito para todo o sistema.

Não vem ao caso discutir a justeza das medidas tomadas. Nem de saber quais as justificativas, de parte a parte, assumidas para explicar as ocorrências. Fato é que, bem ou mal, a modalidade de regulação e controle do mercado pelo Estado, através de órgãos ligados ao Poder Executivo, têm tido enorme repercussão nos negócios.

Essa repercussão não significa, como é óbvio, tão somente um abalo em cotações, em volume de venda e compra de ações, mas vai direto ao funcionamento mesmo do mercado como instituição, que, no caso brasileiro, é sabidamente frágil, dependente e artificial, como tem sido proclamado várias vezes. Na verdade, o mercado financeiro, no Brasil, resultou, na sua complexidade atual, de uma série de medidas ditadas pelo planejamento global da nossa economia, tendo em vista o aceleramento do desenvolvimento nacional. Disso resultaram uma série de mecanismos de controle, fiscalização e intervenção que impossibilitaram uma expansão espontânea do mercado, hoje um sistema sem condições de autorregulação, sempre pronto a receber as admoestações do seu criador, de quem não se desliga e de quem espera a palavra final de arranjos, conciliação, liquidações e punições.

É muito difícil, no momento atual, escapar das condições de funcionamento do mercado, pois são as que dispomos, sem substitutivos em curto prazo. Mas não se pode fechar os olhos para as sérias consequências que o regime de intervenção do Estado tem provocado para a própria instituição. O abalo que ela sofre hoje não é um acidente normal na sua vida, mas atinge o crédito e a lealdade necessários à sua subsistência como instituição.

Qual a saída? É o que se perguntam os homens de mercado e, seguramente, os governantes. A ação do BC, intervindo e liquidando, se de um lado tem a imagem moralizadora da autoridade vigilante, tem, de outro, o efeito deletério de acabar com a confiança. Daí, certamente, as incertezas no juízo a respeito da oportunidade, da extensão das medidas, da sua adequação, conforme se lê no noticiário da imprensa.

Na realidade, para quem olha regressivamente, o regime de controle e fiscalização do mercado, na forma "extrajudicial" tal como vem ocorrendo desde 1964, o resultado não parece satisfatório. E vem, então, a dúvida sobre a eficiência e adequação deste regime para o desenvolvimento da instituição. O que se pode dizer, sem aprofundar a questão, é que, na verdade, a intervenção do Estado na economia, sobretudo via Executivo e com exclusão do Poder Judiciário, tem o defeito básico do radicalismo. Ou seja, quando é o Executivo que intervém, com máquina técnica e burocrática, ele pressupõe uma ação que atinge globalmente o mercado como instituição, mesmo que se trate de um caso isolado. Sua ação é "saneadora", ou seja, por suas condições, ela não ocorre para curar a doença, mas para sanear o doente. O resultado é que, quando a intervenção ocorre, todo o sistema se abala.

O que se pergunta, no momento, é se não seria o caso de repensar a forma como o mercado deve ser responsabilizado pelo mau funcionamento, se não seria conveniente habilitar o Poder Judiciário de forma eficiente, para que, quando ocorressem crises, os interessados, só eles e na medida do caso particular, pudessem ser atendidos nas suas pretensões. Isto aliviaria o sistema de ser abalado, por problemas sérios, mas, nem por isso, não localizamos. O que se deveria evitar, em última análise, é que, por exemplo, a falência de uma empresa passasse, de repente, a significar a falência do regime empresarial. O que certamente ocorreria se, de repente, o Executivo resolvesse também cuidar de todos os casos de falência de qualquer estabelecimento comercial do país.

Bolsa de Valores, um sistema em crise?

No Brasil, a Bolsa sofre restrições que impedem seu plano de desenvolvimento

Com Tercio Sampaio Ferraz Junior*
Revista da Bolsa, 27 de abril de 1981

Neste trabalho, Raymundo Magliano e Tercio Sampaio Ferraz Jr., de São Paulo, analisam, em detalhes, os caminhos do funcionamento concreto do sistema da Bolsa. Citando como exemplo o caso Vale, concluem que a Bolsa, enquanto instituição privada, não consegue institucionalizar-se na economia brasileira de forma desejável devido à interferência estatal.

Não há, hoje, provavelmente, nenhum analista do mercado de capitais que se sinta à vontade diante das crises sucessivas provocadas pelos escândalos intermitentes que vêm abalando as bolsas de valores em nosso país. Para aqueles que buscam um quadro, se não coerente, ao menos compreensivo dos insucessos, o mercado oferece hoje uma cena de múltiplos atores que não se entendem, processos de descrédito institucional que afetam perigosamente a confiança nos negócios, sem que se possa localizar, com um mínimo de certeza, as razões dos desequilíbrios.

De toda parte ouvimos opiniões que ora atribuem a culpa ao governo e à sua máquina interventora, ora às próprias corretoras, ora ao fraco desempenho empresarial, ora, de novo, ao governo, pelos "acertos" mal explicados, como no caso da Vale do Rio Doce. O que se nota, porém, é a falta de um esquema articulado, capaz de pôr ordem nas diferentes pressões, contrapressões e respostas que o mercado de capitais sofre e oferece.

---

* Tercio Sampaio Ferraz Junior é um dos juristas brasileiros mais reconhecidos no exterior. Doutor em Direito pela USP (1970) e em Filosofia pela Johannes Gutenberg Universität de Mainz (1968), é autor de diversos livros de teoria e filosofia do direito.

Longe de nós a intenção de possuir um esquema desta natureza. É, contudo, um imperativo para o analista a busca de um modelo que, se não lhe fornece soluções, pode, pelo menos, organizar os problemas de uma forma compreensível. Assim, para ficarmos num caso mais antigo, mas de grande repercussão – o da Vale do Rio Doce –, perguntas sobre o comportamento do mercado diante do escândalo, sobre a participação no evento dos atores políticos, das corretoras, dos órgãos fiscalizadores, sobre os pontos específicos que ficaram afetados pelo episódio, merecem explicações capazes de, pelo menos, juntar, num todo articulado, os diferentes aspectos da questão. Para isso escrevemos este breve ensaio, tentando visualizar a Bolsa de Valores da chamada ótica sistêmica, isto é, tendo em vista o modo como ela age e reage no seu contexto social, político, econômico, cultural etc.

A Bolsa como sistema

Comecemos por definir a Bolsa como um sistema de interações institucionalizadas, predominantemente voltadas para operações de compra e venda de valores (ações determinadas, que têm cotação), realizadas num lugar determinado, operadas por mediadores (corretores) e que visam a uma troca de poupança. Conforme esta definição, podemos dizer que o sistema da Bolsa é constituído dos seguintes elementos: os trocadores de poupança (aplicadores), ou seja, aqueles agentes que, ao trocar títulos, visam a uma renda variável, e os mediadores, entendidos como os agentes que põem em relação os trocadores de poupança, fundados na confiança institucionalizada (legal ou de fato) que inspiram. Dentro do sistema este papel é assumido pelo corretor, isto é, o agente que tem a exclusividade na mediação, ou seja, nas operações de compra e venda de ações cotadas. Sua função é a de garantir a confiabilidade institucionalizada das trocas de poupança.

Como sistema, a Bolsa se insere num sistema maior, que é o seu meio ambiente (vide gráfico na página seguinte).

Referimo-nos ao conjunto de elementos que não são definidos como elementos do sistema em tela (outros tipos de interações), mas que são relevantes para o sistema. No meio ambiente podemos distinguir: o meio ambiente intrassistêmico que corresponde a todos os elementos que fazem parte do mesmo sistema, do qual a Bolsa é um elemento, mas que com ela não se confundem (o sistema econômico em geral, dentro do qual estão o sistema financeiro, o mercado primário etc.) e o meio ambiente extrassistêmico, correspondendo a todos os elementos que não fazem parte do mesmo sistema, do qual a Bolsa é um elemento, mas que são para ela relevantes (o sistema político, o sistema cultural etc.).

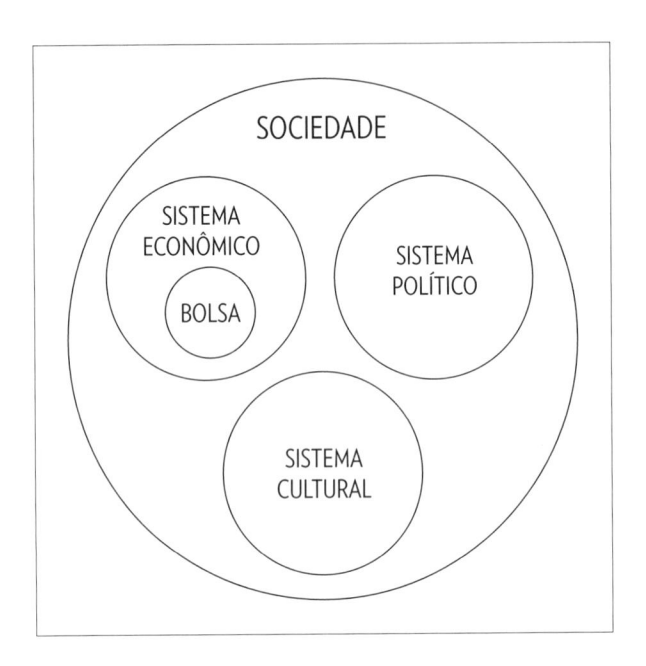

Diagrama: SOCIEDADE contendo SISTEMA ECONÔMICO (com BOLSA), SISTEMA POLÍTICO e SISTEMA CULTURAL.

O sistema em funcionamento

Colocado, em rápidas linhas, o sistema dentro do seu meio ambiente, vamos analisar o próprio funcionamento do sistema bursátil.

Todo sistema tem um funcionamento *normal*. Este *normal* significa a presença e manutenção, num certo grau, de certas variáveis essenciais ou qualidades essenciais do sistema. No caso do sistema da Bolsa temos: a cotação que é a fixação de preço certo, a troca de poupança, ou seja, a permuta de rendas não consumidas, e a institucionalização ou a confiança por parte da comunidade em relação às operações realizadas no sistema que, de uma forma implícita, se vê aprovado globalmente, independentemente do fato de existirem aqui e ali, opiniões divergentes sobre a sua credibilidade. A ausência de qualquer dessas variáveis leva o sistema a um desequilíbrio ou crise. Este desequilíbrio é operado por certos fatores, que afetam as variáveis essenciais.

Esses fatores são as chamadas fontes de pressão. Entre elas, distinguimos: as *pressões internas* e as *externas*.

Pressões internas são as que resultam dos elementos do próprio sistema. Por exemplo, a manipulação de mercado, que afeta as variáveis institucionalização e cotação. Este foi o caso de pressão exercida pela manipulação das ações da Audi, no mercado, chegando essas ações a alcançar um patamar de preço que se aproximava das ações do Banco do Brasil, com uma liquidez superior. Isto sem dúvida causava um grande desequilíbrio no sistema, pois se colocava em xeque a variável confiança (institucionalização). Afinal, como uma companhia *holding*, que quase nada representava em termos de conjunto de composição acionária, poderia ter uma negociabilidade superior às tradicionais ações do Banco do Brasil, que, naquela época, eram consideradas como uma bandeira do mercado?

Esta distorção gerava, na opinião pública, uma grande desconfiança quanto à legitimidade da Bolsa como instituição. Quanto à cotação, também se processa algo semelhante. O preço, quase superior às ações do Banco do Brasil, interferia na cotação de todos os outros títulos, pois se tomando como base esta distorção, gerava-se uma incerteza sobre a cotação em geral de outros papéis. Afinal, se as oscilações são um evento normal para as cotações, o mesmo não se pode dizer quando elas se tornam totalmente imprevisíveis.

Do mesmo modo, a manipulação de mercado efetuada ultimamente pelo grupo Chalan exerceu uma pressão muito grande na variável confiança, pois a sociedade passou a interpretar momentaneamente a instituição Bolsa como desmerecedora de crédito, como um lugar em que a liberdade de mercado, enquanto um valor reconhecido, na verdade não estava prevalecendo. A variável cotação também sofreu pressão, pois o volume de ações que viriam ao mercado após o episódio já provocava uma expectativa de oscilações imprevisíveis nas cotações das companhias.

Outro exemplo de pressão interna é a chamada concorrência predatória que afeta a variável institucionalização. Qualquer tipo de concorrência que se faça não obedecendo aos padrões estabelecidos, como devolução de corretagem, exerce uma pressão na variável confiança, pois os aplicadores podem considerar que os agentes não são pessoas que obedecem às normas éticas de seus negócios, refletindo essa desconfiança sobre a confiança geral da comunidade no funcionamento do sistema.

É ainda pressão interna a presença de certos tipos de trocadores institucionais (fundos de pensão, fundos 157, companhias seguradoras) que podem afetar as variáveis troca de poupança e cotação. Como sabemos, a presença destes trocadores institucionais gera uma grande pressão sobre os possíveis trocadores de poupança, que se sentem inibidos de participar do mercado, acreditando estar inabilitados a concorrer com essas instituições, as quais possuindo na sua administração um corpo de técnicos especialistas afetam o volume global dos trocadores. A pressão na variável cotação é também sentida, pois, como as suas carteiras são substanciais, qualquer movimentação de seus recursos reflete nas cotações das ações, gerando uma incerteza quanto aos preços.

Um caso interessante de pressão interna, particularmente em nosso país, é a confusão de funções. Como no Brasil não há ainda uma diferenciação clara no campo de atuação, há uma falta de especificação técnica quanto à atuação das várias entidades financeiras, de tal forma que algumas delas tendem a trabalhar indiscriminadamente com diversos setores. Isto pode provocar na opinião pública certo receio quanto à compreensão do campo de cada um gerando, desta forma, uma desconfiança no que se refere a sua imagem como detentora de um saber técnico-especializado. O que afeta a variável institucionalização da Bolsa. O mesmo pode ser assinalado quanto à quebra de corretoras. Recentemente, com as intervenções do Banco Central, a variável confiança foi novamente pressionada, agora de outro ângulo, pois colocam-se em xeque a idoneidade e a honestidade dos participantes, refletindo isto, obviamente, na confiança geral da comunidade em relação ao mercado como um todo.

Ao lado das pressões internas distinguimos as pressões externas. Estas são as que resultam do meio ambiente intra e extrassistêmico. Entre as pressões externas do meio ambiente intrassistêmico (as provindas de outros subsistemas do próprio sistema econômico) temos aquelas que afetam a variável troca de poupança. Este é o caso, por exemplo, da escassez de poupança do brasileiro, com a consequente diminuição da capacidade de se ter um número razoável de trocadores que contribuíssem para uma normal liquidez do mercado. Com análogo efeito inibidor atuam o mercado imobiliário, o mercado de títulos de renda fixa, que desviam o provável investidor do mercado bursátil. A variável institucionalização, por sua vez, pode ser pressionada pela falta de eficiência dos órgãos de controle, gerando uma queda na credibilidade do mercado, como aconteceu no caso das ações da Petrobras e ações da Vale do Rio Doce.

É também uma forma de pressão externa proveniente do meio ambiente intrassistêmico (sistema econômico), a produzir incerteza na variável cotação, a chamada recessão. Quando ela ocorre ou há indícios de sua ocorrência, o mercado não só reduz o preço lucro (P/L) como também não tem critérios, com um mínimo de razoabilidade, para poder avaliar o nível desejável de retorno do capital.

Quanto às pressões externas derivadas do meio ambiente extrassistêmico (o político, o cultural etc.), existem fenômenos cuja ocorrência repercute, de uma forma desequilibradora, no funcionamento normal da Bolsa. Assim, embora incidentes políticos sempre possam afetar o funcionamento das bolsas, num país como o Brasil, em que as chamadas empresas estatais e paraestatais estão cotadas no mercado, incidentes políticos como a queda de um ministro, as pressões da oposição, um escândalo de corrupção, têm efeitos desequilibradores naquele funcionamento, podendo provocar clima de incerteza (cotação), retração do investidor (troca de poupança) etc. Pressões de ordem cultural também podem ser observadas. Especificamente, no caso brasileiro, cuja herança patrimonialista na organização da vida econômica ainda tem um peso relevante, podemos mencionar o que se chamaria falta de espírito empresarial capitalista. Pensamos aqui num fator a exercer uma pressão difusa, difícil de captar (e de controlar), pois se refere à nossa formação cultural, mais patriarcal do que burocrática (no sentido weberiano da expressão), que tende a conceder maior confiança às relações pessoais do que a entes abstratos (como papéis, títulos, normas gerais), o que inibe, de certo modo, o pleno desenvolvimento do mercado de capitais, enquanto mecanismo abstrato e altamente técnico.

Mecanismos reguladores

O sistema bursátil, como qualquer sistema social, funciona normalmente sob pressão. Daí a necessidade de mecanismos reguladores, com o objetivo de evitar que as pressões se tornem insuportáveis para a vida do sistema. Dentre eles, podemos distinguir dois tipos fundamentais: os mecanismos preventivos e os repressivos.

Os primeiros são defesas do sistema que procuram adequar o funcionamento da Bolsa às pressões, antes que estas ocorram. Os segundos têm uma atuação *a posteriori*, no sentido de corrigir um desvio provocado por uma pressão já ocorrida. Assim, por exemplo, entre os primeiros, poderíamos mencionar a atividade das corretoras quanto a aconselhar, a interpretar os acontecimentos, a direcionar os investimentos, acabando por estabelecer filtros prévios para as influências imediatas (mecanismo preventivo institucional). Também os Conselhos de Administração das Bolsas de Valores quando estabelecem normas tentando evitar sobrecarga (suspensão de ações cotadas, quando a informação é insuficiente, como aconteceu com as ações da Petrobras, Light, Servix) estão atuando como reguladores (mecanismo preventivo normativo). Ou ainda a própria mentalidade capitalista, a ideologia da economia de mercado e o espírito de investimento previnem, de certo modo, pressões de variada origem, possibilitando à Bolsa o equilíbrio necessário (mecanismos preventivos reais).

Quanto aos mecanismos repressivos, os mais evidentes, entre eles, são os normativos. Por exemplo, a ação normativa do Banco Central, quando, em certa ocasião, decidiu diversificar as carteiras dos fundos 157, para diminuir a concentração de aplicação, pode ser vista como uma reação *a posteriori* a uma pressão que estava ocorrendo. Mas são também mecanismos repressivos, de natureza institucional, certas respostas que a própria instituição Bolsa dá ou provoca. Quando, por exemplo, há algum tempo, ao verificar-se que os tipos de operação estavam muito restritos, as bolsas ampliaram a sua gama operacional, instituindo-se o mercado de opção. Finalmente são mecanismos repressivos reais com iniciativas provocadas por usos, hábitos, formas de cultura, que levam, às vezes, o mercado a reagir, reguladoramente, contra as pressões. Foi o caso, por exemplo, na Alemanha, da criação, em 1972, da Associação dos Acionistas Minoritários, que funcionou, na época, como um mecanismo desta espécie.

Controle do sistema

Os mecanismos reguladores fornecem condições para o funcionamento do sistema. Mas aqui aparece a pergunta – quem os controla?

Mencionamos dois tipos de controle: controle interno, caso em que aquele que controla atua no interior do sistema, lançando mão de mecanismos de poder próprio de sua estrutura, e controle externo, caso em que o controlador faz parte do meio ambiente intrassistêmico (sistema econômico) e extrassistêmico (sistema político, sistema cultural).

O controle interno pode ser exercido das seguintes maneiras: em primeiro lugar o controle pela massa de investimentos, ou seja, quem domina uma grande massa de investimentos tem, obviamente, a possibilidade de orientar as pressões e forçar os mecanismos reguladores numa direção que atenda seus interesses. Este domínio pode ocorrer por razões institucionais (fundos 157, fundos mútuos, fundos de pensão, companhias seguradoras) – são as técnicas institucionais de controle – ou através de instrumentos privados, como os fundos de liquidez ou sustentação –, técnicas contratuais. Em segundo lugar, temos o controle administrativo, isto é, quem tem os aparelhos administrativos na mão também pode manobrar pressões e regulações, estabelecendo cláusulas para a cotação de ações ou regulamentando as operações. Este é, por exemplo, o tipo de controle que podem exercer os Conselhos de Administração das Bolsas.

O controle externo, por sua vez, pode ser feito pelas empresas, quando por exemplo, interferem no preço das suas próprias ações, objetivando uma determinada subscrição de capital – ou fornecendo ou sonegando informações da sua própria situação (controle pela situação mercatória). É ainda uma forma de controle externo o exercido por instituições como CMN (Conselho Monetário Nacional), a CVM (Comissão de Valores Mobiliários), cuja competência permite, obviamente, o exercício de certo poder sobre o mercado (controle pela situação institucional). O que se deseja dizer com isso é que é inegável o poder de controle sobre as pressões e regulações do sistema bursátil por parte de quem exerce competência legalmente definida para intervir na estrutura normativa da Bolsa. Por extensão, é óbvio que também relações de amizade, o fato de alguém privar da lealdade ou do convívio social com a autoridade constituída pode lhe dar uma margem de atuação controladora de significativa relevância. Trata-se de fenômeno político, cuja repercussão numa estrutura financeira como a Bolsa, não pode ser ignorada pelo teórico. Sobretudo num país em que a intervenção do Estado no domínio econômico não deixa de ser uma forma relevante de controle externo. Os analistas de mercado, a todo dia, sentem a influência das alocações de recurso pelo governo sobre certos setores de atividade, que vão repercutir sobre estas ou aquelas ações. Da mesma forma, de modo muito mais direto, a distribuição dos incentivos fiscais permite, nos quadros do planejamento, um controle, pelo governo, dos instrumentos de regulação das pressões e, em consequência, sobre a Bolsa no seu conjunto.

Conclusão

Estas observações nos conduzem, de modo imediato, à questão levantada no início deste trabalho. Parece-nos evidente que o caso da Vale do Rio Doce mostra, em detalhe, os diversos caminhos do funcionamento concreto do sistema bursátil. Como empresa de economia mista, a Vale faz parte do sistema econômico, intimamente ligada, porém, ao sistema político; ou seja, tem um pé no meio ambiente intrassistêmico e outro no extrassistêmico. Por outro lado, suas ações, como objeto de interações bursáteis, tornam-se parte integrante da própria Bolsa. No conhecido episódio, as interações envolveram trocadores de poupança – o Tesouro Nacional, enquanto investidor institucional que vendeu as ações, e outros investidores, institucionais ou não, que aparecem como compradores – e mediadores, no caso a corretora Ney Carvalho, pelo Tesouro, e outras, pelos compradores. Vejamos agora, dentro de nosso esquema, o que ocorreu.

Houve, como é sabido, uma venda de volume expressivo, em curto período. Uma venda desta natureza provoca uma pressão sobre as variáveis essenciais no sistema. A primeira afetada foi a cotação, que, na forma como foi feita a operação, não seguiu, surpreendentemente, a sua curva ascendente. Concomitantemente, observava-se que era restrito o número de compradores (variável trocador de poupança), o que levantou suspeitas sobre uma eventual manipulação de mercado (variável institucionalização). O fato constituía, desta forma, uma pressão sobre o sistema.

Para evitá-la, existiam vários mecanismos reguladores. Entre eles mencionamos a Circular 303 da CVM, que obriga que se dê conhecimento prévio do volume de ações a serem vendidas, quando esse volume é expressivo e incomum (mecanismo regulador preventivo-normativo). Em razão disto, a corretora interessada deve tomar as providências correspondentes, atuando, ela mesma, como mecanismo regulador (preventivo-institucional). No episódio da Vale, ambos não funcionaram. A operação foi realizada. Aí deveriam ter sido acionados mecanismos reguladores repressivos, o que de fato ocorreu: a Associação das Corretoras e a Abamec protestaram, a CVM acabou por instaurar um inquérito, no Congresso Nacional a repercussão foi intensa, uma ação popular chegou a ser proposta. No entanto, mesmo a atuação destes últimos foi de pequena eficácia, pois, num episódio que envolvia os mais variados interesses, a repressão exercida foi limitada, não conseguindo restaurar, a contento, a confiança no funcionamento da Bolsa (variável institucionalização do sistema).

O caso da Vale mostra, entretanto, que as disfunções ocorridas não estão localizadas, provavelmente, nos mecanismos reguladores, mas na composição do sistema e no seu controle. A presença, direta e indireta, do Estado nas interações bursáteis, atuando dentro do sistema como trocador de poupança (Tesouro Nacional) que detém os meios de controle externo (poder normativo muito grande) e interno (acesso a enorme massa de investimento), mas atuando também no meio ambiente intrassistêmico, através de suas próprias empresas, e obviamente, no meio ambiente extrassistêmico (político), o tornam um agente privilegiado, capaz de manobrar o sistema de fora, mas permitindo, ao mesmo tempo, pressões diante das quais o sistema é impotente. Como resultado, a Bolsa, como instituição privada, não consegue institucionalizar-se na economia brasileira de uma forma desejável. Além das evidentes dificuldades globais, das quais ela é tributária, sua condição mesma como instrumento expressivo da economia de mercado sofre restrições que impedem, infelizmente, seu desenvolvimento.

A Bolsa e o investidor institucional

Bolsa, 8 de junho de 1981

As tendências dos mercados mundiais em contar com a participação expressiva de investidores institucionais parecem ser normais e, até certo ponto, esperadas pelos homens que militam no mercado. Trata-se de investimentos realizados por companhias de seguro, fundos de investimento, fundos de pensão e fundações.

Estima-se que, em 1981, 80% do volume de negociações da Bolsa de Nova York serão feitos por investidores institucionais.

Acredita-se que, em 1985, os fundos de pensão terão 50% das empresas americanas, em função de seu rápido crescimento, pois tais fundos têm duplicado a cada cinco anos.

Também na Europa o grau de participação do investidor institucional, como aplicador em ações, mostra uma tendência nitidamente ascendente. Aproximadamente 60% do volume diário de negociações com ações da expressiva Bolsa de Londres e 90% das operações com títulos governamentais são feitos por institucionais.

Na Bolsa japonesa, a participação do investidor institucional já apresentava o expressivo número, em 1964, de 54% do volume da Bolsa de Tóquio, e em 1973, de 67%.

Para melhor entendimento do que seja o investidor institucional faz mister dar algumas das suas principais características tipológicas. Trata-se de organizações que pretendem canalizar a poupança para inversões produtivas, com o objetivo de reunir as condições de segurança, rentabilidade e liquidez. Sua atividade tem por base a divisão e limitação do risco, através de eficiente gestão profissional, com consequente abandono de operações especulativas.

Chama a atenção, entre as características dos investidores institucionais, a sua preocupação com a poupança no sentido de investimento. Nem sempre poupança foi vista como investimento. Na Antiguidade ela equivalia a um resíduo àquilo que sobrava (poupança-resíduo). A partir do século XVI, passou a assumir o sentido de economizar (poupança-armazenamento). E só mais recentemente a poupança começou a possuir a característica do investimento (poupança-investimento).

Os países desenvolvidos do Ocidente passaram pelos três estágios descritos e nas suas formas quase totalmente definidas. Neles, foi sobretudo no terceiro estágio que o investidor institucional ganhou presença e se definiu num mercado de características próprias.

O modelo de um mercado institucionalizado, ou seja, aquele em que é alta a participação de investidores institucionais, apresenta uma série de características que merecem as nossas considerações. Sua presença maciça simplifica para o investidor individual a sua atuação, pois os modos de operar já são regulados e predeterminados antes de ele fazer parte do mercado. O indivíduo não tem que se deter a aprender ou descobrir o seu próprio modo de aplicar, pois os investidores institucionais, por sua forte presença, alto grau de racionalização de sua atividade investidora, acabam por induzir os indivíduos a se adaptar aos padrões de aplicação, fazendo-os copiar os seus *modi operandi*.

Na verdade, os investidores institucionais transmitem, de certo modo, imagem de mercado eficiente, atuando como agentes de coordenação e de estabilidade do mercado. O desejo de coerência é uma tendência tipo lógica dos seus administradores. Mas não podemos esquecer que esta eficiência tem também o sentido de uma força conservadora, refreando de determinada forma o progresso do mercado, pois tende a conservar e estabilizar os seus padrões, tornando-os rígidos e desencorajando mudanças.

Em função de seus modos próprios e normais de operar, eles proporcionam, no entanto, segurança ao mercado, apesar de haver uma difusão de responsabilidade quanto aos critérios e à própria tomada de decisão, distribuídos entre técnicos, comitês de vários escalões etc. Talvez por isso se possa dizer que certas reformas reclamadas perpetuam-se porque não há ninguém que assuma a responsabilidade de executá-las. Na realidade seu tipo de gestão eminentemente burocratizado pode levá-lo a certa falta de flexibilidade, pois, às vezes, o seu preparo técnico torna-se inadequado quando mudam certas condições, existindo desta forma situações em que se pode vislumbrar uma chamada incapacidade treinada.

Esses investidores têm uma política de aplicação baseada na segurança, diversificação de papéis (para diminuição dos riscos de aplicação) e liquidez. Isto cria a possibilidade de diminuir grandes flutuações nos índices do mercado, embora, em função do seu crescimento relativo, possa ocorrer dependência do mercado em relação aos seus fluxos de recursos, ocasionando distorção nas referidas flutuações.

Um mercado institucionalizado exerce, além disso, uma pressão positiva sobre as empresas, exigindo uma melhor adequação aos princípios de racionalidade econômica e também sobre a informação, provocando e exigindo *full disclosure*. Estes dois pontos, inclusive, colaboram para a abertura de um mercado internacional de capitais.

O que hoje se tem verificado de maneira marcante é que o investidor institucional tem servido de instrumento para o desenvolvimento das políticas de planejamento governamental, principalmente dadas as tendências do Estado moderno de intervir mais profundamente na economia.

O grande risco que o investimento institucional corre é, porém, de desvincular-se do interesse individual, por agir por si mesmo, em função dos valores burocráticos, o meio pelo meio, procedimento pelo procedimento. Em suma, como toda burocracia busca aumentar a superioridade dos que são profissionalmente informados, mantendo secretos seu conhecimento e intenções, os burocratizados investidores institucionais podem provocar desconfiança no investidor individual, que é, em geral, um diletante, ocasionando uma diminuição de sua participação no mercado.

Antes de 1964, o nosso mercado de capitais era incipiente e pouco representava em termos de volume de operações e companhias cotadas em Bolsa. O mercado era representado, em sua quase totalidade, por operações entre investidores individuais.

Nessa época, o mercado era carente de investidores institucionais (fundos mútuos – fundos de pensão –, companhias de seguro, fundações e outros tipos de fundos) e a presença dos poucos investidores individuais não lhe dava suportes significativos. Os reclamos, por isso, eram constantes por parte dos elementos que trabalhavam no setor.

Em 1967 foram criados os fundos fiscais 157, cujo projeto foi elaborado por um grupo de trabalho que tinha em mente desenvolver dois objetivos: 1. expandir o nosso mercado de capitais; e 2. suprir o capital de giro das nossas empresas.

Até 1971 era mais significativa a participação dos investidores individuais nas operações de Bolsa. Contudo, com o *boom* do mercado e a consequente desilusão daqueles investidores, houve uma acentuada tendência para a sua retirada do sistema.

Em 1974, com a crise do petróleo, esta tendência assinalava, em contraposição, a entrada dos fluxos do 157, que, em 1976, atingiu uma participação nos pregões de Bolsa ao redor de 30%.

Embora em 1977 essa porcentagem tenha caído para 20%, não se pode negar que o 157 se tornou um elemento representativo do mercado secundário e também de certa expressão no mercado primário, nas subscrições de capital, auxiliando dentro das suas limitações o suprimento de capital de giro de algumas empresas.

Depois do fundo 157, apareceram outros investidores institucionais, em função da regulamentação das aplicações das reservas técnicas das companhias de seguro, e, mais recentemente, nas modificações introduzidas quanto às aplicações dos fundos de pensão, que vieram proporcionar um crescimento significativo destes investidores em nosso mercado.

No Brasil, entretanto, o aparecimento de investidores institucionais nem sempre ocorreu de modo espontâneo. Quase sempre não apresentaram eles uma lógica de nascimento como nos países desenvolvidos, pois o modelo econômico de planejamento governamental acelerado foi marcante no seu processo – dirigido – de formação.

Como sabemos, tem-se tentado no Brasil o desenvolvimento planejado, as políticas sempre se articulando em reuniões de gabinetes, buscando-se artificialmente, nos países desenvolvidos, fórmulas para que o modelo implantado pudesse alcançar o sucesso desejado. Por exemplo, os fundos de pensão e os fundos 157, ao serem regulamentados, o foram, sabidamente, em razão das necessidades de implementação do modelo proposto.

Isto, sem dúvida, gera uma série de distorções. Na transposição de modelos de países desenvolvidos para um mercado nascente em que a poupança passara pelos dois primeiros estágios referidos, sobra e armazenamento, mas ainda não tivera a possibilidade de participar do processo de poupança como investimento, não foi possível à nossa cultura absorver a ideia do investidor institucional com igual desenvoltura. Assim, enquanto em outros países esse tipo de investidor simplifica para o indivíduo a sua atuação no mercado, aqui isto não vem funcionando, pois, como a nossa cultura não está preparada a entender ou aceitar os processos burocráticos, não acreditando em regulamentos ou formas de procedimentos estandardizados, os nossos aplicadores veem com indiferença e desconfiança tais investidores.

É de conhecimento geral que um mercado institucionalizado tende a diminuir grandes flutuações nos índices. Mas, como no Brasil o modelo de mercado de capitais é um modelo induzido, os investidores institucionais são obrigados a aplicar certas quantias compulsoriamente, independentemente da sua propensão a aplicar ou não, ocasionando, em certas fases, distorções nos preços e na liquidez, repercutindo nos índices.

Geralmente um mercado institucionalizado possibilita abertura para um mercado internacional de capitais, como acontece nos grandes centros financeiros. Infelizmente, no nosso país, a participação de capital estrangeiro nas nossas bolsas é muito pouco representativa. Nós acreditamos que muitas variáveis são causadoras desta pouca participação, mas nos parece também que a frágil estrutura do nosso mercado, em função do seu recente nascimento, gera apreensão por parte dos antigos e experientes investidores estrangeiros.

Não resta dúvida de que a presença do investidor institucional, em nosso mercado, ainda que não tão representativa como nos outros países, tem uma importância reconhecida. Tanto que notícia recente nos dá conta, por exemplo, que o Banco Central, a CVM, o Comitê de divulgação do mercado de capitais e os bancos de investimento vão desenvolver estudos no sentido de reformular os fundos mútuos de investimento, um tipo importante de investidor institucional.

Esta preocupação parece mostrar que o mercado está consciente da importância do investidor institucional cujo desempenho, inclusive pelas razões que aventamos acima, tem de enfrentar ainda muitos entraves. Os obstáculos, entretanto, podem ser superados. Se não todos, ao menos alguns deles merecem a atenção do planejamento econômico. Sobretudo é fundamental a criação da mentalidade investidora racionalizada, em que a crença na gestão técnica e na aplicação consciente se desenvolvam. Este é, afinal, um caminho quase inelutável dos mercados contemporâneos e o Brasil não há de fugir à regra.

A Bolsa num dilema

Folha de S.Paulo, 13 de setembro de 1981

Até 1964, as bolsas de valores do país eram, como se sabe, instituições incipientes, cotando poucas companhias e atingindo um volume de negócios de pequena monta.

Após a regulamentação do mercado de capitais, com a promulgação da Lei n° 4.728, houve uma transformação expressiva na sua estrutura, com a finalidade de contribuir para a capitalização da empresa privada nacional, assegurando-lhe melhores condições de competitividade e uma permanente fonte de recursos para seus programas de expansão.

Para se alcançar este objetivo era necessário um processo de modernização na sua estrutura interna e, ao mesmo tempo, que as corretoras de valores acompanhassem esse trabalho de adequação às novas sistemáticas exigidas por um mercado de capitais mais complexo, para onde se canalizaria uma parte expressiva de poupança nacional.

A modernização do mercado começou a se processar. Foram admitidos novos profissionais, reorganizaram-se as empresas corretoras e as próprias bolsas, que foram equipadas com computadores e sistemas de comunicação, no esforço comum de se preparar para o novo mercado, principalmente de estar apto para gerir aquela parcela importante da poupança brasileira.

No período de 1968 a 1971, o mercado de capitais de fato começou a ganhar expressão. As bolsas e as corretoras de valores acreditavam que as políticas de desenvolvimento manteriam a mesma tendência e que, em consequência, suas próprias organizações deveriam continuar naquele ritmo.

No começo da década de 1970, dois fundos de poupança compulsória foram criados, inspirados no FGTS: o PIS e o Pasep. A partir da criação destes fundos ocorreu, no entanto, uma significativa mudança na gerência da poupança, configurando a sua alocação com base em critérios de planejamento central e sob gestão estatal. Isto contrariava uma expectativa de todo o mercado que acreditara na gestão desta poupança comandada por critérios de aplicação conforme leis do mercado.

Os acontecimentos, entretanto, não se limitaram a este fato. Enquanto o mercado de capitais sentia diretamente a frustração de uma expectativa, uma mudança se processava rapidamente. Os números principiaram a indicar que a gerência da poupança estava caminhando cada vez mais para a gerência estatal. Em 1977, na formação de poupança financeira bruta para emprego na economia, o governo contribuía com aproximadamente 10%, enquanto os 90% restantes provinham dos particulares, isto é, da poupança das famílias e das empresas privadas. A despeito de contribuir com apenas 10% na geração da poupança, a participação do Estado na gestão dos recursos financeiros atingia a cifra de 65%, ficando, portanto, somente 35% para intermediação pelas instituições financeiras privadas.

Na década de 1980 acredita-se que estes números venham a se acentuar cada vez mais (contribuindo sobremaneira para isso os fluxos das cadernetas de poupança das Caixas Econômicas), demonstrando, a cada passo, maior ingerência do Estado na gestão da poupança.

Ora, o que se observa, neste quadro, é a progressiva configuração de um verdadeiro dilema para as bolsas de valores e para aqueles que tradicionalmente nela atuam. Pois duas alternativas principais começam a se delinear, sem que nenhuma delas conduza a uma saída viável e satisfatória. De um lado, as bolsas poderiam acompanhar a tendência crescente de estatização de gerência da poupança, no sentido de limitar, cada vez mais, a sua própria participação gerencial. Esta limitação, a médio prazo, teria por consequência a criação de dificuldades em escala para a sua própria sobrevivência, com restrições grandes no seu campo de atuação. De outro lado, as bolsas poderiam adaptar-se à tendência, aceitando as limitações, mas procurando compensá-las com a busca de outros campos de atuação, como commodities, mercado futuro de moedas e juros, o que, provavelmente, garantiria uma sobrevivência aos participantes do mercado, mas ao preço de enfraquecer a Bolsa dentro de suas características mercadológicas típicas e tradicionais.

Como se vê, as perspectivas para cada uma das alternativas não são entusiasmantes. Afinal, em ambas, o papel das bolsas de valores como mecanismo central do desenvolvimento do capitalismo brasileiro se vê extraordinariamente diminuído. Além disso, todo o esforço de modernização por elas realizado se torna ameaçado por um fracasso de longas consequências. Se o *boom* de 1971 afetou a credibilidade do mercado de um modo bastante drástico, o risco que se corre agora é muito maior, pois se trata de um fracasso funcional. O primeiro afetou a crença na Bolsa como instrumento privado de investimento; o segundo poderá afetar a crença na Bolsa como agente público do desenvolvimento econômico.

Não se pode assegurar, no momento, que alguém seja capaz de proporcionar uma saída aceitável para o dilema. O certo, porém, é que não se pode contemplá-lo passivamente, esperando os acontecimentos de maneira conformista. A consciência da dificuldade, mais do que uma reflexão, deve ser um alerta, um convite aberto à discussão e à propositura de alternativas.

Ação e capitalização

Folha de S. Paulo, 29 de novembro de 1981

O processo de endividamento das empresas privadas nacionais, numa conjuntura de recessão e de juros altos, tem preocupado seriamente aqueles que sentem a repercussão do fato no desenvolvimento do país. Neste sentido, ouvimos recentemente, no 3° Congresso da Abrasca (Associação Brasileira das Companhias de Capital Aberto), pronunciamentos incisivos, como o de seu presidente, Vitório Cabral, quando afirmou: "a viabilidade da capitalização da empresa privada nacional é pressuposto de qualquer crescimento econômico autossustentado". No mesmo diapasão, o ministro Hélio Beltrão sustentou a tese de que "o que está em jogo é o futuro da livre iniciativa neste país. A lamentável verdade é que, ao longo dos anos, o Brasil vem se convertendo em um país de emprestadores de dinheiro". E, reiterando pronunciamentos anteriores, prosseguiu:

> Como já tive ocasião de afirmar em mais de uma oportunidade, todos nós, brasileiros, estamos, involuntariamente, nos transformando em uma espécie de agiotas do nosso próprio desenvolvimento. Dentro do sistema supergarantido das aplicações de renda fixa, cada um de nós vai gradativamente se acomodando à posição de "emprestador", em vez de participar, como sócio e não como credor, dos desafios e das imensas possibilidades que o desenvolvimento oferece aos brasileiros. A empresa privada no Brasil precisa de mais sócios e menos credores.

Notadamente, as preocupações do ministro Beltrão nos chama a atenção para um fato que é importante se ter em mente e que lança algumas luzes sobre o atualíssimo problema da capitalização da empresa privada nacional.

Como é sabido, diante da impossibilidade de se processar no Brasil um desenvolvimento econômico espontâneo, o país optou por um desenvolvimento econômico planejado. Com isso, os projetos foram quase sempre amadurecidos em reuniões de gabinete, buscando-se artificialmente nos modelos desenvolvidos fórmulas para que o modelo implantado pudesse alcançar todos os seus objetivos. Ora, justamente dessa maneira, o mercado de capitais no Brasil foi institucionalizado a partir da Lei nº 4.728 de 1964, não tendo sido originado de um crescimento natural espontâneo ou gerado em função das pressões da sociedade, mas em razão das necessidades de implementação de um modelo proposto.

As autoridades econômico-financeiras, ao elaborar o novo modelo de mercado de capitais, procuraram assim fazer com que as bolsas desempenhassem um papel auxiliar no processo de capitalização de recursos pelo empresariado privado nacional. Nesse sentido, tentaram renovar as lideranças entre os corretores, modernizar os mecanismos de mercado e introduzir até mesmo uma nova legislação sobre as sociedades anônimas, criando uma Comissão de Valores Mobiliários sob inspiração da similar norte-americana, a Securities Exchange Comission. No entanto, apesar de todo o esforço desenvolvido, o que se tem visto é um crescente processo de endividamento que tornou as empresas brasileiras ainda mais frágeis e dependentes.

É bem possível que, se a Bolsa tivesse se desenvolvido de maneira mais espontânea, o nosso problema de capitalização teria sido menos acentuado. Todavia, não podemos esquecer palavras como as de Daniel Bell, um dos teóricos do *Advento da sociedade pós-industrial*, que, sem minimizar o papel das bolsas, chega a fazer esta observação sobre as fontes de recursos das empresas privadas americanas:

> A proporção mais significativa vem do autofinanciamento, graças ao sucesso da empresa em si. Durante a última década, mais de 60% de capital investido nas mil maiores firmas industriais do país veio do financiamento interno (mediante o reinvestimento de lucros).

Em vista disso, segue-se uma óbvia consequência: "O capital reaplicado constituiu a base do aumento acusado pelo ativo das grandes sociedades. E o crescimento do capital reaplicado é produto da sagacidade administrativa". É certo que Bell superestima, talvez, o problema da competência empresarial, mas também deixa evidente que, nos Estados Unidos, a instituição da Bolsa de Valores não é mistificada. Em outras palavras, ninguém nega a ela sua dimensão política e social altamente relevantes, nem o vigor de seu mercado. No entanto, não se atribui a ela exclusivamente nenhuma dose maior de responsabilidade pelo desenvolvimento econômico nacional.

Ora, foi possivelmente isto que sucedeu no Brasil, quando da implementação do seu modelo de mercado de capitais. O dimensionamento da sua responsabilidade, embora correto, talvez tenha sido superavaliado, trazendo, como consequência, frustrações difíceis de esquecer e suplantar.

Acreditamos que a experiência de todos esses anos pela qual o mercado passou serviu para diagnosticar os pontos mais frágeis e de difícil solução. No momento atual, com a preocupação ademais de outro setor representativo da sociedade com os assuntos pertinentes ao mercado, como a Fiesp, o modelo de mercado de capitais bem poderia se aperfeiçoar, com contribuições de decisões mais autênticas e espontâneas para uma melhor adequação às necessidades brasileiras. Na verdade, é imperioso que a Bolsa venha a se constituir em real elo entre os modelos econômico, político e social, tornando-se um efetivo agente que permita a canalização de maiores recursos para a área de iniciativa privada, fazendo exequível uma revisão do modelo de desenvolvimento e garantindo, deste modo, uma possibilidade de maior legitimidade da nossa economia de mercado.

Aliás, é de realçar que a dimensão social do mercado de capitais é merecedora particularmente de nossa atenção, especialmente porque a abertura das empresas para uma pluralidade de acionistas tornou-se uma forma de legitimar a democratização do processo de desenvolvimento. A possibilidade de fragmentação do quadro acionário, a proteção às minorias societárias, a distinção entre o controle da empresa e o controle acionário e a existência de um perfil razoável de distribuição de renda acabam, nesse sentido, criando condições para a ampliação do consenso social, permitindo à sociedade conscientizar-se de seu papel no processo de crescimento.

A regulação nas bolsas

Com Tercio Sampaio Ferraz Junior*
Bolsa, 5 de julho de 1982

Desde sua implantação modernizada, as bolsas de valores brasileiras têm sofrido crises conjunturais periódicas, que apontam claramente para problemas localizados em sua estrutura. Na luta constante para viabilizar um mercado florescente, o que se tem visto é uma sucessão de tentativas semifrustradas no sentido de vencer a forte dependência dos dinheiros arrecadados institucionalmente, de superar a indisposição crônica do investidor para aplicar seu minguado capital, de conquistar um mínimo de autogestão, jurídica e administrativa, capaz de fazer das bolsas uma realização autêntica e consolidada.

Nos últimos meses, o mercado futuro tem aparecido como mais uma esperança de viabilização, marcando uma expectativa talvez promissora de bons negócios para o investidor. Anunciando, no roldão fácil do entusiasmo nacional, como uma alternativa até salvadora, ele conheceu muito brevemente, no entanto, as agruras de uma ameaça de descontrole. Houve em pouco tempo uma alta vertiginosa do preço de algumas ações. Isto criou uma espécie de euforia que, rapidamente, conduziu o mercado a uma oscilação que saía dos parâmetros normais. Diante da expectativa de descontrole, a Bolsa tentou reformular alguns critérios para as margens de operação. Perante esta sóbria iniciativa de autorregulação, no entanto, a CVM reagiu heteronomamente, estabelecendo, por sua conta, as regras que lhe pertenciam cabíveis para estruturar adequadamente o mercado futuro.

Este pequeno incidente manifesta, a nosso ver, o problema da regulação do mercado entre nós.

---

* Tercio Sampaio Ferraz Junior é um dos juristas brasileiros mais reconhecidos no exterior. Doutor em Direito pela USP (1970) e em Filosofia pela Johannes Gutenberg Universität de Mainz (1968), é autor de diversos livros de teoria e filosofia do direito.

A Bolsa como um sistema social

O mercado bursátil é um sistema de interações institucionalizadas, predominantemente voltadas para operações de compra e venda de valores (as ações cotadas), realizadas em lugar determinado (pregão), operadas por mediadores (corretores) e que visam à troca de poupança. Trata-se, pois, de um sistema social, sujeito a pressões que fazem parte do seu padrão normal de funcionamento. Neste sentido, podemos dizer que o mercado de Bolsa é um sistema constituído dos seguintes elementos: os trocadores de poupança (aplicadores, ou seja, aqueles agentes que, ao trocar títulos, visam a uma renda variável, e os mediadores, entendidos como agentes que põem em relação os trocadores de poupança, fundados na confiança institucionalizada, legal ou de fato, que inspira). Dentro do sistema, este papel cabe ao corretor, isto é, o agente que tem a exclusividade na mediação, ou seja, nas operações de compra e venda de ações cotadas. Sua função é garantir a confiabilidade institucionalizada das trocas de poupança.

Todo sistema tem um funcionamento normal. Esse funcionamento significa a presença e manutenção, num certo grau, de certas variáveis ou qualidades essenciais do sistema. No caso do sistema da Bolsa, temos: a cotação, que é a fixação do preço certo, a troca de poupança, ou seja, a permuta de rendas não consumidas, e a institucionalização, ou a confiança da comunidade nas operações realizadas no sistema que, de uma forma implícita, se vê aprovado globalmente, independente do fato de existirem opiniões divergentes sobre sua credibilidade. A ausência total de qualquer dessas variáveis pode levar o sistema a um grande desequilíbrio ou crise. No dia a dia das bolsas, observam-se desequilíbrios parciais, que fazem parte da sua vida. Estes desequilíbrios são operados por fatores que afetam as variáveis essenciais. Esses fatores são as chamadas pressões.

Mecanismos reguladores

O mercado de ações funciona normalmente sob pressão. As pressões manifestam-se de formas variadas. Elas são insuportáveis quando o seu sistema não tem condições de enfrentá-las. Para evitar que isto ocorra, há necessidade de mecanismos reguladores. Entre eles, podemos distinguir dois tipos fundamentais: os mecanismos preventivos e os repressivos.

Os primeiros são defesas que procuram adequar as pressões à capacidade de funcionamento do mercado, na medida em que impedem que certas pressões atinjam diretamente as suas variáveis essenciais. Assim, uma crise ministerial gera pressões políticas que um mercado regulado teria capacidade de absorver sem repercussões do gênero crise, como diminuição expressiva da liquidez, oscilações descontroladas das cotações e abalo na confiabilidade da instituição.

Entre os mecanismos preventivos, poderíamos mencionar, por exemplo, a atividade das corretoras quanto a aconselhar, interpretar os acontecimentos, direcionar os investimentos, acabando por estabelecer filtros prévios para as influências imediatas (mecanismo preventivo institucional). Também os Conselhos de Administração das Bolsas de Valores, quando estabelecem normas tentando evitar sobrecarga (suspensão de ações cotadas, quando a informação é insuficiente, como aconteceu com ações da Petrobras, Light, Servix), estão atuando como reguladores preventivos. Ou ainda, a própria mentalidade capitalista, a ideologia da economia de mercado e o espírito de investimento previnem, de certo modo, pressões de origem variada, possibilitando à Bolsa o equilíbrio necessário.

Já os mecanismos repressivos, por sua vez, são defesas que procuram adequar o funcionamento dos mercados às pressões já ocorridas, na medida em que reforçam punitivamente a capacidade de resposta do sistema. Têm uma atuação *a posteriori*, corrigindo e minimizando os riscos provocados por desvios em pautas de comportamento. Quanto a eles, dentre os mais evidentes, temos, por exemplo, a ação normativa da CVM quando, no recente episódio das ações da Vale do Rio Doce, decidiu punir o corretor interveniente.

Os mecanismos reguladores, do ponto de vista dos seus agentes de controle, podem localizar-se dentro do sistema ou fora dele. Como diz Nelson Eizirik em seu livro *O papel do Estado na regulação do mercado de capitais*, há dois grandes modelos de regulação aplicáveis a qualquer mercado, inclusive o de capitais: a) a regulação de modo voluntário, que chamamos de autorregulação, realizada em geral pelas próprias bolsas de valores, no contexto de um mercado de capitais; b) a regulação jurídica, posta através de normas jurídicas, via de regra por meio da atuação de agências reguladoras.

O funcionamento de um sistema baseado na regulação voluntária é o caso da Inglaterra, onde predomina a autorregulação, efetuada através das bolsas de valores, teoricamente quase não existindo regulação governamental.

Alguns fatores próprios do mercado de capitais na Inglaterra favorecem a autorregulação: o mercado financeiro é bastante antigo, com uma tradição consolidada na negociação de títulos; o mercado caracteriza-se por um alto grau de concentração (há apenas uma Bolsa de Valores) e sofisticação; existe um corpo de normas jurídicas válidas para todo o país; todas as transações com títulos ocorrem na Bolsa.

A regulação jurídica é o sistema utilizado nos Estados Unidos, onde a Securities and Exchange Comission (agência federal encarregada da administração da legislação) foi criada em 1934 no período de reformas do New Deal como uma resposta à crise de 1929; historicamente, foi um sistema de regulação para impedir a repetição da crise.

Um dos objetivos principais desta criação era fornecer aos investidores as informações necessárias no caso de ofertas públicas de vendas de títulos, proibindo práticas fraudulentas e ampliando a doutrina do *disclosure* também para títulos transacionados no mercado financeiro.

Um dos fatores que tornam eficientes e duradouras a SEC no contexto norte-americano baseia-se na existência de investidores ativos na defesa de seus interesses e, consequentemente, no desenvolvimento crescente das ações judiciais. O sistema jurídico daquele país, onde os juízes não só interpretam, mas também criam o direito, ajuda sobremaneira a definir e determinar a responsabilidade dos administradores e acionistas controladores e induzi-los a um comportamento honesto.

A regulação no mercado brasileiro

No Brasil, como se sabe, temos a Comissão de Valores Mobiliários (CVM) como uma autarquia vinculada ao Ministério da Fazenda, com poderes para disciplinar e fiscalizar o mercado e as companhias abertas, enfim, uma agência governamental especializada em exercer a função de polícia do mercado para evitar abusos (vide artigo 4º da exposição de motivos da lei que a criou). Sua importância como agência reguladora qualifica o sistema brasileiro nos moldes de uma regulação jurídica, de natureza heterônoma, com mecanismos de atuação basicamente repressivos.

A CVM teve sua fonte de inspiração na SEC americana. Ditada por uma decisão político-econômica, sua atuação, contudo, tem sofrido dificuldades intermitentes. Na verdade, a experiência e a tradição ensinam que toda cultura só absorve, assimila e elabora os traços de outras culturas, quando estas encontram uma possibilidade de ajuste aos seus quadros de vida.

Até certo ponto, falta à regulação jurídica norte-americana a adaptação ao nosso sistema, respaldos importantes na tradição cultural brasileira. Como uma sociedade de origens nitidamente personalistas, os vínculos de pessoa a pessoa sempre foram decisivos, com acentuação singularmente enérgica do afetivo, do irracional, do passional e uma espécie de atrofia correspondente das qualidades ordenadoras, disciplinadoras e racionalizadoras. Disto resulta certa tibieza em nossas formas de organização e de todas as associações que impliquem solidariedade e ordenação entre os membros. Como diz Sérgio Buarque de Holanda em *Raízes do Brasil*, "em terra onde todos são barões não é possível acordo coletivo durável, a não ser por uma forma exterior respeitável e temida".

É óbvio que, neste quadro, o mercado bursátil brasileiro tem dificuldades de implantar-se e regular-se. Faltando-nos o reconhecimento da importância do esforço humilde, anônimo e desinteressado, e estimulando a organização racional, temos, em consequência, uma evidente precariedade organizacional que traz a preponderância de formas disciplinadoras fundadas em excessiva centralização do poder e na obediência. Como, porém, a simples obediência, como princípio de disciplina, não é continuamente praticável, o que ocorre é uma instabilidade crônica do mercado, no sentido de sua definitiva implantação e na possibilidade de sua regulação.

Ademais, do nosso personalismo social decorre o fato de que a Bolsa brasileira, embora como um mercado capitalista, devesse pressupor competição e cooperação, revela, na verdade, rivalidade e prestância. Os dois primeiros são comportamentos orientados, ainda que de modo diverso, para um objetivo material comum, o qual mantém, então, os indivíduos unidos ou separados. Já na rivalidade e na prestância o que une e desune é o dano ou benefício que uma parte possa trazer à outra: o objetivo material é secundário, o que conta são as relações pessoais. Disto seguem os evidentes regionalismos e as lutas personalistas entre facções que observamos, por exemplo, no relacionamento entre as bolsas do Rio de Janeiro e de São Paulo, com evidentes prejuízos para a sua organização em moldes capitalistas.

Em consequência, para que a regulação jurídica, nos moldes da CVM, ou até mesmo uma autorregulação pudesse atuar plenamente no mercado brasileiro, seria necessário não tanto o aperfeiçoamento dos mecanismos repressivos, mas muito mais a presença eficiente do que chamamos antes de mecanismos preventivos, isto é, aqueles que procuram adequar as pressões à capacidade do funcionamento das bolsas.

O mercado bursátil nacional tem, obviamente, mecanismos desta espécie.

Mas quando visam à prevenção de pressões insuportáveis, notamos que eles nascem em primeiro lugar da necessidade de refrear e de conter os excessos particulares momentâneos e só, mas raramente, da pretensão de associar permanentemente as forças ativas. Assim é que, na recente Resolução n° 19 da CVM, que disciplinou o mercado futuro, a simples leitura de suas normas mostra que o intuito primordial é conter os excessos e, secundariamente, estabelecer as condições de cooperação e competição. Deste modo, a Resolução preocupa-se em estabelecer limites e padrões operacionais, prevenindo-se antes os prováveis excessos especulativos e, apenas indiretamente, orientando os investimentos.

Esta característica da regulação do nosso mercado de ações pode ser insatisfatória, frustrante, mas é uma realidade da qual não podemos fugir. Ela não é apenas típica para o mercado, mas atravessa nossa vida social em todas as suas dimensões. Está presente, portanto, nas problemáticas política e econômica. E tem de ser reconhecida, nestes termos, como um obstáculo que se enfrenta todas as vezes que se tenta, entre nós, qualquer processo de modernização nos moldes dos sistemas desenvolvidos.

A missão da Bolsa

O Estado de S. Paulo, 6 de março de 1983

Quem, nos dias de hoje, em meio à crise que vivemos, com as empresas endividadas, os salários achatados, a capacidade de poupança nacional em franco declínio, acreditaria ainda numa missão a ser cumprida pela Bolsa de Valores? Não só hoje, mas quem olha para o passado talvez tivesse boas razões para julgar tal instituição um corpo estranho para não dizer uma fantasia subdesenvolvida no contexto nacional.

Afinal, como não tivemos a possibilidade de ter-se processado no Brasil o desenvolvimento espontâneo, optamos por um desenvolvimento econômico planejado. O nosso modelo de mercado de capitais não se organizou de um crescimento natural, mas criou-se em função das necessidades de implementação de um modelo proposto. Ou, mais propriamente, foi imposto um modelo de mercado de capitais inspirado no americano.

Antes de 1964 o nosso mercado de capitais era incipiente e pouco representativo em termos de volume de operações e companhias cotadas em Bolsa. As operações, em sua quase totalidade, eram realizadas entre investidores individuais, o mercado era carente de investidores institucionais (fundos mútuos, fundos de pensão e companhias seguradoras).

Em 1967 foram criados os fundos fiscais 157, que serviam como um elemento disparado e também automantenedor do crescimento do mercado.

Depois dos fundos 157 apareceram outros investidores institucionais, graças à regulamentação das aplicações das reservas técnicas das companhias de seguro e, mais recentemente, em razão das modificações introduzidas quanto às aplicações dos fundos de pensão, que vieram proporcionar um crescimento significativo destes investidores em nosso mercado.

A mecânica de aplicação dos investimentos institucionais foi sempre a forma compulsória. Aos fundos coube sempre pouca liberdade quanto aos seus recursos, não sendo a aplicação no mercado de capitais uma opção, mas uma obrigação. Por parte dos investidores pessoa física, a tendência mostrou neles a preocupação em aplicar suas economias em opções de companhias estatais (Banco do Brasil, Petrobras e Vale do Rio Doce).

Assim, não só a presença expressiva e substancial dos investidores institucionais, mas também a participação de empresas ligadas ao Estado e, ademais, liderando o mercado, deram a este um perfil que o marcou profundamente. Perfil *sui generis*, de mercado capitalista com traços fortes de uma economia dirigida e estatizante. Desta mescla resultou uma Bolsa frágil na sua estrutura capitalista e sensivelmente dependente das oscilações políticas do governo.

Não cabe aqui nenhuma investigação exaustiva do porquê desta estrutura anfíbia. Afinal, esta Bolsa-caranguejo, vivendo junto ao mar do capitalismo de risco e agarrando-se à rocha do Estado que mais a feria que protegia, é um fato da nossa própria sociedade e nele deve encontrar algumas de suas explicações.

Uma das razões para a formação desse perfil diferente pode ser apontada no baixo nível de poupança do povo brasileiro e na fragilidade das empresas privadas. Além disso, nossa tradição cultural de certo patriarcalismo na gerência econômica, em que se acredita antes na tutela do poder do que nas incertezas da livre iniciativa, pressupondo-se sempre, por exemplo, que um banco particular poderia quebrar, mas nunca o Banco do Brasil, não poderia facilmente nos conduzir a um mercado nos padrões europeus e americanos. Outra razão seria a falta de credibilidade nos entes abstratos, como títulos, ações e sistemas racionais, ocorrendo, ao revés, a preferência em nossa cultura, pelos "bens de raiz", portanto, pelo visível, estável, concreto. É óbvio que isto não favorece a Bolsa, enquanto um mercado de papéis nem a estimula enquanto instituição capitalista.

Ora, se acrescentarmos ao exposto a forte participação do Poder Público no direcionamento das aplicações compulsórias dos investidores institucionais no emprego da sua poupança, é evidente que o mercado não poderia assumir outro perfil senão aquele propício para o aumento do espaço ocupado pelo Estado. Aliás, neste mesmo sentido, o mercado de renda fixa foi um campo ainda mais fértil para esta ocupação, com a proliferação das emissões das ORTN (Obrigações Reajustáveis do Tesouro Nacional), letras do Tesouro Nacional e o grande aumento das cadernetas de poupança das Caixas Econômicas.

Em vista disso, o resultado não poderia ser outro: com o desencadeamento paulatino do processo de quase estatização de nossa poupança, a Bolsa, como instituição capitalista, não conseguiu e tem dificuldades para institucionalizar-se na economia brasileira.

Assim sendo, o que se observa é uma Bolsa com fachada de sistema capitalista, mas funcionando para um sistema de semicapitalismo de Estado e que, aliás, no momento atual, se apresenta em séria crise.

A crise pode ser encarada, entre os vários ângulos, através do grande déficit e endividamento das companhias estatais. O governo, para tapar buracos, tem alterado as regras do jogo do mercado de forma duvidosamente legal e constitucional (caso recente da tributação das ORTN com cláusula cambial), acarretando o descrédito geral que a sociedade tem votado a tudo que se refere ao governo, suas empresas e instituições.

Uma crise, no entanto, não nos deve conduzir a uma paralisia, sob pena de tornar-se uma catástrofe. Neste sentido talvez seja este um momento para se repensar o papel da empresa privada e o da Bolsa de Valores dentro da estrutura econômica e sociopolítica brasileira. Temos consciência de que esta proposta tem as dificuldades conjunturais do descrédito e as estruturas do patriarcalismo gerencial, mas pode ser adaptada às condições atuais, desde que discutida com ampla participação da sociedade, com a redefinição das metas, dos pressupostos e da estratégia a ser utilizada. Canalizando mais poupança para o setor privado através dos recursos que ora estão sob o gerenciamento do Estado, dos fundos compulsórios (FGTS, PIS e Pasep), da elaboração de política de estímulos atrativos para o incremento e manutenção das companhias de capital aberto, criação dos fundos de pensão individual etc., é possível que um caminho se vislumbre no beco sem saída em que nos encontramos.

Não se trata, é claro, do caminho fácil das utopias subdesenvolvidas que copiam paradigmas e passam a acreditar na autenticidade das cópias como realidade implantada. Não devemos nos iludir com nenhum espontaneísmo da iniciativa privada, como se essa, pela ideia-força que traz em si fosse capaz, sozinha, de mover os processos. O que dizemos é que o momento é propício para mudar a orientação das crenças arraigadas, de estimular a confiança na iniciativa privada e, em decorrência, buscar os mecanismos técnicos que permitam ao cidadão ver numa Bolsa de Valores o adequado mercado para a sua participação no desenvolvimento do país.

A Bolsa e a sociedade

O Estado de S. Paulo, 7 de dezembro de 1983

Sabe-se que, após a Segunda Guerra Mundial, os países subdesenvolvidos tomaram consciência de que a programação do desenvolvimento econômico tinha o grande mérito de alcançar resultado superior ao desenvolvimento espontâneo. Sendo assim, esta ideologia começou paulatinamente a ser absorvida pelos países dependentes das econômicas centrais e, pouco a pouco, essa consciência foi ganhando maior dimensão.

Essa ideologia também foi captada pelos responsáveis por nosso desenvolvimento econômico. Não há dúvida de que os organizadores de nossa política tiveram muita dificuldade para definir os objetivos básicos de nossa sociedade. O consenso era difícil, principalmente por sermos um país continental com tantas influências e diversidades regionais.

Concluiu-se, então, que a alternativa mais viável era a de que a decisão deveria ser programada e imposta. As ideias foram quase sempre amadurecidas em reuniões de gabinete, buscando-se artificialmente, nos modelos desenvolvidos, fórmulas para que o modelo a ser implantado pudesse alcançar todos os seus objetivos.

Assim, a legislação do mercado de capitais foi regulamentada, não como tendo sido originada de um crescimento natural espontâneo ou gerado em função das pressões da sociedade, mas em razão das necessidades de implementação do modelo de desenvolvimento econômico planejado e acelerado.

Dessa forma, a tecnocracia governamental implantou o modelo de mercado de capitais (Lei nº 4.728) pensando que, com a introdução de uma mudança na legislação, o restante mudaria. Mas isto não é tão fácil assim, é bem mais complexo do que parece.

Os executores da política esqueceram-se da sociedade civil, que é um estrato da sociedade situado entre a sociedade econômica e a sociedade política – o Estado – constituída, por exemplo, pelas associações civis, as associações de classe, associações religiosas, as de docentes de universidade etc. Neste sentido, a sociedade civil é o lugar onde está depositada a tradição e o sistema de crenças. Enfim, é o lugar onde se forma a mentalidade, fator importante nos processos de acomodação, ajustamento e transformação das relações econômicas e político-estatais.

É a partir dessa perspectiva que as alterações no mercado de capitais devem ser pensadas. No Brasil, algumas características de nossa mentalidade poderão ser lembradas para que possamos avaliar as dificuldades de se absorver uma mudança tão brusca na legislação de mercado de capitais.

A nossa sociedade é de formação cultural patriarcal, com tendência a menos racional e burocrática (sentido weberiano da palavra) que tende a conceder maior confiança às relações pessoais do que a entes abstratos (como papéis, títulos), o que, de certo modo, inibe o pleno desenvolvimento do mercado enquanto um mecanismo altamente técnico e abstrato.

É uma sociedade de origens, nitidamente personalistas, com os vínculos de pessoa a pessoa sendo sempre decisivos. Há uma acentuação enérgica do afetivo, do irracional, do passional e uma espécie de atrofia correspondente das qualidades ordenadoras, disciplinadoras e racionalizadoras, disto resultando certa forma de tibieza em nossas formas de organização e de todas as associações que impliquem solidariedade e ordenação entre os membros (Sérgio Buarque de Holanda – *Raízes do Brasil*).

Outra característica da nossa tradição cultural é certo patriarcalismo na gerência econômica, em que se acredita, antes, na tutela do poder do que nas incertezas da livre iniciativa.

Com toda essa carga cultural, era realmente difícil de implantar rapidamente um novo mercado de capitais, porque as barreiras que existiam eram realmente difíceis de ser transportas em curto prazo. O que deveria ter sido feito, concomitantemente com a mudança do modelo de mercado, era tentar, por um processo educacional, entrar nas universidades, nas associações de classe, nos sindicatos e em outros tipos de associações, além de penetrar nos meios de comunicação para que a nova ideia pudesse ser vista e discutida. Mas isto foi esquecido, porque a preocupação era economicista, única e exclusivamente no âmbito do sistema econômico e mais restritamente no subsistema mercado de capitais, não havendo, no seu bojo, uma dimensão mais abrangente que devesse alcançar o sistema cultural e o sistema social.

O modelo de mercado de capitais, assim, com o passar do tempo, foi revelando as dificuldades culturais e sociais que estavam na sua base, extravasadas nas dificuldades políticas e econômicas, pois a cada momento o governo, com o seu modelo político concentrador de poder, mais ocupava espaço dentro do campo da economia, culminando com a quase total estabilização da poupança, colocando todo o sistema privado a reboque da estrutura política e econômica do Estado. E, ultimamente, com a crise que estamos atravessando, os reflexos são sentidos agudamente, fazendo com que, mesmo em fases propícias e de bom desenvolvimento, a confiabilidade no sistema de mercado permaneça sujeita a uma difusa suspeita.

Mas, como toda crise possui o seu lado positivo, pode ser que este momento seja propício para repensarmos a importância da sociedade civil dentro de qualquer modificação que se deseje efetuar.

Temos plena consciência de que as dificuldades estão presentes e não serão fáceis de ser superadas, salvo se houver uma efetiva conscientização das próprias entidades da sociedade – como o Codimec – Comitê de Desenvolvimento do Mercado de Capitais, das associações de classes e outras associações e também outros órgãos, como a CVM – da importância de influir na formação de mentalidade da nossa sociedade civil e fazer com que ela compreenda a importância, para um país que pretende visualizar um futuro democrático, da existência da iniciativa privada e de um mercado de capitais consciente de seu papel dentro da sociedade brasileira.

O mercado de capitais e o BNDES

O Estado de S. Paulo, 1º de abril de 1984

O mercado de capitais deveria ser um dos principais instrumentos para o desenvolvimento econômico brasileiro. Pelo menos ao nível dos governos revolucionários, esta palavra de ordem foi constante. Afinal, desde 1964 é que se ouve que a função do mercado seria a de capitalizar a empresa privada nacional, assegurando-lhe melhores condições de competitividade e uma permanente fonte de recursos para seus programas de expansão.

Um dos grandes problemas que o empresariado brasileiro continua enfrentando é reunir o capital de risco necessário para a consolidação de uma grande empresa que possa, por exemplo, participar dos setores básicos da economia. Foi por isso, justamente, que os governos revolucionários tentaram criar um conjunto de estímulos tanto à formação de um mercado primário de ações quanto aos mercados secundários já existentes.

Dentro desse quadro é que entendemos a atuação do BNDES como investidor institucional, que procurou revigorar o mercado de capitais não somente pelo aumento do volume de negociações em Bolsa como pela canalização de recursos à empresa privada nacional.

As subsidiárias tiveram uma atuação especializada sobre diversos setores da economia. A criação, em 1974, das três subsidiárias (Embramec, Fibase, Ibrasa), que em 1979 foram fundidas ao BNDESPar, estava associada aos objetivos do governo em manter o crescimento econômico do país utilizando-se, para isso, do mercado de ações. Assim é que a partir da análise dos setores deficitários da economia e de grande importância estratégica, o governo decidiu atuar diretamente sobre cada um deles.

O BNDES e a capitalização da empresa privada

É curioso notar, entretanto, o contraste existente entre o conjunto de medidas adotadas pelo BNDES a partir do início da década de 1970, com o objetivo de capitalizar as empresas nacionais através do mercado de ações e o seu progressivo endividamento no mesmo período. A origem deste fato cremos se encontrar em duas razões principais.

Em primeiro lugar, a adoção de uma política de crédito subsidiado, se não inviabilizava, pelo menos se constituía em poderoso mercado de capitais, tornando o empresário resistente à ideia de abertura do capital da empresa e ao risco que essa atitude envolve.

Em segundo lugar, a ausência de uma atuação coerente baseada em critérios de mercado previamente definidos, que impliquem uma maior racionalidade na composição de suas carreiras, além de um apoio efetivo às pequenas e médias empresas a fim de que possam chegar ao mercado de capitais, comprometeram e têm comprometido grandemente o desempenho do banco.

A década de 1970 assinalou o crescente endividamento das empresas nacionais, principalmente graças à atitude governamental de induzir à utilização do crédito pelo baixo custo dos empréstimos, que tinham juros limitados e taxa de 20% de correção monetária.

A possibilidade de obtenção de crédito a custo reduzido estimulou as empresas a ampliarem seus investimentos de forma tal que, muitas vezes, não guardavam nenhuma relação com a sua real capacidade financeira ou com as necessidades de mercado. Os lucros retidos foram insuficientes para fazer face aos projetos de expansão, que, na maior parte, foram cobertos pelo crédito oficial.

A incapacidade do mercado acionário em canalizar recursos para as empresas fez com que elas se tornassem, cada vez mais, dependentes do capital de terceiros, cuja relação com o capital próprio passa de 44,6% em 1970 para 53% em 1975, e em 1983 para acima de 55% (estimativa).

A política de crédito subsidiado tem sido, assim, um fator de inibição do desenvolvimento do mercado de capitais. Dificilmente o empresário beneficiado com crédito barato procurava abrir o capital de sua empresa, o que de certa forma implicava o afastamento da ideia de risco da atividade empresarial. Aliás, a nossa formação sociocultural sempre apontou justamente para essa direção. A história brasileira e, como tal, dos povos ibéricos indica uma tendência para os empreendimentos que oferecem mais solidez e segurança, preferíveis àqueles que engendram possibilidades de risco e incerteza.

Dentro desse quadro é possível perceber, com certa clareza, a incompatibilidade existente entre a ação do BNDES no sentido de fortalecer o mercado de capitais e a política de crédito subsidiado que marca o sistema financeiro como um todo. O próprio BNDES é vítima desse paradoxo, pois se por um lado ele agia visando a desenvolver o mercado de capitais, a sua principal forma de atuação continuava a ser, pelo menos até 1979, a concessão de empréstimos com juros limitados e 20% da correção monetária.

Portanto, pode-se dizer que falta coerência entre a atitude do BNDES de fortalecer o mercado de capitais e a política de crédito subsidiado, o que tem sido um dos responsáveis, nos últimos anos, pelo aumento do endividamento das empresas brasileiras. Uma política de desenvolvimento do mercado de capitais pressuporia, neste sentido, a reforma do setor financeiro, de tal forma que ele pudesse ser orientado ao atendimento das necessidades do sistema produtivo do país.

Como banco de desenvolvimento, o BNDES vive o conflito, já acentuado por Pedro Carvalho de Melo, de, possuindo natureza eminentemente social, ter de promover e capitalizar as empresas socialmente importantes do ponto de vista do desenvolvimento, atendo-se, por outro lado, a certos requisitos mínimos de rentabilidade, risco e liquidez quanto à aplicação de seus recursos.

O fato do BNDES ser responsável pela gestão dos recursos do Fundo PIS-Pasep, uma parcela dos quais é dirigida ao mercado de capitais através do Fundo de Participação Social (FPS) obriga-o garantir-lhes remuneração mínima correspondente a juros mais correção monetária. Isso significa que, nesse caso, a sua preocupação básica não é tanto a inversão dos recursos em alternativas socialmente importantes, mas àquelas sendo economicamente rentáveis possam assegurar-lhe a remuneração mínima desejada.

O objetivo do BNDES ao subscrever ações de empresas privadas nacionais era o de nelas permanecer, como acionista, por certo período necessário ao processo de maturação empresarial. Por maturação empresarial entendia-se o estágio de consolidação administrativa e capacitação econômica da empresa, que pudesse dispensar o auxílio governamental. O agravamento da crise econômica, representado pelo segundo choque do petróleo e pela elevação dos juros no mercado internacional, isto sem falar na acentuação dos desequilíbrios internos, atingiu principalmente as indústrias de bens de capital, impedindo que houvesse, como se esperava, a maturação de tais empresas.

Colocou-se, então, para o BNDES, o problema de saber se deveria manter inalterada a composição de suas carteiras, reduzindo os recursos para investimentos em novas participações acionárias, ou se, ao vender as ações de que dispunha, não afetaria, ainda mais, a credibilidade já abalada de tais empresas.

Faltou ao BNDES uma política de mercado baseada em critérios racionais de subscrições, compra e venda de ações, que indicasse, com clareza, o ritmo das transações verificadas. O fortalecimento do mercado de capitais foi visto apenas sob a ótica da inversão de recursos nas empresas e não sob a forma de uma ação fundada nos parâmetros de uma economia de mercado. Este fato desloca para as diretorias e comitês executivos as decisões sobre as ações a serem subscritas ou o momento de sua negociação, revelando, com isso, a dimensão política da ação do BNDES do mercado de capitais, em que os órgãos decisórios não raro têm importância igual ou até mesmo maior que os textos legais que viabilizamos à sua ação. Os recursos destinados pelo BNDES à aplicação no mercado de capitais atenderam, quase exclusivamente, às grandes empresas. Não houve uma influência decisiva do BNDES na abertura de capital das empresas, nem mesmo uma atuação voltada à dispersão acionária que pudesse significar uma desconcentração do poder empresarial. As empresas de porte médio, graças ao sistema de crédito subsidiado, não foram induzidas a abrirem o seu capital. Atualmente, devido à escassez de recursos, o BNDES diversificou as suas formas de operação, atuando quase exclusivamente, na prestação de garantia *standby* à emissão de debêntures de empresas privadas nacionais. Assim, se pelas razões apontadas, o BNDES não contribuiu para um efetivo desenvolvimento do mercado de capitais, a sua ação não deixou de estar sempre subordinada aos objetivos da política econômica e ao projeto desenvolvimentista dos governos pós-1964. E, por não ter tido uma política de mercado adequada para proceder à venda de ações oriundas das subscrições feitas ao longo de vários anos, criou ainda um grande fantasma para os investidores, visto que possui uma volumosa carteira de ações e, como está passando por uma fase de iliquidez, poderia vendê-las a qualquer momento para obter recursos, tumultuando o mercado acionário. Esta é a pressão que paira no ar, principalmente em virtude da recente decisão da diretoria do Banco do Brasil para colocação no mercado de 3 bilhões de ações de sua emissão que recebeu em doação de pagamento da Eletrobras.

Uma saída para o impasse

Talvez se possa vislumbrar uma saída para este impasse, decorrente do paradoxo apontado, através do Pait. Senão, vejamos.

O Pait é um programa para formação de patrimônio, ainda em estudos no Codimec e nas bolsas de valores, a ser utilizado no atendimento de metas sociais do indivíduo: aposentadoria, poupança para casa própria, educação dos filhos, desemprego prolongado, invalidez ou morte. Os valores operados poderão constituir-se numa carteira de investimentos individual ou em cotas de investimentos coletivos (fundos ou clube de investimento). Quanto aos valores aplicados, 1/3 em investimentos em ações e os 2/3 restantes aplicados em ativos financeiros de livre escolha do participante.

O resgate dos valores aplicados poderá ser realizado após 15 anos de permanência no programa, ou na idade de 65 anos.

Para demonstrar a importância desse instrumento, vale a pena lembrar que em 1982 nos Estados Unidos foram aplicados US$ 40 bilhões em programas semelhantes ao Pait, por cerca de 25 milhões de participantes.

Para nós, brasileiros, o Pait dará igualdade de oportunidade para aqueles que não trabalham em empresas que tenham fundos de previdência (estas, na maioria, estatais).

Isto posto e aceitas as virtualidades desses programas, restaria criar alternativas para consolidá-los. E uma das formas seria a de propor que parte dos valores investidos no Pait (1/3 em ações) seria, numa primeira fase, compulsoriamente adquirida das carteiras do BNDES até que essas carteiras fossem esvaziadas, por intermédio de operações realizadas nos pregões das bolsas de valores, anulando qualquer ideia de preço subsidiado.

Em consequência, com a adoção do Pait, sua legalização e regulamentação, tiraríamos do BNDES a função de desenvolver e dinamizar o mercado de capitais, havendo, assim, menos um órgão governamental a intervir no nosso já quase estatizado sistema de poupança. O espaço da iniciativa privada seria mais abrangente e flexível, dando campo ao desenvolvimento do mercado com os seus próprios instrumentos, mais democráticos e espontâneos.

Outro dado que merece a nossa atenção é que, com a venda das ações, o BNDES contaria com um caixa expressivo que poderia ter colocado à disposição das pequenas e médias empresas que são as responsáveis por aproximadamente 70% dos nossos empregos. E, nessa conjuntura desfavorável que estamos atravessando, poderia contribuir para atenuar alguns dos profundos reflexos da atual crise.

Uma crise, que, assim, pode nos conduzir a encontrar certas saídas: o déficit constante dos órgãos do governo e a falta de verba, destarte, ser transformados numa contribuição para que a livre iniciativa, com a criação de seus próprios instrumentos, conseguisse ocupar os espaços hoje indevidamente ocupados e assumir funções que estavam nos objetivos dos projetos desenvolvimentistas pós-1964. Talvez esse caminho possa ser trilhado com menos tropeços que o palmilhado com as fórmulas intervencionistas, principalmente quando estamos, atualmente, num momento de necessária abertura econômica.

Mercado de capitais – nova política

O Estado de S. Paulo, 16 de setembro 1984

A experiência de quase duas décadas de estruturação do mercado de capitais no Brasil demonstra que, a despeito das iniciativas governamentais no sentido de facilitar a sua divulgação, é ele ainda pouco conhecido por parte do grande público. Não se repetiu aqui, como inicialmente se esperava, o hábito norte-americano, largamente difundido junto à população, de participação do investidor individual nas negociações bursáteis. No Brasil, pelo contrário, o mercado de capitais, dada a sua complexidade institucional, por um lado, e o elevado grau de estratificação da sociedade brasileira, por outro lado, permaneceu restrito a determinadas faixas da população e aos chamados investidores institucionais, que mais rapidamente tiveram oportunidade de assimilá-lo. Além disso, a demora governamental em adotar medidas saneadoras, quando da crise de 1971, concorreu para o afastamento do investidor individual, fato do qual ainda hoje o mercado se ressente. A partir de 1976, com a edição da Lei nº 6.404, que conferiu novo estatuto legal às S.A. e a criação da CVM pela Lei nº 6.385, é que se criou uma organização institucional adequada para o funcionamento do mercado.

É de notar-se, ademais, que a atuação do Estado no mercado de capitais, que ocorreu com a edição da Lei nº 4.728/65, não obedeceu a uma política de regulação previamente definida. O excelente trabalho "Sistema de intermediação de valores mobiliários, análise conceitual e evolução histórica", elaborado pela CVM na profícua e inovadora gestão de Roberto Teixeira da Costa, diz:

> Nem a lei de mercado de capitais nem a sua Exposição de Motivos tinham qualquer dispositivo referente à "filosofia" de regulação, imprescindível à orientação de toda regulamentação que viesse a ser fixada em etapas posteriores. A regulamentação

complementar, por sua vez, não se fez acompanhar de interpretações legais que permitissem a todos os participantes do mercado entender os princípios a ela subjacentes, assim como os objetivos que a determinaram. A falta de uma delimitação precisa de objetivos e princípios básicos dificultou de forma significativa a intervenção do Estado, impedindo que esta observasse um padrão uniforme, assegurando maior coerência e consistência entre todos os atos normativos promulgados com o fim de complementar a Lei nº 4.728.

Todo sistema de regulação, entendido como a edição de normas de acesso ao exercício de atividades e a respectiva fiscalização de seu cumprimento, está indissoluvelmente associado à implementação dos objetivos da política econômica. Desse modo, torna-se impossível analisar a amplitude de uma política de regulação isolada de um contexto econômico mais amplo, representado pelo desenvolvimento da intermediação financeira. Assim, toda política de desenvolvimento do sistema financeiro, que vise canalizar recursos para o setor empresarial, pode valer-se, genericamente, de duas técnicas básicas: o mercado de crédito e o mercado de valores mobiliários. No Brasil, justamente porque coube ao Banco Central a administração simultânea de ambos os mercados, este fato teve profundas consequências no tipo de regulamentação a ser seguida. A crença, à época da edição da Lei nº 4.728, na desnecessidade de criar uma agência especializada com a finalidade de fiscalizar o mercado de capitais, submetendo-se essa função a um departamento do Banco Central, e o êxito alcançado pelo mercado de crédito nos anos 1965 e 1966, expressos, aliás, pela criação de múltiplas formas de captação e pelo volume dos recursos mobilizados, acabaram por provocar a aplicação ao sistema de intermediação do Mercado de Valores Mobiliários dos critérios e princípios normativos próprios às instituições bancárias (e não bancárias). A diferença existente entre o mercado de crédito e o mercado de valores mobiliários, cuja diversidade das operações realizadas e a especificidade de natureza dos serviços prestados exigem, como consequência lógica, técnicas de fiscalização diferentes, não foi, na prática, respeitada. Aplicou-se, assim, ao sistema de intermediação do Mercado de Valores Mobiliários um conceito de segurança típico ao sistema financeiro que em momento algum se adaptou às características do mercado de capitais. A transposição para o Mercado de Valores Mobiliários dos princípios e da normatização do sistema financeiro se constituiu em fator de inibição de seu funcionamento eficiente.

Além do mais, é preciso não esquecer que têm naturezas distintas as funções desempenhadas pelo órgão regulador em um e outro mercado. Enquanto a fiscalização do sistema bancário exige uma participação constante do órgão regulador a quem incumbe tão somente a operação dos mecanismos legais existentes, a supervisão do mercado de capitais requer a organização de tais mecanismos através do exercício das funções normativas previstas em lei.

Nestes termos, uma política regulatória eficiente será aquela que tiver a flexibilidade necessária para adaptar-se às novas operações criadas pelo mercado. Deve ela, em consequência, ser suficientemente elástica e dinâmica, de tal sorte que possa ajustar-se a um mercado crescentemente mutável, que pressupõe o risco e a incerteza. A adoção, para o mercado de capitais, de procedimentos típicos do setor financeiro não levou em conta o fato de que a administração do sistema bancário somente pode ser eficientemente exercida com base em estruturas burocráticas organizadas, como é o caso dos bancos comerciais, ao passo que a natureza atomizada do Mercado de Valores Mobiliários, cujo funcionamento se processa mediante pregões ou ofertas públicas, exigindo a rigorosa obediência ao princípio de igualdade no acesso às informações entre os participantes, requer, por isso mesmo, um tipo específico de regulação.

A existência de um sistema quase cartorial em matéria de mercado de capitais, responsável pela exigência de cumprimento de excessivo formalismo para a realização das operações, exige uma gigantesca tarefa de deslindar uma enorme massa de regulamentos, leis, decretos, resoluções e circulares.

Além disso, como é amplamente conhecido, a política regulatória em termos de mercado de capitais seguiu, no caso brasileiro, o modelo americano, dele se afastando, contudo, no que diz respeito à adoção de um sistema de regulação diretamente ligado à supervisão da autoridade governamental. A CVM, diferentemente da SEC americana, é, fundamentalmente, um órgão fiscalizador submetido às regulamentações do Conselho Monetário Nacional, que é, em última instância, que define a política de Mercado de Valores Mobiliários. Está ela, ainda, subordinada ao Executivo pela sua própria definição institucional como entidade autárquica vinculada ao Ministério da Fazenda. Por outro lado, se o sistema brasileiro concede uma relativa liberdade de autorregulação às bolsas de valores, conferindo-lhes também poder disciplinar sobre seus membros, os atos por ela praticados estão, quase sempre, sujeitos a posterior revisão pela CVM. Por exemplo, a CVM pode autorizar a entrada de novos membros nas bolsas, apesar de ela ter sido negada pelos Conselhos de Administração, pela baixa autonomia dos mecanismos autorreguladores, o mercado fica sujeito à entrada de membros que podem prejudicar ainda mais a frágil confiabilidade do sistema. Na verdade, enquanto as decisões do Conselho de Administração das Bolsas são baseadas em dados concretos conjugados com fatores subjetivos, não se limitando somente a dados objetivos, a estrutura formal do nosso mercado não se acomoda a esta forma de decisão.

Estes fatos indicam que, além de estar sensivelmente comprometido o poder de autorregulação das bolsas de valores, devido a uma excessiva ingerência da CVM em matérias que deveriam ser de exclusiva competência delas, o poder revisional da CVM, dada a sua vinculação ao Executivo, pode não ser em muitos casos a solução mais adequada.

A concessão de maior liberdade em termos de autorregulação das bolsas de valores não implica, como a princípio se poderia imaginar, aumentar, ainda mais, o grau de impunidade dos participantes do mercado. Sob este aspecto, aliás, a manutenção da credibilidade do mercado depende, a nosso ver, de duas condições básicas. Em primeiro lugar, uma legislação especial para o mercado de valores mobiliários que definisse claramente as responsabilidades dos administradores de poupança, os crimes respectivos, dando-se uma ênfase especial em termos de penalidade. Em segundo lugar, o aperfeiçoamento do Poder Judiciário, para que nos momentos de crise possa eficientemente atender os interessados em suas pretensões. Isso concorreria para aliviar o sistema de ser abalado por problemas sérios, mas nem por isso localizados. Evitar-se-ia igualmente que a punição de determinado agente de mercado se transmitisse a todo sistema, abalando a sua credibilidade. As sucessivas intervenções do Banco Central nas corretoras e demais instituições financeiras atingem o mercado como instituição, pois se de um lado revelam uma preocupação moralizadora, de outro afetam a confiança por parte do grande público no funcionamento de suas instituições.

A implantação do mercado de capitais no Brasil suscitou, ainda, no plano jurídico, inúmeros problemas, sobretudo no que diz respeito à transposição para o nosso sistema legal de institutos típicos da prática norte-americana. Tal transposição, que muitas vezes foi puramente mecânica, resultou nas grandes dificuldades de operacionalização dos institutos que, nascidos em contexto social diverso, obedeciam obviamente a técnicas de controle jurídico a ele apropriadas.

Essas considerações nos conduzem, por fim, à necessidade de pensar na elaboração de uma nova política de mercado de capitais, a qual deveria contar com a participação de entidades representativas da sociedade civil e dos diversos agentes interessados em sua correta formulação, como Bolsa de Valores, Ancor, Abrasca, Associação Comercial, Fiesp, OAB etc. Nesse sentido, cabe às entidades citadas oferecer a sua contribuição, mormente num momento de transição democrática, como é o que atravessamos, em que se busca a reinstitucionalização do país. Dentro desse espírito, parece-nos imperioso que, sobretudo as bolsas de valores, tendo em vista a experiência colhida em quase duas décadas de estruturação do mercado de capitais no Brasil, se disponham a elaborar um documento contendo sugestões para o aperfeiçoamento da política de mercado de capitais atualmente existente, ademais na expectativa de um novo governo a instalar-se proximamente.

Como o BNDES atuou no fomento do mercado de capitais

Digesto Econômico, setembro a outubro de 1984

O objetivo básico deste trabalho é, fundamentalmente, analisar a atuação do BNDES em relação ao desenvolvimento do mercado de capitais no Brasil. Não é nossa intenção, de modo exclusivo, enfatizar as possíveis distorções existentes entre os objetivos fixados e as metas realmente atingidas, mas tentar captar qual foi o comportamento do BNDES no sentido de desenvolver o mercado de capitais entre nós.

A percepção de que o BNDES, como instrumento de política econômica, está a serviço dos objetivos políticos de ordem geral, relacionando-se, por isso, com o projeto desenvolvimentista levado a cabo pelos governos pós-1964, indica que a sua atuação, neste particular, não pode ser desvinculada da matriz institucional que lhe fixou o campo de ação. Além disso, como principal órgão de investimento do Governo Federal, a sua atuação foi marcada pela maior ou menor disponibilidade de recursos, o que em matéria de mercado de capitais se refletiu na alteração das modalidades das operações por ele realizadas. Isto quer dizer que a função assumida pelo BNDES em relação ao mercado de capitais não permanece a mesma ao longo do tempo, modificando-se em razão de situações conjunturais e estruturais novas, o que o leva, muitas vezes, a adotar um novo comportamento diante do mercado.

Para efeito do presente estudo procuramos estabelecer uma delimitação precisa da época a ser analisada. O período no qual concentraremos nossa atenção vai de 1970 a 1983, já que muito embora o BNDES mantenha uma carteira de ações desde 1956, o que revela uma participação bastante incipiente em termos de mercado, somente na década de 1970 é que se verificou uma atuação dirigida do banco com vistas a desenvolver o mercado de capitais e fortalecer a empresa privada nacional.

Sistema político brasileiro pós-1964 e suas principais características

A chamada "República Populista", que abrange o período de 1945 a 1964, surge em consequência das transformações políticas e econômicas ocorridas no Brasil a partir dos anos 1930. A política desenvolvimentista posta em prática pelo governo Vargas e a conjuntura internacional desfavorável representada pelos efeitos da depressão de 1929 e pela Segunda Guerra Mundial constituíram o campo propício para a implantação da industrialização brasileira. A crise de 1929 provocou a retração do comércio internacional, atingindo, de maneira direta, o mercado de produtos primários não essenciais, sobretudo o café. A escassez de divisas permitiu a fabricação interna de produtos manufaturados numa primeira tentativa de substituição de importações. A Segunda Guerra Mundial assinalou, entre outras coisas, a colocação do aparato industrial das nações desenvolvidas, principalmente os Estados Unidos, a serviço das necessidades do conflito. Não obstante a política de esgotamento de divisas, adotada pelo governo Dutra, no imediato pós-guerra, o Brasil contava, nessa época, com um parque industrial em formação, o que, em termos políticos, contribuiria para a diminuição da importância do setor agrário sobre a máquina do Estado. As profundas diferenças regionais caracterizadas pela existência de um Sudeste desenvolvido e industrial enquanto o restante do país se apoiava numa economia agrária foram responsáveis pelo surgimento de interesses opostos, cuja conciliação somente poderia ocorrer através da formulação de um novo pacto de dominação, incluindo uma classe rural conservadora, a burguesia urbana e industrial e o Exército, que funcionou como garantidor do equilíbrio. Se a expressão institucional desse pacto teve no Congresso uma força conservadora diante dos impulsos desenvolvimentistas do Executivo, a sua base econômica foi o programa de substituição de importações, realizado, principalmente, durante o governo Kubitschek.

Para que isso fosse possível, tornou-se necessária uma presença mais efetiva do Estado no controle da economia, cuja eficiência estava muitas vezes comprometida com uma política clientelista de utilização do emprego como fator político. Todavia, a complexidade inerente a certas funções administrativas possibilitou o crescimento dos chamados "anéis burocráticos", que passaram a ocupar os principais órgãos que atuavam no financiamento do desenvolvimento econômico. Criou-se, assim, uma espécie de "administração paralela", que garantia maior eficiência na realização dos objetivos governamentais. Isto é o que ocorreu, particularmente, com o BNDES, o Banco do Brasil e a Sumoc, que desfrutaram de uma posição estratégica na manutenção dos níveis de desenvolvimento.

A criação do BNDE, em 1952, com o objetivo de financiar projetos de infraestrutura para o setor público, foi a solução encontrada pelo Governo para o prosseguimento da industrialização através da utilização dos recursos do Fundo de Reaparelhamento Econômico e dos avais concedidos pelo Banco para obtenção de empréstimos no exterior. Além disso, os investimentos do BNDE nos setores energético e ferroviário confirmam a intenção do Governo em criar uma infraestrutura adequada à formação de um parque industrial moderno.

No início da década de 1960 a "República Populista" apresentava visíveis sinais de debilidade. O programa de substituição das importações já havia esgotado suas potencialidades e, em razão de seu próprio êxito, alterava-se a base econômica e social do sistema, que, em última instância, levou à ruptura do pacto de dominação existente. Sucedia-se, então, um pedaço de instabilidade política e de paralisia de decisões, em que o Estado se decompunha progressivamente e a mobilização política e social superava os mecanismos de integração da ordem pública.

O Movimento Militar de 1964 faz surgir um novo pacto de dominação entre o setor militar, a burguesia industrial e financeira e a tecnocracia gerencial emergente. A legitimidade do pacto se calcou, no dizer de Celso Lafer, na qualidade e no exercício do poder, isto é, na atuação sobretudo na área econômica. Buscou-se, assim, uma legitimação pelo desenvolvimento econômico *a posteriori*, em que o voto deixava de ser a moeda legitimadora do sistema, como ocorrera na "República Populista". Pertencem a esse período as grandes reformas institucionais, como a reforma na reorganização do Sistema Financeiro Nacional e a estruturação do mercado de capitais, com base na Lei nº 4.728/65.

A política econômica visa, num primeiro momento, durante o governo Castelo Branco, ao combate da inflação, à eliminação dos subsídios para o setor público e à diminuição do déficit orçamentário. Numa segunda etapa, que se inicia com o governo Costa e Silva, adota-se um estilo de crescimento econômico acelerado, baseado num modelo exportador de abertura do país para o comércio internacional. O Congresso, que mantivera alguma importância até a promulgação do AI-5, perde a sua relevância e as zonas de incerteza do sistema se deslocam para os conselhos econômicos, como CMN, que se transforma no *locus* decisório privilegiado para a repartição dos recursos existentes.

O pacto de dominação, no entanto, começa a ser abalado a partir de 1974 com o advento da crise energética, representada pela súbita elevação do preço do petróleo no mercado internacional. As dificuldades do país em se adaptar à nova conjuntura, além do crescente endividamento externo, acabam por provocar o descrédito da tecnocracia gerencial como gestora do aparelho estatal. O Exército assume uma posição de revisão dos custos sociais da repressão política. O acirramento das contradições entre os atores do pacto, que sem serem contraditórias não deixam, muitas vezes, de assumir posições diferentes em face da crise e da pauperização da classe média, que rapidamente se vê privada dos privilégios conquistados, entreabrem a necessidade de um controle político do aparelho do Estado.

Formas de atuação do BNDES no mercado de capitais

O BNDES, criado em 1952 (como BNDE) e ocupando hoje a posição de principal órgão de investimentos do Governo, teve e continua a ter, como um dos seus objetivos fundamentais, o fortalecimento da empresa privada nacional. O sistema de apoio ao desenvolvimento por ele liberado abrange quatro subsidiárias: Finame (Agência de Financiamento Industrial), Embramec (Mecânica Brasileira S/A), Fibrase (Insumos Básicos S/A), Ibrasa (Investimentos Brasileiros S/A), uma entidade vinculada ao Centro Brasileiro de Assistência Gerencial à Pequena e Média Empresa (Cebrae), 61 agentes financeiros, 22 bancos regionais e estaduais de desenvolvimento e 39 de investimento. A sua preocupação básica é atuar no financiamento a médio e longo prazo para as empresas, já que os bancos de investimento não agem como bancos de fomento e têm pouca importância no financiamento de capital fixo.

A maior parte dos recursos do BNDES provém da União por intermédio de dotações orçamentárias ou do gerenciamento de Fundos de Poupança Compulsória, como Fundo PIS-Pasep, ou, ainda, da receita do imposto sobre operações financeiras. Muito embora o BNDES possua uma carteira de ações, desde 1956, a sua participação, em termos de mercado de capitais, foi bastante reduzida até o início da década de 1970. A partir de 1974, com a criação das quatro subsidiárias, Finame, Embramec, Ibrasa e Fibase, o BNDES começa a operar no financiamento das empresas sob a forma de participação acionária. Com isso, diversifica seus meios de atuação, que não se restringem exclusivamente ao financiamento direto às empresas, mas passa a incluir uma participação significativa no mercado de capitais verificada não somente pelo volume, mas também pela constância dos recursos nele aplicados. Nesse sentido, a questão que se coloca consiste em saber qual a razão de tal procedimento, ou seja, por que, em dado momento, o BNDES começa a atuar como investidor institucional com grande poder sobre o mercado, e não apenas como financiador direto das empresas.

Em primeiro lugar, é preciso não esquecer que o mercado de capitais fora fortemente abalado pela crise de 1971, que revelara, entre outras coisas, o artificialismo do nosso mercado, além da inexistência de uma organização institucional dotada de instrumentos legais adequados para o funcionamento apropriado do mercado de capitais. As S.A. continuavam a ser regidas pelo Decreto-lei nº 2.672, de 1940, que não se adequava à nova realidade econômica do país, alterada pela mudança no perfil industrial e pelo surgimento de grandes empresas. Além disso, não havia uma agência especializada que se destinasse à fiscalização do mercado de capitais e uma legislação que reprimisse as condições artificiais de mercado com a manipulação de preços e a utilização de informações reservadas (*insider trading*).

O mercado de capitais é, por excelência, um mercado sensível à confiança que o público tenha quanto a seu funcionamento, requerendo, para isso, um quadro de boa conduta legal, ética e comercial das suas instituições e agentes, além de uma oferta ampla e atualizada de informações. Aliás, a ideologia de mercado eficiente significa partir-se de um modelo negociador no qual somente quando o mercado tiver informações corretas os agentes poderão atuar racionalmente.

A experiência de cometer ao BC a missão de exercer o poder de política sobre o mercado de capitais, cumulativamente com a de fiscalização do sistema financeiro, se mostrou deficiente, havendo a necessidade de uma especialização de funções, o que acabou ocorrendo em 1976 com a edição da Lei nº 6.385, que criou a Comissão de Valores Mobiliários. Nesse mesmo ano é editada a Lei nº 6.404, nova Lei das S.A., que, com a Lei nº 6.385, procurou dar uma nova organização institucional ao mercado de capitais. De qualquer modo, verifica-se um intervalo razoavelmente longo entre a ocorrência da crise de 1971 e a adoção de medidas de saneamento do mercado, fazendo com que a recuperação de mercado se tornasse ainda mais difícil.

Dentro desse quadro, a atuação do BNDES, como investidor institucional, procura revigorar o mercado de capitais, não somente pelo aumento do volume de negociações em Bolsa (restauração da credibilidade) como pela canalização de recursos à empresa privada nacional, já que o desenvolvimento do mercado de capitais está estritamente ligado ao projeto político do Governo, sobretudo à ideia de democratização dos frutos do desenvolvimento.

Como já destacado, as subsidiárias tiveram uma atuação especializada sobre diversos setores da economia. A criação, em 1974, de três subsidiárias, que em 1979 foram fundidas no BNDESPar, estava associada aos objetivos do Governo em manter o crescimento econômico do país, utilizando-se, para isso, do mercado de ações. Assim é que, com base na análise dos setores deficitários da economia e de grande importância estratégica, o Governo decidiu atuar diretamente sobre cada um deles.

Fibrase

Na criação da Fibrase podem ser localizadas duas razões fundamentais. Em primeiro lugar, a compreensão de que a continuidade do desenvolvimento exigiria, por parte do Governo, a criação de um mecanismo financeiro que efetivamente apoiasse a produção de insumos básicos para a indústria e a agricultura. Além disso, a fabricação de matérias-primas essenciais se apresentou, assim, como um meio para alcançar um patamar tecnológico próprio, assegurando uma diminuição da dependência do mercado internacional. A Fibrase passa a atuar, então, no auxílio à empresa privada nacional, a quem competia a licença dos projetos no setor. A Fibrase atua através de participação acionária pela subscrição de ações ou debêntures conversíveis em ações, sendo-lhe, porém, vedada a participação majoritária em tais empresas. A sua participação no capital votante das empresas somente ocorre em situações excepcionais, desde que solicitada pelo empresário ou quando se torna necessária a presença de uma entidade equilibradora no processo de decisão empresarial.

Ibrasa

A criação da Ibrasa teve como objetivos a capitalização da empresa privada nacional e o desenvolvimento do mercado de ações. Acreditava-se, nessa época, que a manutenção dos níveis de desenvolvimento econômico exigiria maciços investimentos governamentais. Além disso, buscava-se, com a criação da Ibrasa, a diversificação dos investimentos, que, até então, tinham sido direcionados preferencialmente às grandes empresas. A Ibrasa tem no BNDES o seu maior acionista, podendo contar com capitais privados até o limite de 40%. A sua atuação verifica-se, basicamente, através de subscrição de ações ou debêntures conversíveis em ações, sempre em caráter minoritário. Eventualmente, ela pode conceder empréstimos a acionistas ou a não acionistas.

Embramec

A criação da Embramec foi determinada pelo desejo de atingir a autossuficiência na produção de bens de capital, diminuindo-se, com isso, a sua importância na pauta de importações do país, que comprometiam a balança de pagamentos. O desenvolvimento da economia brasileira havia gerado necessidades novas que exigiam uma expansão maior de certos setores, como o de bens de capital. Passou-se, então, a buscar o aumento da fabricação de equipamentos. Dentro desse contexto, o Governo procurou fortalecer a estrutura de capital acionário das empresas nacionais do setor, facilitar às empresas os meios para se capacitar em tecnologia, reduzindo o grau de dependência externa, e impor critérios de seletividade no que diz respeito à importação de máquinas e equipamentos. Com isso, a Embramec procurou não apenas a autossuficiência interna, mas também criar condições para o estabelecimento de um programa de exportação de bens de capital. Sua atuação ocorreu, principalmente, pelo incentivo concedido a projetos de empresas nacionais à modernização dos equipamentos existentes e no fortalecimento da empresa privada através da subscrição de ações ou debêntures conversíveis em ações, prestando garantia firme à subscrição de ações ou debêntures, em operações de oferta pública ou, ainda, concedendo financiamento a acionista para subscrição de ações.

Fundo de Participação Social

O objetivo que orientou a criação dos Fundos de Poupança Compulsória, como o FGTS e o PIS-Pasep, consistiu, basicamente, na captação de poupança para a promoção do desenvolvimento econômico através da alocação de recursos a setores estratégicos da economia nacional. Assim é que, em 1977, o Governo decidiu criar o Fundo de Participação Social, utilizando-se, para isso, de parcela dos recursos arrecadados pelo PIS-Pasep, aos quais assegura remuneração correspondente a juros e correção monetária.

O Fundo de Participação Social foi criado pelo Decreto-lei n° 79.459 de 30 de março de 1977, como subconta do Fundo PIS-Pasep, com o intuito de contribuir não somente para a capitalização da empresa privada nacional como também para o fortalecimento do mercado de capitais.

A realização de tais objetivos compreende modalidades diversas de operações que abrangem a subscrição de ações ou debêntures conversíveis em ações emitidas por empresas privadas nacionais em oferta pública devidamente registrada no BC ou na CVM, a compra e venda, no mercado secundário, de ações ou debêntures conversíveis admitidos à negociação pública na Bolsa de Valores ou no mercado de balcão; participação em fundos de negociação a fim de dar liquidez a ações ou debêntures conversíveis em ações, desde que os títulos estejam registrados no BC, ou na Bolsa de Valores; prestação de garantia *stand-by* a bancos de investimento ou sociedades corretoras no lançamento público de ações ou debêntures conversíveis em ações de empresas privadas nacionais, desde que a juízo do BNDES a operação seja de interesse do mercado de capitais ou realizada com empresas que estejam implantando projeto de interesse nacional e, ainda, outras operações realizadas e autorizadas pela legislação relativa a Fundos Mútuos de Investimento em administração, que, segundo o BNDES, ouvido o BC e a CVM, tem por finalidade o desenvolvimento do mercado de capitais.

É interessante notar que, para os efeitos da aplicação dos recursos do FPS, são consideradas empresas privadas nacionais não somente aquelas cujo capital votante pertença majoritariamente às pessoas físicas residentes e domiciliadas no país, mas também aquelas em que essa maioria seja composta de empresas controladas direta ou indiretamente pela União, estados e municípios. Este fato implica um considerável alargamento do conceito de empresa privada, que passa a incluir as sociedades de economia mista e outras entidades controladas diretamente ou indiretamente pelo setor público. Desse modo, torna-se possível a transferência de recursos para setores governamentais que possam não apresentar desempenho satisfatório, o que, de certa maneira, implica um menor aporte de recursos para as empresas tipicamente privadas.

O FPS conta com os recursos provenientes das seguintes fontes:

a) Até 10% da arrecadação anual do fundo PIS-Pasep, que, no entanto, teve esse percentual reduzido para 5% nos anos 1977 e 1978.

b) Dividendos das ações que a União transferir ao Fundo PIS-Pasep.
c) Resultado de suas próprias operações.
d) Outros recursos que venham a ser destinados à aplicação por meio do Fundo. Cabe ao BNDES a administração dos recursos do FPS; para isso, percebe uma remuneração correspondente à aplicação da taxa de administração que lhe é atribuída como administrador. Tal remuneração é calculada e paga no fim de cada mês. Além disso, o saldo de recurso do FPS pode ser aplicado, a curto prazo, em títulos de renda fixa de emissão do Governo Federal ou do BNDES, ou sob garantia de qualquer dos dois.

Quando se trata de operações no mercado primário, o FPS não pode efetuar aplicação de recursos em ações ou debêntures conversíveis em ações de instituições financeiras. Nas operações de mercado primário, o FPS atende apenas as empresas que, estatutariamente, nos termos da Lei nº 6.404, destinem à distribuição de dividendos pelo menos 25% dos lucros de cada exercício.

A criação do FPS refletiu a intenção de fortalecimento do mercado de capitais, que ainda não se recuperara completamente da crise de 1971, e a necessidade de capitalização da empresa privada nacional, abrindo igualmente a possibilidade para aplicações de recursos em empresas controladas pela União, estados e municípios, em razão, principalmente, da necessidade de remuneração dos recursos do PIS-Pasep em juros e correção monetária.

Programas de capitalização à empresa privada nacional

A primeira tentativa de instituir um programa de estímulo ao desenvolvimento da empresa privada nacional, via mercado de ações, ocorreu em 1970, com a criação do Procap, que destinava emprestar recursos, em curto prazo, a bancos de investimentos que atuassem como *underwriters* na emissão de debêntures por empresas brasileiras. Esse programa, no entanto, teve revogação imediata, não chegando a ser implementado.

Os Programas Especiais de Capitalização à Empresa Privada Nacional surgiram a partir do Decreto-lei nº 1.471 de junho de 1976, que concedia incentivos fiscais à subscrição de ações de empresas nacionais. Esse decreto estendeu o sistema de incentivo fiscal, previsto no Decreto-lei nº 1.452, que consistia na limitação de 20% da correção monetária aos financiamentos que o BNDES viesse a conceder, durante aquele ano, a bancos de investimentos privados com a finalidade de subscrição, por estes, de ações em aumento de capital de empresas privadas nacionais. Em tais operações, os juros cobrados para a subscrição de ações pelos bancos de investimentos eram de 5% ao ano para as regiões 2 e 3, e 4% para a região 1.

O segundo programa da série, Procap 2, que se iniciou com o Decreto-lei nº 1.531 de 1977, teve como consequência direta a alocação de recursos para setores da economia considerados prioritários. Os financiamentos não deveriam ultrapassar 50% do valor das ações emitidas, havendo a necessidade de recursos públicos na ordem de 30% para os contratos das regiões 2 e 3. Além disso, somente seriam atendidas por esse programa as empresas que estatutariamente destinassem pelo menos 25% do produto de cada exercício à distribuição de dividendos.

O Procap 3, que foi instituído pelo Decreto-lei nº 1.621, de 1978, ampliou os benefícios fiscais do programa anterior aos empréstimos concedidos às pequenas e médias empresas compreendidas nas regiões da Sudam e da Sudene. Procurava-se com isso maior diversificação na alocação dos recursos, tentando-se diminuir a tendência concentracionista do processo de desenvolvimento. O Procap 3 permitiu que os bancos de investimentos subscritores repassassem recursos a outros bancos de investimentos, sociedades corretoras ou pessoas físicas para que pudessem participar da subscrição de novas ações. Os juros cobrados nas operações de garantia firme com tais recursos eram de 8,5%. O Procap Corretoras foi a maneira através da qual se pretendeu alcançar um número maior de subscritores. Os juros fixados em tais financiamentos eram de 7% para o BNDES e 9 % para o tomador final.

O Procap representou, em 1978, um aporte de recursos para o mercado de capitais da ordem de 1.308,8 milhão, o que significou 2% dos desembolsos efetuados pelo BNDES naquele ano. Segundo Pedro Carvalino de Melo, a importância desse montante para o mercado de ações é tanto mais significativa se considerarmos a relação entre os desembolsos do Procap e o valor das ações registradas no Banco Central para oferta pública: esse percentual se eleva a 35%. Contrariamente aos objetivos que determinaram a sua criação, pode-se afirmar que foi mantida a tendência concentracionista no processo de aplicação dos recursos, já que, das 68 empresas beneficiadas, 26 delas receberam 80% dos recursos do programa. Muito embora as últimas operações do Procap datem de 1981, a sua inviabilidade começou a ocorrer a partir da eliminação dos incentivos fiscais de limitação em 20% da correção monetária, que configurava um subsídio implícito, já que a inflação, nesse período, nunca foi inferior a 40% ao ano.

Os favores fiscais estabelecidos pelo Procap devem ser vistos dentro de uma estratégia desenvolvimentista que orientou o nosso mercado de capitais, segundo o qual o seu crescimento acelerado conduziria inevitavelmente à capitalização da empresa nacional e à participação direta dos investidores individuais no mercado.

Na prática, porém, esse fato não ocorreu, permanecendo a tendência de atender a um número reduzido de empresas, geralmente de grande porte, para as quais foi canalizada a maior parte dos recursos do fundo.

Formas de atuação do BNDES

Na década de 1970, o BNDES criou suas subsidiárias e instituiu várias linhas de financiamento para poder desempenhar melhor suas atividades de desenvolvimento e fomento.

Enquanto as subsidiárias, os Procaps e as aplicações do FPS eram formas de injeção direta de recursos nas empresas, o Fumcap e os Finac eram mecanismos indiretos de aplicação de recursos.

Fumcap – Fundo de Desenvolvimento do Mercado de Capitais

Foi a primeira demonstração da preocupação existente quanto aos problemas de funcionamento do mercado de capitais, dada após o grande surto de aplicações e posterior colapso das bolsas de valores havido em 1971. Quando da constituição do Fumcap (em 1971), o objetivo do BNDE era desenvolver e dinamizar o mercado de capitais a fim de que este pudesse vir a ser instrumento para a capitalização da empresa privada nacional.

O Fumcap era um fundo financeiro, administrado pelo Banco Central do Brasil, com o aval do BNDE e da Caixa Econômica Federal. (No entender do BNDES, o fato de concorrerem três entidades distintas para a gestão do Fundo tornava-o não operacional.)

Seus recursos eram provenientes da união da Caixa Econômica Federal e de empréstimos internacionais, repassados através da Agência de Desenvolvimento Internacional, AID. Sua forma de atuação seria o financiamento de subscrições efetuadas pelos bancos de investimentos.

A atuação da Fumcap se restringiu a três operações de *underwritting*, pois era um financiamento de custos bastante elevados, se comparado às demais formas de BNDES (uma vez que sobre estas não incidia a correção monetária), o que ocorria no caso do Fumcap.

Finac – Financiamento ao Acionista

O Finac foi criado pela Resolução n° 497/76, visando atender às pequenas e médias empresas e o sistema nacional de bancos de desenvolvimento. Era uma linha de crédito subsidiada (empréstimo em geral por dez anos, com quatro anos de carência, taxa de juros próxima de 9% ao ano e correção monetária de 20% até 1979 e, posteriormente, o equivalente a 70% da variação das ORTNs), que seria utilizada no financiamento de acionistas majoritários ou cotistas de sociedades por cotas, pessoa física ou jurídica, interessados no aumento de capital das empresas ou na promoção da empresa privada nacional através da injeção de capital de risco.

Os recursos destinados ao Finac eram repassados aos tomadores finais através das subsidiárias Ibrasa, Embramec e Fibase, ou dos bancos de desenvolvimento e bancos de investimentos regionais.

Inicialmente o Finac priorizava os setores aptos a receber seus recursos (insumos e equipamentos básicos, produtos alimentares, construção naval e aeronáutica e veículos automotores coletivos). Numa segunda fase, a condição para que uma empresa tivesse acesso aos recursos do Finac era que ela distribuísse uma parcela não inferior a 25% do seu lucro líquido sob a forma de dividendos.

Para ressaltar a importância desse programa para a capitalização das empresas, basta que se observe que seu valor foi superior em cerca de 40% ao valor aplicado na capitalização de empresas através da colocação de ações por oferta pública.

O BNDES e a capitalização da empresa privada nacional

A situação de dependência das empresas privadas nacionais, que têm no capital de terceiros sua principal fonte de recursos, e a pouca expressão do mercado acionário na formação de poupança para a realização do desenvolvimento empresarial conduzem, inevitavelmente, a uma reflexão sobre a atuação do BNDES no sentido de fortalecer o mercado de capitais no Brasil. De qualquer modo, é curioso notar o contraste existente entre o conjunto de medidas adotadas pelo BNDES, a partir do início da década de 1970, com o objetivo de capitalizar as empresas nacionais através do mercado de ações e o seu progressivo endividamento no mesmo período. A origem desse fato cremos se encontrar em duas principais razões.

Em primeiro lugar, a adoção de uma política de crédito subsidiado, se não inviabiliza, pelo menos se constitui em poderoso fator de inibição do desenvolvimento do mercado de capitais, tornando o empresário resistente à ideia de abertura do capital da empresa e ao risco que essa atitude envolve.

Em segundo lugar, a ausência de uma atuação coerente baseada em critérios de mercado previamente definidos, que impliquem maior racionalidade na composição de suas carteiras, além de um apoio efetivo às pequenas e médias empresas a fim de que possam chegar ao mercado de capitais, tem comprometido fortemente seu desempenho.

A década de 1970 assinalou o crescente endividamento das empresas nacionais, principalmente graças à atitude governamental de induzir à utilização do crédito pelo baixo custo dos empréstimos e limitação da correção monetária.

A possibilidade de obtenção de crédito a custo zero estimulou as empresas a ampliar seus investimentos de forma tal que, muitas vezes, não guardavam qualquer relação com a sua real capacidade financeira ou com as necessidades de mercado. Os lucros retidos foram, assim, insuficientes para fazer face aos projetos de expansão, que, na maior parte, foram cobertos pelo crédito oficial.

A incapacidade do mercado acionário em canalizar recursos para as empresas fez com que elas se tornassem, cada vez mais, dependentes do capital de terceiros, cuja relação com o capital próprio passa de 44,6% em 1970 para 53% em 1975, e em 1983 para acima de 55% (estimativa).

A política de crédito subsidiado tem sido, assim, um fator de inibição do desenvolvimento do mercado de capitais. Dificilmente, o empresário beneficiado com o crédito barato procurará abrir o capital de sua empresa, o que de certa forma implica o afastamento da ideia de risco da atividade empresarial. Aliás, a nossa formação sociocultural aponta, justamente, para esta direção e, como tal dos povos ibéricos, indica que os empreendimentos que oferecem maior solidez e segurança são preferidos em face daqueles que engendram possibilidade de risco e incerteza.

Dentro desse quadro é possível perceber, com certa clareza, a incompatibilidade existente entre a ação do BNDES no sentido de fortalecer o mercado de capitais e a política de crédito subsidiado que marca o sistema financeiro como um todo. O próprio BNDES é vítima desse paradoxo, pois se por um lado ele age visando desenvolver o mercado de capitais, a sua principal forma de atuação continua a ser, pelo menos até 1979, a concessão de empréstimos com limitação da correção monetária. Portanto, pode-se dizer que falta coerência entre a atitude do BNDES de fortalecer o mercado de capitais e a política de crédito subsidiado, que tem contribuído, nos últimos anos, para o aumento do endividamento das empresas brasileiras. Uma política de desenvolvimento do mercado de capitais pressuporia, neste sentido, a reforma do setor financeiro, de tal forma que ele pudesse ser direcionado ao atendimento das necessidades do sistema produtivo do país.

Como banco de desenvolvimento, o BNDES vive o conflito, já acentuado por Pedro Carvalho de Melo, de, possuindo natureza eminentemente social, ter de promover e capitalizar as empresas socialmente importantes do ponto de vista do desenvolvimento, atendo-se, por outro lado, a certos requisitos mínimos de rentabilidade, risco e liquidez quanto à aplicação de seus recursos.

O fato de o BNDES ser responsável pela gestão dos recursos do Fundo PIS-Pasep, uma parcela dos quais é dirigida ao mercado de capitais através do Fundo de Participação Social (FPS), obriga-o a garantir-lhes remuneração mínima correspondente a juros mais correção monetária. Isso significa que, neste caso, a sua preocupação básica não é tanto a inversão de recursos em alternativas socialmente importantes, mas naquelas que sendo economicamente rentáveis possam assegurar-lhe a remuneração mínima desejada.

O objetivo do BNDES, ao adquirir ações de empresas privadas nacionais, era o de nelas permanecer, como acionista, por certo período necessário ao processo de maturação empresarial. Por maturação empresarial entendia-se o estágio de consolidação administrativa e capacitação econômica da empresa que pudesse dispensar o auxílio governamental. O agravamento da crise econômica, representado pelo segundo choque do petróleo e pela elevação dos juros no mercado internacional, isso sem falar na acentuação dos desequilíbrios externos, atingiu principalmente as indústrias de bens de capital, impedindo que houvesse, como se esperava, a maturação de tais empresas. Colocou-se, então, para o BNDES o problema de saber se deveria manter inalterada a composição de suas carteiras, reduzindo os recursos para investimentos em novas participações acionárias, ou se, ao vender as ações de que dispunha, não afetaria ainda mais a credibilidade já abalada de tais empresas.

Faltou ao BNDES uma política de mercado baseada em critérios definidos de compra e venda de ações, que indicasse com clareza o ritmo das transações verificadas. O fortalecimento do mercado de capitais foi visto apenas sob a ótica da inversão de recursos nas empresas, e não sob a forma de ação fundada nos parâmetros de uma economia de mercado. Esse fato desloca para as diretorias e os comitês executivos as decisões sobre as ações a serem adquiridas ou o momento adequado de sua negociação, revelando, com isso, a dimensão política da ação do BNDES no mercado de capitais, em que os órgãos decisórios, não raro, têm importância igual ou até mesmo maior que os textos legais que viabilizam a sua ação.

Os recursos destinados pelo BNDES à aplicação no mercado de capitais atenderam, quase que exclusivamente, às grandes empresas. Aliás, ao conceder crédito subsidiado o banco beneficiou, em sua grande maioria, as empresas líderes de seus respectivos setores. Esse fato não deixa de caracterizar um desvio de objetivos, já que o BNDES foi criado com vistas à promoção do desenvolvimento econômico do país, harmônico e global, obviamente sem efeitos concentradores.

Não houve uma influência decisiva do BNDES na abertura do capital das empresas, nem mesmo uma atuação voltada à dispersão acionária que pudesse significar uma desconcentração do Banco do Brasil para a ação do poder empresarial. As empresas de porte médio, graças ao sistema de crédito subsidiado, não foram induzidas a abrir o seu capital. Atualmente, devido à escassez de recursos, o BNDES diversificou as suas formas de operação, atuando, quase que exclusivamente, na prestação de garantia *stand-by* à emissão de debêntures de empresas privadas nacionais. O volume e a expressividade de suas participações acionárias, mantidos praticamente inalterados ao longo do tempo, conforme demonstram as análises das carteiras disponíveis de 1979 a 1982, representam um elemento de forte pressão sobre o mercado, entreabrindo, por outro lado, a necessidade de uma redefinição da política do banco em relação ao mercado de capitais, capaz de privilegiar maior participação da iniciativa privada. Assim, se pelas razões apontadas o BNDES não contribuiu para um efetivo desenvolvimento do mercado de capitais, a sua ação esteve sempre subordinada aos objetivos da política econômica e ao projeto desenvolvimentista dos governos pós-1964. E por não ter sido uma política de mercado adequada para proceder à venda de ações oriundas das subscrições feitas ao longo de vários anos, criou ainda um grande fantasma para os investidores, visto que possui uma volumosa carteira de ações e, como está passando por uma fase de liquidez, poderia vendê-las, a qualquer momento, para obter recursos, tumultuando o mercado acionário. Esta é a pressão que paira no ar, principalmente em virtude da recente decisão da colocação no mercado de 3 bilhões de ações de sua emissão, que recebeu em dação de pagamento da Eletrobras.

Uma saída para o impasse

Talvez se possa vislumbrar uma saída para este impasse, decorrente do paradoxo apontado, através do Pait. Senão, vejamos.

O Pait é um programa para formação de patrimônio, ainda em estudos no Codimec e nas bolsas de valores, a ser utilizado no atendimento de metas sociais do indivíduo: aposentadoria, poupança para casa própria, educação dos filhos, desemprego prolongado, invalidez ou morte. Os valores aplicados poderão constituir-se numa carteira de investimentos individual ou em cotas de investimentos coletivos (fundos ou clube de investimento). Quanto aos valores aplicados, 1/3 em investimento em ações e os 2/3 restantes aplicados em ativos financeiros de livre escolha do participante.

O resgate dos valores aplicados poderá ser realizado após 15 anos de permanência no programa, na homologação da aposentadoria oficial ou na idade de 65 anos.

Para demonstrar a importância desse instrumento vale a pena lembrar que em 1982 nos Estados Unidos foram aplicados US$ 40 bilhões em programas semelhantes ao Pait, por cerca de 25 milhões de participantes.

Para nós, brasileiros, o Pait dará igualdade de oportunidade àqueles que não trabalham em empresas que tenham fundos de previdência (estas, na maioria, estatais).

Isso posto e aceitas as virtualidades desses programas, restariam criar alternativas para consolidá-los. E uma das formas seria propor que parte dos valores investidos no Pait (1/3 em ações) fosse, numa primeira fase, compulsoriamente adquirido das carteiras do BNDES (somente ações de companhias abertas) até que essas carteiras fossem esvaziadas, por intermédio de operações realizadas nos pregões das Bolsas de Valores, anulando qualquer ideia de preço subsidiado.

Em consequência, com a adoção do Pait, sua legalização e regulamentação, tiraríamos do BNDES a função de desenvolver e dinamizar o mercado de capitais, havendo, assim, menos um órgão governamental a intervir no nosso já quase estatizado sistema de poupança. O espaço da iniciativa privada seria mais abrangente e flexível, dando campo ao desenvolvimento do mercado com seus próprios instrumentos mais democráticos e espontâneos.

Outro dado que merece a nossa atenção é que, com a venda das ações, o BNDES contaria com um caixa expressivo que poderia ser colocado à disposição das pequenas e médias empresas, que são as responsáveis por aproximadamente 70% dos nossos empregos. E nessa conjuntura desfavorável que estamos atravessando, poderia contribuir para atenuar alguns dos profundos reflexos da atual crise.

Uma crise que, assim, pode nos conduzir a encontrar certas saídas: os déficits constantes, dos órgãos do governo e a falta de verba, como no caso do BNDES, poderiam, destarte, ser transformados numa contribuição para que a livre iniciativa, com a criação de seus próprios instrumentos, conseguisse ocupar os espaços hoje indevidamente ocupados e assumir funções que estavam nos objetivos dos projetos desenvolvimentistas pós-1964. Talvez esse caminho possa ser trilhado com menos tropeços que o palmilhado com as fórmulas intervencionistas, principalmente quando estamos, atualmente, num momento de necessária abertura econômica.

Bibliografia

BARROS, Benedito Ferri de. *Mercado de capitais* – dez estudos. São Paulo: Atlas, 1971.
CARDOSO, Fernando Henrique. *Modelo político brasileiro e outros ensaios*. 3. ed. Rio de Janeiro: Difel, 1977.
CASTRO, Hélio Porto Carrero de. *Introdução ao mercado de capitais*. Rio de Janeiro: IBMEC, 1979.
INTRODUÇÃO ao mercado de capitais. Rio de Janeiro: CNBV, 1983.
LAFER, Betty. *Planejamento no Brasil*. São Paulo: Perspectiva, 1970.
LAFER, Celso. *Sistema político brasileiro*. 2. ed. São Paulo: Perspectiva, 1978.
MACHADO, Marcos Fernandez; MEDEIROS, Jane Maria. Crédito subsidiado no Brasil: 1967 a 1979, *RBMEC*, v. 6, n. 17, maio-ago. 1980.
MELO, Pedro Carvalho de; MACHADO, Marcos Fernandes. Bancos de desenvolvimento e o mercado de ações. *Revista Brasileira de Mercado de Capitais*, Rio de Janeiro, IBMEC, v. 5, n. 15, set.-dez. 1979.

RELATÓRIOS de Atividades do BNDES. Rio de Janeiro: Banco Nacional do Desenvolvimento Econômico, 1974-1982.

30 anos de BNDES – avaliação e rumos. Rio de Janeiro: Banco Nacional do Desenvolvimento Econômico, 1982.

VIANNA, Marcos Pereira. O setor privado na economia nacional. *Digesto Econômico*, n. 244, jul.-ago. 1975.

A Previdência Social e o mercado de capitais

O Estado de S. Paulo, 9 de janeiro de 1985

Um dos grandes problemas que afligem o homem moderno é saber se no início da queda da sua capacidade produtiva terá condições de manter um nível de renda que possa atender pelo menos aos anseios de uma vida condigna. Esta é uma dúvida que atinge particularmente o brasileiro, sobretudo em face das agruras por que passa atualmente o INPS.

A unificação da Previdência Social no Brasil somente veio a ocorrer na década de 1960, com a criação, em 1966, do Instituto Nacional de Previdência Social, INPS, como resultado da aprovação, seis anos antes, pelo Congresso Nacional, do projeto de Lei Orgânica da Previdência Social.

A criação de um órgão único, encarregado da realização dos serviços previdenciários, revelou, por parte do governo, uma preocupação com a busca de maior eficiência do sistema, à medida que se procurou oferecer atendimento equânime aos trabalhadores de diversas classes profissionais, reduzir os custos operacionais e aumentar o grau de racionalidade na aplicação dos recursos existentes.

O novo sistema previdenciário visou, entre outras coisas, à manutenção do nível de renda familiar do trabalhador em certas condições, como nos casos de concessão de aposentadoria ao empregado afastado de suas atividades por velhice ou em razão do cumprimento do tempo de serviço considerado necessário para a retirada da força de trabalho. Procurou-se, também, assistir o trabalhador na hipótese da ocorrência de acidentes dos quais resulte incapacidade para o trabalho ou a morte prematura do empregado. Paralelamente ao sistema de auxílios e aposentadoria, estruturou-se o fornecimento de assistência médico-hospitalar aos segurados, o qual, por sua vez, é responsável, em grande parte, pela elevação dos custos previdenciários.

As fontes de renda da Previdência Social, além das contribuições pagas pelos segurados, são os recursos provenientes de juros, multas, doações, aluguéis, salário educação e Finsocial. Mesmo assim, a ineficiência administrativa e a elevação dos custos acarretados pela ampliação da assistência médico-hospitalar fizeram com que a Previdência Social se defrontasse hoje com uma crise financeira sem precedentes, de que é exemplo o Decreto-lei nº 1.910/81, que elevou os percentuais contributivos dos segurados e das empresas, numa tentativa de eliminar os déficits apresentados pelo sistema. Completam o quadro de medidas criadas pelo governo, no sentido de atuar como uma espécie de seguro social ao trabalhador, o FGTS e o PIS.

Ora, é diante desse quadro que se coloca a questão de saber se os benefícios pagos pela Previdência Social, acrescidos dos rendimentos do FGTS e do PIS, possibilitam realmente a manutenção da renda familiar do trabalhador após o abandono da vida ativa de trabalho. Ao que tudo indica, o exame, ainda que superficial, dos critérios utilizados pelo INPS para o cálculo dos benefícios pagos aos segurados nos leva, facilmente, à conclusão inversa. A propósito, vale lembrar que, segundo o comentário feito pela Comissão Técnica Permanente de Estatística e Atuária da Abrapp, no seu V Congresso, se poucas pessoas, físicas ou jurídicas, podem ser definitivamente beneficiadas pela inflação, uma delas é o INPS. Aquela Comissão observou nesse sentido que, nas datas de concessão, os valores das aposentadorias, pensões, auxílios, doença e outras prestações da previdência básica são calculados como percentuais de um salário-benefício, o que, por sua vez, se identifica genericamente à média dos salários de contribuição referentes: a) aos doze últimos meses na doença, morte e invalidez; b) aos 36 últimos meses na velhice ou na aposentadoria por tempo de serviço. Ora, no primeiro caso, os doze salários de contribuição utilizados no cálculo do salário-benefício não sofrem qualquer correção da deterioração monetária; no segundo, que se usam 36 salários no cálculo da média, somente os 24 primeiros recebem alguma correção (sempre muito deficiente). Os benefícios recebidos pelo segurado são, assim, bastante inferiores aos salários pagos ao trabalhador, se estivesse em atividade. Esse distanciamento tende a acentuar-se, cada vez mais, nos momentos de grande elevação inflacionária, como é o que atravessamos.

Não resta dúvida, pois, que, em face de certas ilogicidades da legislação previdenciária brasileira, acaba-se por se conceder um tratamento injusto às famílias dos que morrem cedo. Por exemplo: um indivíduo que vindo a falecer com 25 anos de idade, cinco de contribuições para o Sinpas, e uma remuneração de três salários mínimos, tendo esposa e dois filhos menores, receberia uma pensão global equivalente a 80% da aposentadoria a que faria jus, avaliada em menos de 40% do último salário. Isso significa que tal indivíduo perceberia um benefício da ordem de 80% de 40% de três salários mínimos, o que não corresponderia sequer a um salário mínimo.

Por essas razões, acreditamos que, se por um lado, a Previdência Social brasileira apresenta um serviço de assistência à saúde do trabalhador, que poderia até ser considerado razoável, por outro, mostra-se ela bastante deficitária no tocante ao pagamento de benefícios que, de modo algum, mantêm a renda do trabalhador após o abandono da força de trabalho. Daí se torna possível extrair pelo menos duas conclusões. A primeira delas diz respeito à necessidade de uma modificação da legislação previdenciária, no sentido de corrigir as distorções apresentadas pelo sistema. A segunda evidencia que existe um espaço razoavelmente grande para o desenvolvimento da Previdência Privada, como forma de complementação da Previdência Social.

Em 1977, a Lei nº 6.435 disciplinou a existência e o funcionamento das entidades de Previdência Privada. Em seu artigo primeiro, define as entidades de Previdência Privada como aquelas que têm por objetivo instituir planos privados de concessão de pecúlios ou de rendas, de benefícios complementares ou assemelhados aos da Previdência Social mediante contribuição de seus participantes, dos respectivos empregados ou de ambos, dependendo a sua organização, constituição e funcionamento de prévia autorização do Governo Federal.

São dois os critérios utilizados pela lei para a classificação das entidades de Previdência Privada. De acordo com a relação entre entidade e os participantes dos planos de benefícios, elas podem ser: fechadas, quando acessíveis exclusivamente aos empregados de uma só empresa ou a um grupo de empresas, as quais são denominadas patrocinadoras, sendo as demais consideradas abertas. De acordo com os objetivos, dividem-se em entidades de fins lucrativos e entidades sem fins lucrativos, e as entidades fechadas não poderão ter fins lucrativos.

As entidades abertas integram o Sistema Nacional de Seguros Privados. A sua única finalidade é a instituição de planos de concessão de pecúlio ou de renda, e só poderão operar os planos para os quais tenha autorização segundo as normas técnicas aprovadas pelo órgão normativo do Sistema Nacional de Seguros Privados.

As entidades fechadas estão subordinadas ao Ministério da Previdência e Assistência Social, devendo enquadrar-se nas orientações expressas em sua normatividade básica. Elas terão como finalidade básica a execução e operação de planos de benefícios para os quais tenha autorização específica segundo normas gerais e técnicas aprovadas pelo órgão normativo do Ministério da Previdência e Assistência Social.

A previdência privada no Brasil, hoje, é administrada por cerca de 250 entidades, regulamentadas pela Lei nº 6.435 e pela Resolução nº 460 e 963/964 do CMN, de acordo com os objetivos governamentais de fortalecer o mercado de capitais. Quando, no entanto, observamos a participação e o peso do setor governamental na administração dessa previdência privada, um aspecto importante salta aos olhos.

Em 31/12/1983, conforme estatística do Banco Central, a previdência privada movimentava Cr$ 5.600.547 milhões em ativos, referentes a 4.298.408 participantes. Esses participantes e ativos estão distribuídos entre quatro categorias de entidades: entidades fechadas, em que devemos separar as instituições patrocinadas por empresas particulares e aquelas vinculadas ao setor governamental, e entidades abertas, que podem ter fins lucrativos ou não.

Categoria	Nº de entidades	Nº de participantes	Ativos Cr$ milhões	%	%
Entidades fechadas	138	1.343.255	4.701.092	31	84
Setor privado	49	355.464	490.134	8	9
Setor governamental	89	987.791	4.210.958	23	75
Entidades abertas	100	2.955.153	899.455	69	16
com fins lucrativos	38	456.139	106.706	11	2
sem fins lucrativos	62	2.499.014	792.749	58	14
TOTAL	238	4.298.408	5.600.547	100	100

Fonte: Bacen – dados de 31/12/1983.

Pelo quadro acima, podemos observar que as entidades de previdência privada têm uma participação significativa no mercado de capitais, e o que nos chama a atenção é a concentração excessiva de investimentos que está nas mãos das entidades fechadas pelas fundações estatais, representando o expressivo percentual de 75% dos ativos. Ademais, vale a pena lembrar um exemplo da tendência de concentração de ativos no mercado de ações: em um reduzido espectro dos títulos negociados, 50% da carteira consolidada de ações das entidades fechadas de Previdência Privada é constituída por ações de 14 companhias abertas dentro de um universo de 1.153 dessas empresas. A presença indireta do Estado nas interações bursáteis, atuando dentro do sistema de mercado de capitais como trocador de poupança através de seu acesso à enorme massa de investimento, tem ocasionado pressões e distorções diante das quais o nosso mercado encontra óbvias dificuldades.

O que se tem verificado de maneira marcante é que o investidor institucional – fundos de pensão – tem servido de instrumento para o desenvolvimento de políticas de planejamento governamental, principalmente dadas as tendências do Estado moderno de investir mais profundamente na economia. Recentemente, com as modificações introduzidas pelo CMN, é demonstrada essa tendência, pois os fundos foram obrigados a aumentar o seu percentual de compra de títulos públicos de 25% para 45% dos seus ativos, com o intuito de financiar o déficit público, comprometendo substancialmente o resultado das aplicações das fundações e, consequentemente, a necessidade de revisão dos seus cálculos atuariais.

Por fim, o que se tem verificado, depois desses vinte anos de planejamento econômico dirigido e acelerado, é que não conseguimos resolver os problemas da Previdência Social, mas também não conseguimos apresentar um quadro de uma Previdência Privada em que a iniciativa privada participa abrangentemente. Assim sendo, talvez seja a hora de pensar na modificação da legislação previdenciária para melhor atender seus filiados, e também estamos atentos ao excessivo poder do Estado através de suas fundações de seguridade, principalmente neste momento de transição democrática, em que a expectativa da livre-iniciativa é a de uma participação mais abrangente quanto mais efetiva.

Fundos de pensão: viabilidade e alternativas

O Estado de S. Paulo, 10 de janeiro de 1985

Nos Estados Unidos começou a surgir, de forma mais aguda no final da Segunda Guerra Mundial, uma preocupação maior com o futuro, representada pela incerteza quanto à possibilidade da ocorrência de mudanças rápidas, em substituição a uma visão mais conservadora em relação aos acontecimentos. O conflito mundial e a Guerra da Coreia fizeram, ainda, com que a economia americana adotasse uma política de estabilização de preços em que não se permitia às empresas a elevação dos salários de seus empregados. Em consequência, surgiu um conflito de interesses, cujos atores principais eram, de um lado, os sindicatos desejando aumentos reais de salários, e, de outro, as companhias impedidas de conceder os aumentos pretendidos pela política de estabilização dos preços. A solução encontrada e que parece ter correspondido às aspirações das partes envolvidas consistiu na criação de programas privados de aposentadoria, pelos quais, em troca dos aumentos salariais desejados, se concediam benefícios sociais futuros a serem pagos quando da aposentadoria do empregado.

É evidente que, neste episódio, o poder de pressão dos sindicatos americanos foi decisivo para a institucionalização da Previdência Privada e de outros benefícios sociais naquele país. O terceiro elemento, responsável pelo surgimento do que se chamou então fundos de pensão, nos Estados Unidos, foi a concepção, desenvolvida desde o final dos anos 1920, de responsabilidade social da empresa. Segundo se acreditava, caberia à empresa, como uma espécie de retribuição dos serviços prestados pelo empregado, oferecer-lhe amparo após o término do período ativo de trabalho.

No Brasil, ao contrário, a Previdência Privada não surgiu como uma consequência das pressões da sociedade ou do poder de barganha dos sindicatos. A sua regulamentação deu-se, conforme a tradição brasileira, de cima para baixo, sem que houvesse, em sua implantação, uma compreensão mais ampla da responsabilidade social do empresário. Ademais, o custo elevado para a implantação dos fundos de pensão fez com que o seu acesso se restringisse às grandes empresas, atendendo, de maneira preferencial, aos setores da população que percebem remuneração acima dos níveis salariais médios, para os quais a aposentadoria significa um risco de diminuição de renda. Dado esse alto custo, o maior grau de interesse na constituição de fundos de pensão registra-se nas empresas de grande porte, geralmente naquelas que têm de cinco a dez mil empregados.

Além disso, a estrutura dos fundos de pensão instituídos no Brasil, amoldando-se apenas a grandes empresas, fez com que mais de dois terços dos fundos de pensão hoje existentes pertençam às empresas estatais, e o restante é constituído por empresas transnacionais ou privadas, de grande expressão do mercado interno.

Sob determinado ponto de vista, é necessário, ainda, considerar que a implantação da Previdência Privada brasileira foi caracterizada por certa rigidez. Assim, quem quer hoje constituir um fundo de pensão deve, necessariamente, obedecer ao modelo legal, optando ou pela constituição de uma entidade de previdência fechada ou por uma entidade aberta. Talvez fosse o caso de, numa futura reformulação do sistema, conceder-se maior liberdade ao mercado para que este tivesse a possibilidade de instituir novas formas de Previdência Privada, o que não significaria a eliminação das alternativas existentes, mas tão somente a ampliação do leque de possibilidades, tendo em vista a criação de formas mais ágeis e flexíveis, ainda que não ortodoxas. Os exemplos inglês e suíço, a esse respeito, são bastante elucidativos.

A principal forma de aposentadoria na Inglaterra é constituída pelos *occupacional pension schemes*, isto é, planos de pensão estabelecidos pelos empregadores, que pagam uma parcela das contribuições (na maioria dos casos, maior que a parcela dos empregados). As estimativas são de que existem mais de 90 mil desses fundos, reunindo 11,8 milhões de trabalhadores e 3,7 milhões de pensionistas. Esses fundos estão associados a empresas privadas e ao setor público, e 79 mil deles têm menos de 30 membros e movimentam recursos da ordem de 130 bilhões de libras.

O importante é notar na Inglaterra o caráter pouco convencional da constituição dos fundos de pensão, sendo a sua implantação meramente contábil, no próprio plano de contas da empresa, não havendo necessidade de obedecer a um aparato institucional. Outro ponto a ser observado é que a composição dos fundos é de geralmente 30 membros, o que possibilita à empresa constituir fundos para cada categoria profissional. Essa flexibilidade constitutiva e operacional contribui grandemente para a formação de fundos de pensão nas pequenas e médias empresas.

Na Suíça, além do Seguro Federal AVS/AI para os casos de invalidez, morte ou velhice, obrigatório para toda a população, a Previdência Profissional, com 19 mil Caixas de Aposentadoria, é constituída para assegurar um nível de vida ao contribuinte mais próximo daquele que tinha antes da aposentadoria.

Um ponto importante é que o sistema da Previdência Profissional comporta dois sistemas distintos de contribuição: no primeiro deles, o prêmio é fixo e, portanto, as contribuições são variáveis, levando-se em conta a inflação; no outro, o que é fixo é a prestação paga, acarretando um prêmio variável.

Outro ponto que demonstra a flexibilidade dos fundos é que todas as instituições devem ter disponibilidade imediata de recursos (do empregador + do empregado) para que o funcionário possa transferir-se de caixa de aposentadoria ao mudar de emprego; essa medida facilita muito a continuidade dos planos de pensão dos funcionários.

No Brasil, o próprio Pait (Sistema de Formação do Patrimônio Individual do Trabalhador), mesmo não sendo uma forma clássica de Previdência Privada, poderia significar uma alternativa viável para aumentar o grau de flexibilidade do sistema atual. Como programa destinado à formação de patrimônio, ele visa ao atendimento de objetivos de natureza social: aposentadoria, poupança para a casa própria, educação dos filhos, desemprego prolongado, invalidez ou morte. Os valores aplicados poderão constituir-se numa carteira de investimentos individuais ou em cotas de investimento coletivo (fundos ou clubes de investimento). Quanto aos valores aplicados, um terço em ações e os dois terços restantes aplicados em ativos financeiros de livre escolha do participante. O resgate dos valores aplicados poderá ser realizado após dez anos de permanência no programa, na homologação da aposentadoria oficial ou na idade de 65 anos.

Com a implementação do programa Pait, contaríamos com o importante retorno do investidor individual, que tanta falta está fazendo a nós e a todos os principais mercados de capitais do mundo. Por exemplo, a volta do investidor pessoa física terá o condão de evitar o que está sucedendo no mercado americano, também altamente concentrado nas mãos dos investidores institucionais (60% de todos os títulos no mercado são controlados pelos administradores dos fundos de pensão e fundos mútuos, que detêm US$ 1 trilhão aplicado em ações e títulos de renda fixa e que realizam, em média, de 80% a 90% das transações diárias). Atualmente, em função da alta de juros e da competitividade dos fundos, os *money managers* (administradores de fundos) estão pautando a sua estratégia na compra de ações da seguinte forma:

• aplicar menos em novos riscos, concentrar as aplicações em ativos já existentes;

• aplicar mais em empresas que utilizam verbas de pesquisa na busca de melhoras no processo produtivo, e não naquelas que desenvolvem novos produtos;

• aplicar mais nas empresas que demandam menos capital do que nas que necessitam de grande massa de investimentos;

• aplicar mais nas empresas ligadas a recursos naturais que compram reservas existentes do que nas que se dedicam a investir em exploração.

Esse processo centralizado de decisão dos *money managers*, com uma visão de curto prazo e com a preocupação de retorno muito rápido, está comprometendo, nos EUA, a própria perspectiva do crescimento futuro das empresas, ocasionando redução na capacidade tecnológica e aumento do grau de vulnerabilidade das empresas.

Finalmente, podemos observar que a constituição dos nossos fundos de pensão tiveram na tutela estatal o seu apoio, e com abrangência principalmente nas companhias estatais, num segundo plano, estamos tendo uma tentativa por parte do Comitê de Desenvolvimento do Mercado de Capitais (Codimec) da implantação do Pait – que visaria atender um público de classe média, mas não podemos esquecer que os sindicatos deveriam também tentar elaborar planos semelhantes para que a classe trabalhadora e de menor poder aquisitivo tivesse a possibilidade de participar de planos semelhantes. Talvez o exemplo belga, em que o sindicato portuário criou uma caixa de compensação, objetivando minorar com a contribuição dos portuários o problema do desemprego, conseguiu de forma simples e objetiva constituir uma espécie de seguro desemprego.

Sabemos que um dos grandes problemas que afetam o desenvolvimento da Previdência Privada no Brasil se refere à situação de crise econômica que atravessa o país, às incertezas quanto ao futuro e à perda de poder aquisitivo dos salários. Por isso, a preocupação com o futuro, simbolizada pela manutenção daquele poder aquisitivo dos salários depois da aposentadoria, cede em importância diante da necessidade imediata de reposição dos salários corroídos pela inflação. Mais importante do que poupar para o futuro passa a ser a busca de reposição das perdas sofridas no presente. Assim, o empobrecimento progressivo da classe média, caracterizado pela perda real dos salários, tem sido um poderoso obstáculo ao desenvolvimento da Previdência Privada entre nós. Pior que isso, talvez, é o dirigismo estatal e as consequentes distorções que ele traz para a livre-iniciativa. Assim, por exemplo, a imposição, pelo Conselho Monetário Nacional, de percentuais cada vez mais elevados a serem aplicados em títulos públicos, em relação às reservas técnicas dos fundos, revela uma óbvia tentativa de utilização dos recursos da Previdência Privada para financiamento do déficit público. Com isso, ela acaba por ser desviada para a realização de fins que, de modo geral, nada têm a ver com os objetivos para os quais tinha sido criada, ou seja, para a manutenção dos níveis de renda após a aposentadoria e para o desenvolvimento do mercado de capitais. Mas, neste momento atual, na perspectiva de um novo governo, nada mais justo que pensarmos em novas alternativas que poderão auxiliar o futuro dos trabalhadores como também criar uma poupança forte e consolidada que possa se tornar uma fonte geradora de novos empregos e também um constante canal para a capitalização de nossa empresa privada nacional.

O conselho monetário e o mercado de capitais

O Estado de S. Paulo, 1º de março de 1985

Muito já se disse, com certeza, a respeito da influência exercida pelo Conselho Monetário Nacional na fixação e determinação das metas a serem atingidas pela economia brasileira. Porém ainda não se atentou, de modo particular, para os problemas resultantes da atuação do CMN como órgão a quem incumbe, por definição legal, a formulação, em última instância, da política de mercado de capitais no Brasil. Este fato assume, nos dias atuais, uma significação nova, principalmente quando se pensa em eliminar os pontos de estrangulamento que afetam o mercado de capitais, de modo que ele possa ser utilizado como instrumento de capitalização da empresa privada nacional, democratizador do processo de desenvolvimento e legitimador da economia de mercado.

A ação do CMN em matéria de mercado de capitais somente pode ser bem analisada a partir das razões que determinaram a sua criação, bem como da compreensão da função por ele desempenhada no sistema político pós-1964.

Criado pela Lei nº 4.595/64, que reformulou o sistema financeiro nacional, em substituição à antiga Superintendência da Moeda e do Crédito (Sumoc), o CMN teve não só a atribuição de formular a política da moeda e do crédito, atuando sobre os meios de pagamento, determinando o valor interno e externo da moeda, orientando a aplicação dos recursos das instituições financeiras públicas ou privadas etc., mas significou a existência de um mecanismo de controle que pudesse agir, de modo eficaz, sobre todos os setores da atividade econômica. A sua criação inspirou-se no Federal Reserve System americano, instituído, em 1913, pelo presidente Wilson, com o objetivo de proporcionar meio circulante elástico, facilitar o desconto de títulos comerciais e aperfeiçoar a inspeção bancária. Na verdade, tais objetivos integram outro mais geral, que consiste em procurar neutralizar os efeitos inflacionários sobre a economia americana, ampliar o nível de emprego e aumentar o consumo. Duas diferenças, porém, podem ser desde logo estabelecidas.

Enquanto no caso brasileiro o CMN tem função meramente deliberativa, cabendo ao BC a missão de executar as decisões por ele tomadas, nos EUA tal não ocorre, já que o FED é que tem a responsabilidade de definir e implementar a política creditícia. Em segundo lugar, a nomeação dos membros que comporão o FED depende de prévia aprovação do Senado, havendo a renovação periódica de seus integrantes, que não podem ser demitidos *ad nutum* pelo presidente da República. O FED conserva, assim, como uma de suas características mais importantes, certa independência diante do Executivo. No Brasil, além dos membros da Administração Federal direta e indireta que integram o CMN, seus demais membros são de livre escolha do presidente da República, dispensando-se a aprovação pelo Congresso. Aliás, nesse sentido, as sucessivas mudanças na composição do CMN são bastante esclarecedoras quanto ao seu verdadeiro objetivo, que é o de torná-lo imune a qualquer tipo de fiscalização legislativa.

Inicialmente, o CMN era composto de 9 membros, um terço deles escolhido pelo presidente da República com a aprovação do Senado e os 6 membros restantes pertenciam à Administração direta. O Decreto-lei nº 71.097 de 14/9/72 inclui os presidentes do BNH e da Caixa Econômica na composição do CMN, e a Lei nº 6.045/74 permitiu que os membros indicados pelo presidente da República não tivessem, necessariamente, de ser referendados pelo Senado Federal. Com o advento da Lei nº 6.385/76, o presidente da CVM foi admitido como membro do CMN, cuja nomeação, diga-se de passagem, é feita pelo presidente da República, não estando submetida à apreciação legislativa. Além disso, a composição do CMN foi consideravelmente alterada ao se ampliar a participação de integrantes da Administração Federal, como o diretor da Carteira de Comércio Exterior do BB e os presidentes de bancos de desenvolvimento regional, como Banco da Amazônia e Banco do Nordeste, fazendo com que o CMN tenha hoje um total de 24 membros; 15 deles pertencem à administração federal e os 9 restantes são de livre escolha do presidente da República, recaindo a indicação sobre representantes da iniciativa privada. Esta é uma demonstração bastante clara de como o governo, progressivamente, ao elevar o grau de participação burocrática na composição do CMN reduz, cada vez mais, o espaço da iniciativa privada, particularmente dos empresários, na formulação da política econômica.

Na realidade, é preciso não esquecer que a criação do CMN acha-se estreitamente relacionada com a adoção de um projeto desenvolvimentista, posto em prática a partir de 1964, em que a legitimação política do regime dependia do efetivo sucesso das metas econômicas propostas. Em outras palavras, a supressão dos mecanismos formais expressos pelos princípios da legalidade e da constitucionalidade das leis é justificada pelo crescimento econômico futuro, cujos efeitos acabariam por beneficiar a todos. Este fato teve, como consequência imediata, o esvaziamento do Legislativo, visto como excessivamente lento e formal para atender as pretensões de um Executivo modernizante. O que passa a acontecer, então, não é a tecnicização de todas as decisões, mas o processamento das demandas políticas em nível do Executivo, especialmente em órgãos como o CMN. O seu funcionamento ganha um sentido nitidamente corporativista mediante a participação de grupos produtivos organizados através de suas lideranças setoriais. Atua o CMN como um lócus institucional privilegiado, no qual as decisões econômicas são precedidas de um processo de negociação e barganha, cuja função é tanto exercer certo controle sobre os interesses conflitantes como também de absorver as incertezas do sistema econômico. Com a consolidação do regime pós-1964, os mecanismos clássicos de mercado perderam a importância no que diz respeito à distribuição dos excedentes resultantes da acumulação necessária para a realização do desenvolvimento econômico, que passou a ser feita, basicamente, pelo Poder Público através da participação do estamento burocrático e do segmento militar em sua determinação. O CMN é, assim, um elemento fundamental, uma espécie de zona sensível do sistema político, cumprindo a função de compatibilizar e harmonizar os diversos interesses em conflito.

Particularmente em termos de mercado de capitais, os poderes do CMN têm sido extraordinariamente amplos, quer no tocante ao estabelecimento de suas diretrizes básicas, quer na regulação do comportamento de seus agentes. Essa característica, que tem sido dominante desde a estruturação do mercado de capitais no Brasil, verificada a partir da edição da Lei nº 4.728/65, manteve-se inalterada em toda legislação que lhe seguiu, constituindo-se, hoje, num fator decisivo para a compreensão de muitos dos problemas que afetam o mercado de capitais. A importância do CMN, nesse setor, é tão grande e os seus poderes são de tal vulto que se pode dizer, sem medo de errar, que qualquer análise sobre a experiência brasileira em matéria de mercado de capitais deve, necessariamente, levar em conta a forma e os efeitos de sua ação sobre o mercado. Para se ter uma ideia da extensão de seus poderes sobre o mercado de capitais é necessário lembrar que compete ao CMN definir a política a ser observada na organização e no funcionamento do mercado de valores mobiliários; regular a utilização do crédito nesse mercado, fixar a orientação geral a ser observada pela CVM no exercício de suas atribuições, competindo-lhe, ainda, definir as atividades da CVM, que devem ser exercidas em coordenação com o BC, bem como aprovar o quadro e o regulamento de pessoal da CVM, fixar a atribuição de presidente, diretores ocupantes de funções de confiança e demais servidores. Incumbe, ainda, ao CMN fixar as normas gerais a serem observadas na constituição, organização e funcionamento das bolsas de valores; determinar as normas gerais em matéria de organização, disciplina e fiscalização das atribuições e atividades das sociedades corretoras membros das bolsas de valores, como o estabelecimento de seu capital mínimo e os requisitos necessários para os ocupantes de cargos de diretoria das sociedades corretoras. Por último, vale lembrar que cabe ao CMN a faculdade de fixar as normas a serem observadas no exercício das atividades de subscrição para revenda, distribuição ou intermediação na colocação no mercado de títulos ou valores mobiliários, determinar as condições exigidas para a alienação do controle de companhia aberta e aprovar o regulamento que disciplina o procedimento a ser observado na instauração de inquérito de processo administrativo pela CVM.

Desse modo, não é difícil perceber a amplitude dos poderes do CMN na formulação e implementação da política a ser seguida pelo mercado de valores mobiliários. Na prática, tais poderes têm como efeito direto o esvaziamento da agência reguladora, ficando reduzida a uma mera ação fiscalizadora, que em muitos casos, aliás, tem sua eficácia comprometida, dada a vinculação que mantém com o poder Executivo. A criação da CVM é um exemplo típico desse fato. Embora ela tenha sido criada segundo o modelo da SEC americana, as suas funções foram bem mais restritas. Nos EUA a SEC se apresentou, desde o início, como uma agência tipicamente independente, a começar pelo fato de que seus membros, em número de cinco, são indicados pelo presidente da República com o consentimento do Senado, e não mais do que três deles podem pertencer ao mesmo partido político. Cada comissário que a integra tem mandato de cinco anos, mas anualmente há renovação de mandatos. Além disso, a sua função regulatória se manifesta no poder que dispõe para editar resoluções em complemento à legislação federal sobre *securities* e para interpretar as disposições legais com o objetivo de traçar linhas de conduta para a indústria financeira. Já no Brasil, como diz Eizirik, a GVM, assim como o BC, está subordinada às regulamentações do CMN, ficando numa posição de órgão fiscalizador das normas estabelecidas por esse Conselho. A própria Lei nº 6.385/76, que criou a Comissão de Valores Mobiliários, limitou o seu poder regulamentar às matérias expressamente previstas nessa lei e na lei de S.A., observando-se, no entanto, a política definida pelo CMN. Por outro lado, a CVM não pode ser considerada como uma agência reguladora independente, pois pela sua própria definição institucional ela é uma entidade autárquica vinculada ao Ministério da Fazenda. Ao contrário do que acontece com a SEC, é bastante evidente a ligação da CVM com o Poder Executivo, o que, em muitos casos, se constituiu em uma medida pouco adequada para apurar e corrigir certas anomalias de mercado em que, por qualquer razão, tenha o Executivo atuado.

A ação do CMN com repercussão no mercado de capitais tem sido traduzida por uma abundante legislação, cuja velocidade com que se processa a sua variação torna difícil e complicada a absorção pelo mercado. Segundo pesquisa realizada pelo Instituto Brasileiro de Mercado de Capitais, entre o Decreto-lei nº 157 de 1967, que criou os fundos de investimento fiscais, e o Decreto-lei 1.994, de 20/12/82, que estabelece os estímulos para a transformação da dívida externa em capital de risco, foi baixado, em média, um decreto-lei a cada três dias; entre a Resolução nº 63 de 21/8/67, que permite a captação e o repasse de recursos externos pela rede bancária privada nacional, e a Resolução nº 796 de 11/1/83, que libera 5% do depósito compulsório dos bancos para aplicação em ações e debêntures, o BC, em obediência às deliberações do CMN produziu uma resolução por semana. Este fato concorre, de modo significativo, para a redução dos níveis de certeza e segurança das expectativas dos diversos participantes do mercado, como os investidores, as companhias abertas e os agentes do mercado de valores mobiliários.

Essas considerações nos conduzem, por fim, à necessidade de que os homens da Nova República pensem em mudar a composição do CMN, substituindo os representantes da administração direta do governo por representantes dos segmentos da sociedade brasileira, tornando a representação paritária, e que também se preocupem urgentemente com a reestruturação e concomitante descentralização dos poderes do CMN para que a CVM possa ter as competências que lhe deveriam ter sido atribuídas na sua constituição, no sentido de uma autonomia maior na sua esfera de ação.

Acreditamos que com modificações nesse teor o nosso mercado de capitais ficasse menos vulnerável a alterações bruscas nas orientações da política econômica, o que lhe possibilitaria maior consistência estrutural, contribuindo para que a livre-iniciativa pudesse trilhar um caminho mais duradouro e profícuo em benefício da sociedade brasileira.

Desestatizar não é vender ações das estatais

O Estado de S. Paulo, 3 de julho de 1985

A expansão do Estado brasileiro, nos últimos anos, acabou por gerar a formação de um vasto aparelho empresarial, com atuação de diferentes setores da economia, cujos resultados alcançados levantam dúvidas sobre a sua manutenção. Ninguém conhece toda a sorte de problemas hoje enfrentados pelas chamadas empresas estatais, que vão desde a ineficiência e hipertrofia burocráticas, em alguns casos, ao caráter altamente deficitário de suas atividades, em outros. Finalmente, o seu exagerado crescimento conduziu a um processo de autonomia em face dos organismos governamentais a que se acham vinculadas, fazendo com que se tornasse extremamente difícil o controle pela ação governamental.

A compreensão do desenvolvimento e da crise de muitas das empresas estatais exige, a nosso ver, o esclarecimento de sua especificidade como empresa em face da empresa privada, bem como de sua automação crescente, tanto na definição de suas políticas de investimentos quanto na alocação de recursos. Se nenhuma discussão pode ocorrer, com proveito, sem o esclarecimento prévio dos termos, é necessário, em primeiro lugar, definir o que se deve entender quando se fala em empresas estatais. A administração federal abrange, no Brasil, a administração direta, constituída pelos serviços integrados na estrutura administrativa da Presidência da República. Já nos Ministérios é a administração indireta que compreende as autarquias, as empresas públicas e as sociedades de economia mista. Afora as autarquias, que são serviços criados pelo governo para a realização de atividades específicas, as empresas públicas, que se constituem em um mecanismo de atuação do Estado em setores próprios da iniciativa privada, pertencendo a totalidade do seu capital ao Estado, as sociedades de economia mista, que são sempre organizadas sob a forma de S.A., contam com a participação majoritária do Estado em seu capital.

Particularmente em relação às sociedades de economia mista, que possuem maior importância no rol das empresas estatais, vale mencionar a existência de certa confusão quanto aos critérios que regem a sua regulação. Se, por um lado, conforme definição legal, pertencem elas à administração indireta do Estado, o que lhes confere um caráter especial, por outro, elas estão sujeitas às normas relativas às S.A., tendo a CVM competência para fiscalizar e inspecionar as suas atividades, podendo, até mesmo, aplicar-lhes as penalidades previstas em lei. Em certo sentido, as sociedades de economia mista encontram-se em posição de igualdade em relação às empresas tipicamente privadas, no que diz respeito à observância das normas baixadas pela CVM relativamente, entre outras, à natureza das informações que devam propagar a periodicidade da divulgação, os relatórios da administração, as demonstrações financeiras etc.

Mas há um dado, entre outros, que faz com que as sociedades de economia mista se distanciem do regime jurídico das empresas privadas. Trata-se, aqui, do fato de não estarem elas sujeitas à falência, muito embora possam os seus bens ser penhorados e executados como forma de garantia dos credores sociais. Mas não é só. O artigo 242 da lei das S.A. determina que a pessoa jurídica que controla as sociedades de economia mista, o Estado, deve responder subsidiariamente por suas obrigações. Este fato tem, pelo menos, duas consequências importantes. Em termos de mercado de capitais, ao se estabelecer um regime diferenciado para as sociedades de economia mista, confere-se a tais empresas uma garantia ainda maior, tornando mais seguro os investimentos nelas realizados. É evidente que, apesar de não ser o único, este é um fator importante que coloca as sociedades de economia mista numa posição privilegiada em relação à empresa privada típica.

O fato de se atribuir ao Estado responsabilidade subsidiária pelas obrigações das sociedades de economia mista significa, na prática, aceitar o princípio de que, em última instância, o Estado assume todos os seus prejuízos, abrindo, com isso, a possibilidade de um endividamento progressivo. Essa responsabilidade subsidiária do Estado representa o desvirtuamento de um princípio das S.A. em geral, no qual os acionistas, controladores ou não, em momento algum possuem responsabilidade subsidiária pelas obrigações sociais, devendo responder simplesmente pelo volume de capital que subscreveram.

Por sua vez, qualquer análise das empresas estatais não pode deixar de levar em conta, também, o caráter fragmentário e mesmo heterogêneo do aparelho empresarial do Estado. Assim, por exemplo, não se pode considerar, da mesma forma, as empresas estatais de transporte e as siderúrgicas ou aquelas que se dedicam à produção de petróleo. Mas, se isso é verdade, existe, porém, um traço comum que as identifica e que determina o seu caráter específico. Trata-se do fato de serem elas organizações estatais voltadas à implementação de uma política econômica e, simultaneamente, atuarem como aparelho produtivo de bens e serviços, tal como o faz uma empresa privada típica. Em consequência, se de um lado as empresas estatais, ao entrarem em contato com o setor privado, o fazem conforme as leis econômicas que regem o mercado, de outro, a sua atuação ocorre na dependência de diretrizes de uma política econômica governamental, o que faz com que a influência do mercado sobre o seu modo de gestão fique bastante matizada. É claro que, da ótica da empresa privada, a competição entre ambas, em todos os setores e principalmente em matéria de mercado de capitais, resulta desigual nas atuais circunstâncias.

A questão, no entanto, é ainda mais complicada. As estatais, na verdade, participam do mercado conforme as leis do mercado, valem-se da intervenção do Estado planejador; mas, além disso, conquistam, perante ele, certa autonomia que lhes garante uma posição *sui generis*. Expliquemo-nos: a crescente intervenção do Estado no domínio econômico proporcionou uma considerável ampliação do grau de autonomia de gestão dos seus aparelhos burocráticos, permitindo que se estabelecessem, em seu interior, relações diferenciadas de poder. A grande característica das estruturas burocráticas descentralizadas é, nesse sentido, traduzida por uma tendência, que cada vez mais se acentua, de ampliar o campo de iniciativas que originariamente lhe é fixado. As empresas estatais possuem, em muitos casos, condições de "interpretar o seu mandato", isto é, de definir, segundo o seu próprio interesse, os seus poderes de atuação. Assim, o grande crescimento experimentado por muitas empresas estatais trouxe consigo uma grande autonomia diante dos órgãos do Executivo a que se acham vinculadas, fato que se expressa na faculdade que muitas delas possuem de definir os seus próprios objetivos, constituindo-se, desse modo, em um centro particular de tomada de decisão que, pelo seu próprio caráter, dificulta a unidade de ação governamental.

O gigantismo das empresas estatais tornou-as de difícil controle, deixando deficientes os mecanismos tradicionais de controle administrativo de sua atuação. Tudo isso se agrava, ainda mais, com a existência de um orçamento próprio das empresas estatais e que, em geral, se destina a cobrir os seus déficits de caixa, não havendo uma discussão prévia acerca da aplicação de tais recursos. O Poder Legislativo e a opinião pública não têm, atualmente, qualquer possibilidade de opinar quer sobre o destino, quer sobre o funcionamento e a definição das metas das empresas estatais.

Coloca-se aqui, como questão preliminar a qualquer discussão sobre a desestatização no Brasil, a necessidade de exercer desde já um efetivo controle sobre as empresas estatais. Esse controle, a nosso ver, poderia ser exercido por um conselho central, digamos, o Conselho das Estatais, constituído de forma paritária, com representantes do governo (tanto da administração direta quanto indireta) e da iniciativa privada. Tal conselho teria a incumbência de definir explicitamente o campo de atuação das companhias estatais, bem como a necessidade e a oportunidade da sua criação em face da realidade econômica; além disso, de estabelecer as políticas gerais de administração das estatais, definindo inclusive as diretrizes do seu funcionamento, critérios de gastos e investimentos e parâmetros para a formulação de orçamentos. Enfim teria o poder de definir com clareza o grau de intervenção do Estado na economia.

Acreditamos que, nesse momento atual de preparações para a Constituinte, nada mais oportuno que todas as entidades representativas da sociedade civil e dos diversos agentes interessados em sua correta formulação, como Associação Comercial, Fiesp, Abrasca, OAB, Ancor, bolsas de valores, enfatizem a necessidade de uma definição clara e objetiva do grau de intervenção do Estado na economia, talvez na linha da criação de um órgão paritário, como exposto. Isso porque, a nosso ver, a desestatização passa antes pelo controle das estatais. Na verdade, a desmontagem de uma estrutura que se agigantou desordenadamente nos últimos dez ou quinze anos exige um cuidado especial, inclusive pela análise mais detida das peças nucleares do sistema. Desestatizar a economia não é ação das estatais, é um processo que, sem a instauração prévia de instrumentos de controle, poderia conduzir a um vazio ou a um fracasso que comprometerá as razões de fortalecimento da iniciativa privada entre nós.

Desestatizar a gestão da poupança

O Estado de S. Paulo, 1º de dezembro de 1985

Segundo notícias recentemente divulgadas pelos jornais, o programa de desestatização da economia que será incluído no pacote econômico para o próximo ano não abrangerá apenas o programa de desregulação da economia, como também dará início à venda de ações de algumas empresas estatais e, com o fruto da venda, será constituído um fundo formado com 10% da receita da venda de empresas estatais.

As decisões anunciadas têm, em seu conjunto, um caráter privatizante, visando ampliar o espaço de atuação do setor privado, reduzindo correspondentemente a presença do Estado na economia. Contudo, segundo pensamos, as medidas divulgadas pelo Governo poderiam ser ainda mais amplas e alcançar a questão da gestão da poupança, hoje em boa parte nas mãos do setor estatal via participação do BNDES.

O BNDES, criado em 1952 (como BNDE) e ocupando hoje a posição de principal órgão de investimento do governo, teve e continua ter, como um dos seus objetivos fundamentais, o fortalecimento da empresa privada nacional.

Já afirmei em outras ocasiões que ele vem operando no financiamento das empresas sob a forma de participação acionária desde 1974, quando houve a criação, associada aos objetivos do governo de manter o crescimento econômico do país, de quatro subsidiárias – Finame, Embramec, Ibrasa e Fibase –, utilizando-se, para isso, do mercado de ações. As subsidiárias tiveram uma atuação especializada sobre diversos setores da economia. Assim é que, a partir da análise dos setores deficitários da economia e de grande importância estratégica, o governo decidiu atuar diretamente sobre cada um deles.

É curioso notar, no entanto, o contraste existente entre o conjunto de medidas adotadas pelo BNDES, a partir do início da década de 1970, com o objetivo de capitalizar as empresas nacionais através do mercado de ações e o seu progressivo endividamento no mesmo período. A origem desse fato cremos encontrar-se em duas razões principais.

Em primeiro lugar, a adoção de uma política de crédito subsidiado, se não inviabiliza, pelo menos se constitui em poderoso fator de inibição do desenvolvimento do mercado de capitais, tornando o empresário resistente à ideia de abertura do capital de empresa e ao risco que essa atitude envolve. E, segundo lugar, a ausência de uma atuação coerente baseada em critérios de mercado, previamente definidos, que impliquem uma maior racionalidade na composição de suas carteiras, além de um apoio efetivo às pequenas e médias empresas a fim de que possam chegar ao mercado de capitais, tem comprometido grandemente o seu desempenho.

A década de 1970 assinalou o crescente endividamento das empresas nacionais, principalmente graças à atitude governamental de induzir à utilização do crédito pelo baixo custo dos empréstimos e limitação da correção monetária. A possibilidade de obtenção de crédito a custo reduzido estimulou as empresas a ampliar seus investimentos de forma tal que, muitas vezes, não guardavam qualquer relação com a sua real capacidade financeira ou com as necessidades de mercado. A incapacidade do mercado acionário de canalizar recursos para as empresas fez com que elas se tornassem, cada vez mais, dependentes do capital de terceiros, cuja relação com o capital próprio passa de 44,6% em 1970 para 53% em 1975, e em 1983 para acima de 55% (estimativa). A política de crédito subsidiado foi, assim, um fator de inibição do desenvolvimento do mercado de capitais. Dificilmente, o empresário, beneficiado com crédito barato, procurou abrir o capital de sua empresa, o que de certa forma implicou o afastamento da ideia de risco da atividade empresarial.

O objetivo do BNDES ao adquirir ações de empresas privadas nacionais era o de nelas permanecer, como acionista, por certo período, necessário ao processo de maturação empresarial. Por maturação empresarial entendia-se o estágio de consolidação administrativa e capacitação econômica da empresa que pudesse dispensar o auxílio governamental. O agravamento da crise econômica, representado pelo segundo choque do petróleo e pela elevação dos juros no mercado internacional, isso sem falar na acentuação dos desequilíbrios externos, atingiu principalmente as indústrias de bens de capital, impedindo que houvesse, como se esperava, a maturação de tais empresas. Faltou ao BNDES uma política de mercado baseada em critérios definidos de compra e venda de ações, que indicasse, com clareza, o ritmo das transações verificadas. O fortalecimento do mercado de capitais foi visto apenas sob a ótica da inversão de recursos nas empresas, e não sob a forma de uma ação fundada nos parâmetros de uma economia de mercado. Além disso, os recursos destinados pelo BNDES à aplicação no mercado de capitais atenderam, quase que exclusivamente, às grandes empresas. Aliás, ao conceder crédito subsidiado o BNDES beneficiou, em sua grande maioria, as empresas líderes e os seus respectivos setores. Esse fato não deixa de caracterizar um desvio de finalidade, já que o BNDES foi criado com vistas à promoção do desenvolvimento econômico do país, harmônico e global, obviamente sem efeitos concentradores.

Não houve uma influência decisiva no BNDES na abertura de capital das empresas, nem mesmo uma atuação voltada à dispersão acionária que pudesse significar uma desconcentração do poder empresarial. As empresas de porte médio, graças ao sistema de crédito subsidiado, não foram induzidas a abrir o seu capital.

Se a presença do BNDES foi fundamental para a implantação da infraestrutura necessária para o desenvolvimento industrial, sendo, ainda hoje, importante no que diz respeito ao apoio a projetos de grande alcance social, a sua atuação, principalmente no período pós-1964, foi acompanhada por um movimento de estatização da poupança como forma de incentivar os projetos industriais considerados de importância econômica para o país. Por outro lado, como procuramos ressaltar, a atuação do BNDES no apoio à iniciativa privada nacional foi, em muitos casos, marcada por atitudes contraditórias que acabaram por provocar poucos efeitos práticos. Tudo isso surge, portanto, no momento atual em que o governo procura diminuir a participação estatal no domínio da economia, ampliando as possibilidades de ação do setor privado, ao mesmo tempo que busca racionalizar a atuação estatal, a adoção concomitante de medidas que visem reduzir a participação do Estado na gestão da poupança.

Assim, quanto à ideia do governo de se direcionar 10% da receita com a venda de empresas estatais para a criação de um fundo especial que forneceria linha especial de crédito às microempresas, administradas pelo BNDES, poder-se-ia pensar na alocação desses recursos na subscrição de capital das Companhias de Capital de *Venture Capital* (Companhias de Capital de Risco), ou seja, empresas que congregam investidores no sentido de aportar recursos na forma de capital de risco para um empreendimento de pequeno e médio porte e, de modo geral, não visam realizar uma aplicação permanente nem assumir o controle da empresa, objetivando assumir parte do risco do negócio e obter, se bem-sucedido, ganho de capital com a venda da posição acionária, após um prazo de manutenção de sete a dez anos.

Dessa forma, acreditamos que grande parte da gerência da nossa poupança, atualmente estatizada, poderia diminuir de grau e possibilitar um espaço maior de livre iniciativa na alocação da poupança nacional, tornando a sua aplicação mais eficiente, menos onerosa e também permitindo que as leis do mercado possam agir com maior liberdade para gerar mais empregos e contribuir para que o crescimento econômico com uma presença maior da livre-iniciativa permita que se processe um desenvolvimento econômico mais democrático, já que, como demonstrou Daniel Bell, a poupança é um instrumento de ordenação e coordenação das relações sociais.

Controlar as estatais antes de desestatizar

Revista Bolsa, setembro de 1985

O Banco Nacional de Desenvolvimento Econômico e Social (BNDES) e a Comissão de Valores Mobiliários (CVM) estão preparando a venda de um lote de 2 a 3 bilhões de ações da Petrobras, a ser realizada brevemente, através da participação da rede bancária. Na verdade, esta seria apenas a primeira operação de uma série cujo objetivo é vender um total de 17,8 bilhões de ações da Petrobras que o BNDES mantém em seu poder.

Além disso, dentro de seu programa de investimento, o BNDES pretende vender, ainda neste ano, ações de empresas privadas que estão na carteira do BNDES, a uma subsidiária do banco para apoiar empreendimentos privados. Tais medidas, que se enquadram num contexto mais amplo, têm como objetivo não somente a transferência para o setor privado de empresas hoje controladas pelo governo, mas também a obtenção de fundos, através da venda de ações de empresas estatais, para financiar o chamado déficit público.

Contudo, se a intenção de desestatizar é das mais louváveis, servindo para aliviar e agilizar a máquina estatal, não nos parece correta a forma pela qual ela está sendo conduzida. Isso porque, se existe uma concordância a respeito dos fins, é preciso cuidado no modo de implementá-los, já que a inexistência de um programa previamente elaborado, sem a anuência dos setores envolvidos, pode comprometer a sua realização.

Coloca-se, aqui, segundo pensamos, como questão preliminar a qualquer discussão sobre a desestatização no Brasil, a necessidade de exercer um efetivo controle sobre as empresas estatais. Esse controle, a nosso ver, não deveria ser exercido, pelo menos na forma atual, pela Secretaria das Empresas Estatais (Sest), que, pelo seu caráter burocrático e pela excessiva vinculação ao Executivo, tem-se mostrado ineficaz. Tal controle poderia ser exercido por um Conselho Central, digamos, o Conselho das Estatais, que poderia ser constituído de forma paritária com representantes do governo (tanto da administração direta quanto indireta) e da iniciativa privada.

O Conselho das Estatais teria a incumbência de definir explicitamente o campo de atuação das companhias estatais, bem como a necessidade e a oportunidade da sua criação em face da realidade econômica e, além disso, estabelecer as políticas gerais de administração das estatais, definindo inclusive as diretrizes de seu funcionamento, critério de gastos e investimentos e parâmetros para a formulação de orçamentos. Enfim, teria o poder de definir com clareza o grau de intervenção do Estado na economia.

Sobre isso, aliás, cremos que o grande crescimento do aparelho estatal, nos últimos anos, se por um lado beneficiou a iniciativa privada, criando condições para o estabelecimento de uma infraestrutura necessária ao desenvolvimento econômico, por outro, a intervenção do Estado foi, em alguns setores, extremamente prejudicial para a iniciativa privada.

A presença das empresas estatais no mercado de valores mobiliários, atuando em igualdade de condições com as empresas tipicamente privadas, serviu, em muitos casos, para desviar recursos que normalmente seriam canalizados para o setor privado. Tais empresas, por não estarem sujeitas à falência, devendo o Estado responder subsidiariamente pelas obrigações sociais, acham-se numa posição extremamente privilegiada em relação à empresa privada típica, contribuindo para afastar a ideia de risco, peculiar ao mercado de capitais. O Conselho das Estatais teria, assim, amplos poderes, inclusive para sugerir critérios mais equitativos para a participação das estatais no mercado de capitais.

Acreditamos que no momento atual, em que o país começa a viver a preparação para a Constituinte, nada mais oportuno que entidades representativas da sociedade civil e dos diversos agentes interessados em sua correta formulação, como a Associação Comercial, Fiesp, Abrasca, OAB, Bolsa de Valores, enfatizassem a necessidade de uma definição clara e objetiva do grau de intervenção do Estado na economia, talvez na linha de criação de um órgão paritário, como o exposto. Isso porque, a nosso ver, a desestatização passa, antes, pelo controle das estatais.

Na verdade, a desmontagem de uma estrutura que cresceu desordenadamente nos últimos anos exige um cuidado especial, inclusive pela análise mais detida das peças nucleares do sistema. Desestatizar a economia não é vender ações das estatais, é um processo que, sem a instalação prévia de instrumentos de controle, pode conduzir a um vazio ou a um fracasso que comprometerá o próprio fortalecimento da iniciativa privada.

A venda de ações como a que agora se busca realizar, sem a existência de um programa previamente elaborado pelos diferentes setores da sociedade civil, que estabeleça quais critérios seguirá o processo de desestatização, traz incerteza e perplexidade.

A previdência e o mercado de capitais

Digesto Econômico, novembro a dezembro de 1985

Este trabalho tem por objetivo analisar alguns problemas resultantes da regulamentação da previdência privada no Brasil, ocorrida em 1977 e 1978, procurando, ao mesmo tempo, sugerir algumas alternativas para um maior desenvolvimento da previdência privada entre nós. A nossa intenção é demonstrar a existência de um espaço bastante considerável para o crescimento da previdência privada, sobretudo pela crise enfrentada pela previdência social, que, por razões diversas, não tem condições de manter os níveis de renda percebidos pelos empregados, após o abandono da força de trabalho, abrindo possibilidades para o desenvolvimento da previdência complementar. Além disso, como as entidades de previdência privada fazem parte dos chamados investidores institucionais, com extraordinária importância para o mercado de capitais, procuraremos indicar algumas possíveis alternativas que não apenas poderiam garantir maior flexibilidade ao sistema atual, como certamente trariam maior dinamismo ao nosso mercado de ações.

A previdência social brasileira

A unificação da previdência social no Brasil somente veio a ocorrer na década de 1960, com a criação, em 1966, do Instituto Nacional de Previdência Social, INPS, como resultado da aprovação, seis anos antes, pelo Congresso Nacional, do projeto de Lei Orgânica da Previdência Social.

A criação de um órgão único, encarregado da realização dos serviços previdenciários revelou, por parte do Governo, uma preocupação com a busca de maior eficiência do sistema, à medida que se procurou oferecer atendimento equânime aos trabalhadores de diversas classes profissionais, reduzir os custos operacionais e aumentar o grau de racionalidade na aplicação dos recursos existentes. A experiência dos Institutos de Aposentadoria e Pensões tinha-se mostrado ineficiente, principalmente sob o ponto de vista do custeio, problema, aliás, que a criação do INPS não conseguiu eliminar.

O novo sistema previdenciário visou, entre outras coisas, à manutenção do nível de renda familiar do trabalhador em certas condições, como nos casos de concessão de aposentadoria ao empregado afastado de suas atividades por velhice ou em razão do cumprimento do tempo de serviço considerado necessário para a retirada da força de trabalho. Procurou-se, também, assistir o trabalhador na hipótese da ocorrência de acidentes dos quais resulte incapacidade para o trabalho ou a morte prematura do empregado. Paralelamente ao sistema de auxílios e aposentadorias, estruturou-se o fornecimento de assistência médico-hospitalar aos segurados, o qual, por sua vez, é responsável, em grande parte, pela elevação dos custos previdenciários.

Pertencem aos quadros da Previdência Social os trabalhadores urbanos, cuja filiação ao INPS é obrigatória, conforme a Lei Orgânica da Previdência Social, excetuando-se, apenas, os militares e os funcionários públicos municipais, estaduais e federais. As fontes de receita da Previdência Social são, além das contribuições pagas pelos segurados, os recursos provenientes de juros, multas, doações, aluguéis, salário-educação e Finsocial. Mesmo assim, a ineficiência administrativa e a elevação dos custos acarretados pela ampliação da assistência médico-hospitalar fizeram com que a Previdência Social se defrontasse hoje com uma crise financeira sem precedentes, de que é exemplo o Decreto-Lei nº 1.910 de 1981, que elevou os percentuais contributivos dos segurados e das empresas, numa tentativa de eliminar os déficits apresentados pelo sistema.

Completam o quadro de medidas criadas pelo Governo no sentido de atuar como uma espécie de seguro social ao trabalhador, o FGTS e o PIS. O Fundo de Garantia por Tempo de Serviço foi instituído pela Lei nº 5.107 de 1966 e se destinou a amparar o trabalhador no caso de despedida involuntária. Cabe exclusivamente ao empregador efetuar o pagamento das contribuições correspondentes a 8% do salário dos empregados. Tais recursos são administrados pelo BNH, a quem incumbe aplicá-los em planos de construção de habitações populares, rendendo, atualmente, para os empregados, em nome dos quais é feita a contribuição, 3% de juros mais correção monetária. Já o Programa de Integração Social, PIS, foi criado pelo Governo em 1970, como uma forma de complementação da renda do trabalhador e de canalizar recursos para a realização de empréstimos às empresas nacionais. Os recursos do PIS provêm da contribuição, feita pelo Governo, de um percentual do Imposto de Renda pago pelas pessoas jurídicas (2% em 1971, 3% em 1973, 5% nos anos subsequentes) e de um percentual sobre as vendas brutas das empresas privadas da ordem de 0,15% em 1971, 0,25% em 1972, 0,40% em 1973, 0,50% em 1974, 0,625% em 1975, e 0,75% nos anos posteriores. Podem os beneficiários do PIS receber anualmente um salário mínimo desde que o trabalhador não receba quantia superior a cinco salários mínimos; os que estiverem acima desta faixa poderão sacar somente os juros (3% ao ano).

A essa altura, é interessante refletir, para os propósitos deste trabalho, sobre a questão de saber se os benefícios pagos pela Previdência Social, acrescidos dos rendimentos do FGTS e do PIS, possibilitam a manutenção da renda familiar do trabalhador após o abandono da vida ativa de trabalho. Segundo nos parece, o exame, ainda que superficial, dos critérios utilizados pelo INPS para o cálculo dos benefícios pagos aos segurados nos leva, facilmente, à conclusão inversa. A propósito, vale lembrar, o comentário feito pela Comissão Técnica Permanente de Estatística e Atuária, transcrito por Rio Nogueira: "Poucas pessoas, físicas ou jurídicas, podem ser definitivamente beneficiadas pela inflação, uma delas é o INPS". Sabemos que nas datas de concessão os valores das aposentadorias, pensões, auxílios, doenças e outras prestações da previdência básica são calculados como percentuais de um salário benefício o que, por sua vez, se identifica genericamente à média dos salários de contribuição referentes: a) aos doze últimos meses na doença, morte e invalidez; b) aos 36 últimos meses na velhice ou na aposentadoria por tempo de serviço. No primeiro caso, os doze salários de contribuição utilizados no cálculo do salário-benefício não sofrem qualquer correção da deterioração monetária; no segundo, que se usam 36 salários no cálculo da média, somente os 24 primeiros recebem alguma correção (sempre muito deficiente). Os benefícios recebidos pelo segurado são, assim, bastante inferiores aos salários pagos ao trabalhador se estivesse em atividade. Esse distanciamento tende a se acentuar, cada vez mais, nos momentos de grande elevação inflacionária, como é o que atravessamos. O próprio Rio Nogueira, ao mencionar certas ilogicidades da legislação previdenciária brasileira, lembra que se concede um tratamento injusto às famílias dos que morrem cedo. Cita ele o exemplo de um indivíduo que, vindo a falecer com 25 anos de idade, cinco de contribuições para o SINPAS, e uma remuneração de três salários mínimos, possuindo esposa e dois filhos menores, receberia uma pensão global equivalente a 80% da aposentadoria a que faria jus, avaliada em menos de 40% do último salário. Isto significa que tal indivíduo receberia um benefício da ordem de 80% de 40% de três salários mínimos, o que não corresponderia sequer a um salário mínimo.

Por essas razões, acreditamos que, se por um lado, a previdência social brasileira apresenta um serviço de assistência à saúde do trabalhador considerado razoável, por outro, mostra-se ela bastante deficitária no tocante ao pagamento de benefícios que, de modo algum, mantêm a renda do trabalhador após o abandono da força de trabalho. Torna-se possível daí extrair pelo menos duas conclusões. A primeira delas diz respeito à necessidade de uma modificação da legislação previdenciária, no sentido de se corrigir as distorções apresentadas pelo sistema. A segunda, evidencia que existe um espaço razoavelmente grande para o desenvolvimento da previdência privada, como forma de complementação da previdência social.

As origens da previdência privada no Brasil, ao contrário do que a princípio se poderia imaginar, são bastante antigas. A sua implantação data da primeira metade do século XIX e resultou de um decreto imperial de 10 de janeiro de 1835, que criou o Montepio Geral de Economia dos Servidores do Estado, conhecido hoje como Mongeral, reunindo empregados civis e militares das diversas províncias do Império. As suas características mais importantes, responsáveis talvez pela sua grande longevidade, consistem na não imposição de participação obrigatória, além do seu funcionamento não requerer oneração do Erário Público.

No início do século XX, principalmente no período entre 1910 e 1915, a expansão das Caixas de Pensões e Sociedades Mútuas de Pecúlios, sem qualquer capacitação técnica ou preparo administrativo, teve efeitos extremamente ruinosos para a economia popular provocando, graças ao seu súbito desaparecimento, grandes prejuízos para os seus participantes. Foi assim que o Código Civil de 1916, numa tentativa de por cobro a esta situação, exigiu, como formalidade essencial à constituição dessas entidades, a prévia autorização governamental. Porém, a inexistência de órgão especializado encarregado da fiscalização de entidades de previdência privada permitiu que tais associações contornassem a proibição legal pela simples inscrição dos atos constitutivos no Registro Civil competente.

É de se notar a ausência, no período que se seguiu à promulgação do Código Civil, de uma legislação disciplinadora da previdência privada que, somente na última década, recebeu uma efetiva regulamentação legal. Desse modo, o desenvolvimento da previdência privada se verificou livre de qualquer ação estatal, como uma forma de complementação da previdência básica, cabendo à iniciativa privada encontrar o melhor caminho para o seu aperfeiçoamento. Foi, no entanto, a necessidade de se proteger a economia popular, face às irregularidades existentes, que levou o Governo a promulgar, em 1977, a Lei nº 6435, disciplinando a existência e funcionamento das entidades de previdência privada.

Em seu artigo primeiro, a Lei nº 6.435 de 15 de julho de 1977 define as entidades de previdência privada como sendo aquelas que têm por objetivo instituir planos privados de concessão de pecúlios ou de rendas, de benefícios complementares ou assemelhados aos da previdência social mediante contribuição de seus participantes, dos respectivos empregados ou de ambos. Todavia, a sua organização, constituição e funcionamento, dependem de prévia autorização do Governo Federal. A ação do Poder Público, neste caso, é concebida tendo por objetivo proteger os interesses dos participantes dos planos e benefícios; determinar padrões mínimos adequados de segurança para a preservação da liquidez e da solvência dos planos e benefícios isoladamente considerados; disciplinar a expansão dos planos de benefícios propiciando condições para sua integração no processo econômico e social do país; coordenar sua atividade com as políticas de desenvolvimento social e econômico-financeira do Governo Federal.

São dois os critérios utilizados pela lei para a classificação das entidades de previdência privada. De acordo com a relação entre a entidade e os participantes dos planos de benefícios, elas podem ser fechadas, quando acessíveis exclusivamente aos empregados de uma só empresa ou a um grupo de empresas, as quais são denominadas patrocinadoras. As demais são consideradas abertas.

De acordo com os objetivos, se dividem em entidades de fins lucrativos e entidades sem fins lucrativos, sendo que as entidades fechadas não poderão ter fins lucrativos.

Para os efeitos da Lei nº 6.435/77, são equiparáveis aos empregados das empresas patrocinadoras os seus gerentes, os diretores e conselheiros ocupantes de cargos eletivos, bem como os empregados e respectivos dirigentes de fundações ou de outras entidades de natureza autônoma, organizadas pelas patrocinadoras. Tal conceituação, contudo, não se aplica aos diretores e conselheiros de empresas públicas, sociedades de economia mista e fundações vinculadas à administração pública.

As entidades abertas integram o Sistema Nacional de Seguros Privados. A sua única finalidade é a instituição de planos de concessão de pecúlios ou de renda, e só poderão operar os planos para os quais tenha autorização segundo as normas técnicas aprovadas pelo órgão normativo do Sistema Nacional de Seguros Privados. Para a garantia de todas as suas obrigações às entidades abertas, constituirão provisões e fundos especiais, além das reservas e fundos determinados em leis especiais.

A autorização para o funcionamento das entidades abertas será concedida mediante portaria do Ministério da Indústria e Comércio a requerimento dos representantes legais da interessada. Concedida a autorização, a entidade terá noventa dias para comprovar perante o órgão executivo do Sistema Nacional de Seguros Privados o cumprimento das formalidades legais e outras exigências. A falta de comprovação acarretará a caducidade para o seu funcionamento. Aprovada a documentação, será imediatamente expedida a carta-patente autorizando o funcionamento da entidade.

As entidades fechadas estão subordinadas ao Ministério da Previdência e Assistência Social, devendo enquadrar-se nas orientações expressas em sua normatividade básica. Elas terão como finalidade básica a execução e operação de planos de benefícios para os quais tenha autorização específica segundo normas gerais e técnicas aprovadas pelo órgão normativo do Ministério da Previdência e Assistência Social. Os pecúlios instituídos pelas entidades fechadas não poderão exceder o equivalente a 40 vezes o teto do salário de contribuição para a previdência social para a cobertura da mesma pessoa, ressalvada a hipótese de morte por acidente de trabalho em que o valor do pecúlio terá por limite a diferença entre o dobro desse valor mínimo, e o valor de pecúlio instituído pela Lei nº 6.367 de 19/10/1967.

As entidades de previdência privada não poderão solicitar concordata e não estão sujeitas à falência, mas tão somente ao regime de liquidação extrajudicial previsto na Lei nº 6.435/77.

A previdência privada no Brasil, hoje, é administrada por cerca de 250 entidades, regulamentadas pela Lei nº 6.435 e pela Resolução n° 460/78 do CMN, de acordo com os objetivos governamentais de fortalecer o mercado de capitais.

A Resolução 460 estabeleceu as diretrizes para aplicação das reservas técnicas das entidades de previdência privada, com o intuito de assegurar o pagamento dos benefícios aos participantes dos vários esquemas de pensão. Esta disciplinação legal tinha por objetivo orientar os investimentos de forma que os resultados em longo prazo gerassem um retorno suficiente para o pagamento dos benefícios e consequentemente garantissem a sobrevivência do sistema. Como forma de pulverizar os riscos, a Resolução 460 estabelecia parâmetros para a aplicação em títulos públicos, ações, debêntures, cotas de fundos de investimentos, letras de câmbio, letras imobiliárias, imóveis, depósitos a prazo e cédulas hipotecárias. Na medida em que se avolumaram os recursos da previdência privada, os limites máximos e mínimos de aplicação foram alterados.

Segundo Horácio de Mendonça Neto, não foi concedida total liberdade aos administradores dos fundos em relação à aplicação das reservas técnicas por duas razões básicas. Em primeiro lugar, devido à pouca experiência dos profissionais em relação à administração de reservas. Em segundo lugar, o estágio atual da economia brasileira obriga o Governo a tomar, em certas ocasiões, decisões que afetam os diferentes grupos de aplicações. "Nesses termos, a Resolução 460 apresentaria um meio termo adequado entre a necessidade de liberdade exigida pelos gestores dos fundos, de um lado, e a proteção dos beneficiários, do outro".

A previdência privada, em 31/12/1983, conforme estatísticas do Banco Central, movimentava Cr$ 5.600.547 milhões em ativos, referentes a 4.298.408 participantes. Estes participantes e ativos estão distribuídos entre quatro categorias de entidades: entidades fechadas, e devemos separar as instituições patrocinadas por empresas particulares e aquelas vinculadas ao setor governamental e entidades abertas, que podem ter fins lucrativos ou não.

1° Quadro			
Categoria	N° de entidades	N° de participantes %	Ativos Cr$ milhões %
Entidades fechadas	137 (1)	1.343.255 31	4.701.092 84
Setor privado	49	355.464 8	490.134 9
Setor governamental	89	987.791 23	4.120.958 75
Entidades abertas	100 (2)	2.955.153 69	899.455 16
c/ fins lucrativos	38	456.139 11	106.706 2
s/ fins lucrativos	62	2.499.014 58	792.749 14
TOTAL	238	4.298.408 100	5.600.547 100

Fonte: Bacen – dados de 31/12/1983.

Obs.:
(1) Existem 138 entidades autorizadas de previdência privada fechada, mas os dados se referem a 129 delas (8 ainda não iniciaram suas atividades e 1 está em fase de cancelamento).

(2) Os dados se referem às 100 entidades pesquisadas pelo Bacen. Existem 12 outras entidades em fase de implantação e cinco instituições não enviaram as informações pedidas.

2° Quadro
Investidores Institucionais
Carteira de Títulos e Valores Mobiliários

	Cr$ milhões	% Previd. Privada Fechada	% Previd. Privada Aberta
1. Ações	1.470.829	51	1
2. Debêntures	1.061.970	48	2
3. LTN	79.305	11	4
4. ORTN	1.015.074	80	2
5. Títulos estaduais	409.073	99	1
6. Títulos municipais	11.779	26	1
7. Depósitos a prazo fixo	594.802	85	3
8. Letras de câmbio	24.848	59	13
9. Letras imobiliários	2.853	94	6
10. Cédulas hipotecárias	38.769	94	4
11. Obrigações da Eletrobras	112.485	97	3
12. Títulos do BNDES	11.643	94	-
13. Títulos da Dívida Agrária	13.319	100	-
14. Cotas de Fundos de Investimento	18.573	97	3
Total	5.065.058	64	2

Fonte: Bacen – dados de 31/12/1983.

Pelos quadros acima podemos observar que as entidades de previdência privada têm uma participação significativa no mercado de capitais e o que nos chama a atenção é a concentração excessiva de investimentos que está nas mãos das entidades fechadas pelas fundações das estatais, representando o expressivo percentual de 75% dos ativos. Ademais, vale a pena lembrar um exemplo da tendência de concentração de ativos no mercado de ações: em um reduzido espectro dos títulos negociados, 50% da carteira consolidada de ações das entidades fechadas de previdência privada é constituída por ações de 14 companhias abertas dentro de um universo de 1.153 dessas empresas.

A presença indireta do Estado nas interações bursáteis atuando dentro do sistema de mercado de capitais, como trocador de poupança através de seu acesso a enorme massa de investimento, tem ocasionado pressões e distorções diante das quais o nosso mercado encontra óbvias dificuldades.

A manipulação das reservas da previdência privada pelas autoridades monetárias

Na verdade, quando se analisam as resoluções do Conselho Monetário Nacional que dizem respeito às entidades de previdência privada, fica claro que, por mobilizarem uma massa considerável de recursos, estas entidades sempre foram vistas pelas nossas autoridades monetárias como fonte financiadora do déficit público e como instrumento para execução da política econômica de curto prazo. (Nota-se através das datas das resoluções que nunca houve uma política de longo prazo para a previdência complementar.)

É assim que podemos entender que as debêntures não conversíveis, títulos que financiam a atividade da empresa privada sem aumentar a carga tributária incidente, tenham um limite máximo de aplicação de 10% das reservas das entidades fechadas de Previdência Privada, conforme a Resolução nº 794 do CMN.

No intuito de favorecer a captação de recursos pelas instituições oficiais foi que se autorizou, através da Resolução nº 472 de 25/04/1978, a Caixa Econômica Federal a emitir letras imobiliárias de colocação exclusiva junto às entidades de previdência privada. A Resolução nº 794 de 11/01/1983 veio incluir os títulos da dívida agrária como alternativa de investimento.

Imóveis, empréstimos e financiamento aos participantes, rubricas de investimentos interessantes às entidades fechadas de previdência complementar e aos seus beneficiários, por não se enquadrarem nas fontes de crédito controladas pelas autoridades monetárias tiveram seu limite de aplicação fixado em até 56% das reservas pela Resolução nº 460. Posteriormente este limite foi sendo alterado e, com a vigência da Resolução nº 964, estas aplicações não podem mobilizar parcela superior a 12% das reservas.

Mas a intervenção governamental fica mais clara ao observarmos o tratamento dispensado aos títulos públicos. A Resolução nº 460/78 estabelecia, como parâmetro de aplicação em ORTN e LTN, 15% das reservas das entidades abertas e 10% das reservas das entidades fechadas, no mínimo. Em

27/10/1981, com a Resolução nº 707, os títulos de dívida pública estadual foram equiparados às ORTN e LTN para fins de investimento da previdência privada, pois sua colocação no mercado era difícil devido ao pouco interesse dos investidores individuais. Em 24/03/1982 a Resolução nº 729 veio alterar para 30% das reservas valor mínimo das aplicações em ORTN, LTN e títulos estaduais pelas entidades fechadas de previdência privada. Apesar desta resolução ter vigência prevista até o final do exercício de 1983, em 11/01/1983 através da Resolução nº 794, determinou-se que o mínimo de aplicação nestes títulos passaria a ser 20% das reservas. Finalmente, em 12/09/1984 foram baixadas as resoluções 963 e 964 que deixavam clara a intenção das autoridades monetárias de financiar parte do déficit público do país através da previdência privada que, compulsoriamente, orientará uma massa volumosa de recursos para os títulos públicos. Todas as entidades de previdência privada terão no mínimo 35% de suas reservas aplicadas em ORTN e LTN e no mínimo 10% investidos em títulos estaduais a partir de 14/12/1984 ainda que, proporcionalmente, a receita das aplicações em ações e debêntures supere a receita das aplicações em títulos públicos.

Alguns problemas relativos à implantação da previdência privada no Brasil

A regulamentação da previdência privada no Brasil, ocorrida no final da década de 1970, apresenta pelo menos dois aspectos importantes para a consideração do tema em análise. Ela representou um significativo avanço em relação à situação anterior, principalmente na medida em que procurou evitar o surgimento e proliferação de entidades fictícias, sem qualquer condição de efetuar o pagamento dos benefícios prometidos. A disciplinação das entidades de previdência privada teve, assim, um efeito moralizador, ao impedir a prática de abusos contra a economia popular, exigindo para sua organização e funcionamento a observância de requisitos técnicos específicos, além de submetê-las a uma severa fiscalização governamental. Em segundo lugar, não foi ela precedida de uma ampla discussão pública sobre a oportunidade e conveniência das opções feitas, capaz de lhe conferir a flexibilidade necessária para adaptar-se a uma realidade socioeconômica peculiar. Além disso, a regulamentação da previdência privada brasileira, diferentemente do que sucedeu nos Estados Unidos, onde os fundos de pensão nasceram como uma exigência da sociedade, teve como objetivo a implementação de um modelo de desenvolvimento planejado, sob a tutela governamental.

Nos Estados Unidos começou a surgir, de forma mais aguda, no final da Segunda Guerra Mundial, uma preocupação maior com o futuro, representada pela incerteza quanto à possibilidade de ocorrência de mudanças rápidas, em substituição a uma visão mais conservadora em relação aos acontecimentos. O conflito mundial e a Guerra da Coreia fizeram, ainda, com que a economia americana adotasse uma política de estabilização de preços em que não se permitia às empresas a elevação dos salários de seus empregados. Em consequência, surge um conflito de interesses, cujos atores principais são, de um lado, os sindicatos desejando aumentos reais de salários e, de outro, as companhias impedidas de conceder os aumentos pretendidos pela política de estabilização dos preços. A solução encontrada e que parece ter correspondido às aspirações das partes envolvidas consistiu na criação de programas privados de aposentadoria, pelos quais, em troca dos aumentos salariais desejados, se concediam benefícios sociais futuros a serem pagos quando da aposentadoria do empregado.

É evidente que, neste episódio, o poder de pressão dos sindicatos americanos foi decisivo para a institucionalização da previdência privada e de outros benefícios sociais naquele país. O terceiro elemento, responsável pelo surgimento dos fundos de pensão nos Estados Unidos, foi a concepção, desenvolvida desde o final dos anos 1920, de responsabilidade social da empresa. Segundo se acreditava, caberia à empresa, como uma espécie de retribuição aos serviços prestados pelo empregado, oferecer-lhe amparo após o término do período ativo de trabalho.

No Brasil, ao contrário, a previdência privada não surgiu como uma consequência das pressões da sociedade ou do poder de barganha dos sindicatos. A sua regulamentação se deu, conforme a tradição brasileira, de cima para baixo, sem que houvesse em sua implantação uma compreensão mais ampla da responsabilidade social do empresário. O paternalismo estatal se fez sentir, mais uma vez, como resultante da adoção de um modelo de crescimento acelerado em que o planejamento da economia sob liderança estatal era concebido como a forma mais adequada para se alcançar o desenvolvimento.

O custo elevado dos planos faz com que o seu acesso se restrinja às grandes empresas, atendendo, de maneira preferencial, os setores da população que recebem remuneração acima dos níveis salariais médios para os quais a aposentadoria significa um risco de diminuição de renda. Dado esse alto custo, o maior grau de interesse na constituição de fundos de pensão registra-se nas empresas de grande porte, geralmente naquelas que têm de cinco a dez mil empregados. Essas empresas mostram-se, quase sempre, propensas a criar entidades fechadas que, na sistemática da previdência privada brasileira, possuem algumas vantagens. Uma delas consiste, precisamente, na sua maior flexibilidade, isto é, na possibilidade de implantação de planos que atendam às necessidades de cada empresa e seus funcionários, sem obedecer a modelos rígidos.

Além disso, caracterizam-se as entidades fechadas pelo fato de não gerarem lucro, o que faz com que a rentabilidade alcançada por suas aplicações seja reinvestida no próprio fundo. Por outro lado, inexistindo um grupo que assegure o bom funcionamento do plano, os investimentos malsucedidos ou os erros de montagem do programa terão que ser bancados pela empresa patrocinadora e pelos participantes do plano.

As entidades abertas, não obstante acarretarem mais custos, oferecem um sistema montado e, portanto, mais capaz de agilizar a implantação dos planos. Em uma entidade aberta o custo de um plano representa, para a empresa, cerca de 7% de sua folha de pagamento, índice que poderá cair pela metade no caso de contribuição dos empregados. As entidades fechadas apresentam um custo ainda menor, já que a própria entidade se encarrega da administração do programa, recorrendo a terceiros para intermediar as suas aplicações ou assessorar seus cálculos atuariais.

A estrutura dos fundos de pensão instituídos no Brasil amoldou-se apenas às grandes empresas, que, pelo seu vulto, puderam fazer face aos custos que a sua criação acarretava. Daí porque mais de dois terços dos fundos de pensão hoje existentes pertencem às empresas estatais, e os restantes são constituídos por empresas transnacionais ou por empresas privadas nacionais, de grande expressão no mercado interno.

Pesquisas recentes demonstraram que a falta de confiança por parte do grande público em relação às entidades de previdência privada e o desconhecimento do funcionamento do seu mecanismo têm-se constituído em fatores que dificultam a consolidação da previdência privada no Brasil. Quanto ao primeiro deles, pode-se dizer que a variável confiabilidade foi consideravelmente reforçada a partir da regulamentação das entidades de previdência privada, ocorrida em 1977 e 1978, já que hoje o mercado é ocupado por entidades sustentadas por grandes conglomerados financeiros, o que contribui para oferecer maior segurança aos investidores.

Quanto ao segundo, é fora de dúvida que o modo de regulamentação de tais entidades concorreu para seu desconhecimento pelo grande público. Sua estruturação se deu sem uma prévia consulta aos agentes interessados e sem um período em que as instituições que operam no mercado se adaptassem às modificações técnicas introduzidas pela legislação (na Suíça a adaptação se deu em treze anos, entre 1972 e 1985). Por último, um dos grandes problemas que afetam o desenvolvimento da previdência privada no Brasil se refere à situação de crise econômica que atravessa o país, às incertezas quanto ao futuro e à perda de poder aquisitivo dos salários.

Conclusão: viabilidade e alternativas

A análise da evolução das normas referentes à aplicação das reservas técnicas dos fundos de pensão demonstra, de maneira bastante clara, que a imposição de percentuais cada vez mais elevados a serem aplicados em títulos públicos revela a tentativa de utilização dos recursos da previdência privada para o financiamento do déficit público. Este fato comprova que a criação e o desenvolvimento da previdência privada no Brasil não ocorreu de forma espontânea, como consequência das necessidades e pressões dos diversos grupos sociais, mas, ao contrário, obedeceu a uma lógica própria peculiar ao modelo desenvolvimentista posto em prática a partir de 1964. Por isso é que, muitas vezes, a previdência privada foi utilizada para a realização de certos fins que, de modo geral, nada tem a ver com os objetivos para os quais ela foi criada: manutenção dos níveis de renda após a aposentadoria e desenvolvimento do mercado de capitais.

Aliás, quanto ao primeiro aspecto, a atual crise da previdência social brasileira, além de sua incapacidade em preservar os níveis de renda percebidos pelo trabalhador, quando em atividade, devido, principalmente, aos índices adotados para o cálculo dos salários-benefícios, sempre muito inferiores à inflação do período, abre possibilidades para que haja um maior crescimento da previdência privada entre nós. Mas, para que isso venha a ocorrer, algumas medidas terão que ser tomadas.

Indiscutivelmente, a regulamentação da previdência privada levada a cabo pela Lei nº 6.435/77 e pelo Decreto nº 81.240/78 contribuiu para uma ordenação mais adequada do setor, subordinando à criação e funcionamento das entidades de previdência privada ao cumprimento de critérios de natureza técnica que, em última instância, tinham por objetivo proteger a economia popular contra os abusos que pudessem vir a ser praticados. Porém, se isto é verdade, é preciso também reconhecer que a legislação sobre a previdência privada se enquadrou dentro da lógica desenvolvimentista do planejamento econômico, devendo servir, afinal, à realização de suas metas. Daí, por exemplo, a faculdade concedida ao CMN, mediante resoluções, de estabelecer as diretrizes a serem observadas quanto às aplicações das reservas técnicas tanto das entidades abertas como das fechadas.

Este fato indica, por parte do Governo, um imenso poder de ação sobre o setor, sendo que as entidades envolvidas não têm qualquer participação nas decisões tomadas. Some-se a isso a extrema velocidade com que se processam as mudanças na legislação, devido à necessidade de ajustá-la aos objetivos visados pela política econômica governamental, colocando em risco os níveis mínimos de certeza e segurança exigidos para o bom funcionamento do setor. A permanência desse estado de coisas pode se constituir, mesmo a curto prazo, num fator de inibição do desenvolvimento da previdência privada no Brasil.

Sob determinado ponto de vista, é necessário, ainda, considerar que a implantação da previdência privada brasileira foi caracterizada por certa rigidez. Assim, quem quer hoje constituir um fundo de pensão deve, necessariamente, obedecer ao modelo legal, optando, quer pela constituição de uma entidade de previdência fechada, quer por uma entidade aberta. Talvez fosse o caso de, numa futura reformulação do sistema, conceder-se maior liberdade ao mercado para que este tivesse a possibilidade de instituir novas formas de previdência privada, o que não significaria a eliminação das alternativas existentes, mas tão somente a ampliação do leque de possibilidades tendo em vista a criação de formas mais ágeis e flexíveis, ainda que não ortodoxas. Os exemplos inglês e suíço, a esse respeito, são bastante elucidativos.

A principal forma de aposentadoria na Inglaterra é constituída pelos *occupational pension schemes*, isto é, planos de pensão estabelecidos pelos empregadores, que pagam uma parcela das contribuições (na maioria dos casos, maior que a parcela dos empregados). As estimativas são de que existem mais de 90 mil desses fundos, reunindo 11,8 milhões de trabalhadores e 3,7 milhões de pensionistas. Esses fundos estão associados a empresas privadas e ao setor público, sendo que 79 mil deles têm menos de 30 membros e movimentam recursos da ordem de 130 bilhões de libras.

Os *occupational pension schemes* admitem três opções básicas quanto à forma de alocação dos investimentos:

a) Política de seguros – os recursos pagos pelos participantes dos fundos são repassados a uma companhia de seguros que passa a ser responsável pelo pagamento dos benefícios devidos.

b) Autoadministração – a responsabilidade pelos investimentos é dos gerenciadores dos fundos.

c) Gerência de recursos – os recursos são aplicados através de especialistas em investimentos, que podem ser uma companhia de seguros, um banco comercial ou uma corretora de títulos. Os recursos são aplicados em títulos de renda fixa (títulos governamentais), no mercado de ações ou em imóveis.

O importante é notar na Inglaterra o caráter pouco convencional da constituição dos fundos de pensão, sendo a sua implantação meramente contábil, no próprio plano de contas da empresa, não havendo necessidade de se obedecer a um aparato institucional. Outro ponto a ser observado é que a composição dos fundos é de, geralmente, trinta membros, o que possibilita a empresa constituir fundos para cada categoria profissional. Essa flexibilidade constitutiva e operacional contribui grandemente para a formação de fundos de pensão nas pequenas e médias empresas.

Na Suíça, além do Seguro Federal AVS/AI, para os casos de invalidez, morte ou velhice, obrigatório para toda população, a previdência profissional é constituída tendo por objetivo assegurar ao contribuinte um nível de vida mais próximo daquele que tinha antes da aposentadoria, através de 19 mil caixas de aposentadoria, superando o nível mínimo garantido pelo AVS/AI. Por essa forma, o empregador terá que, forçosamente, inscrever seus trabalhadores numa instituição de previdência de empresa ou similar, pagando ao menos metade das cotas (estudos recentes indicam que, em média, hoje o empregador contribui com 70% das cotas, atingindo 80% da população ativa). A renda percebida pelo indivíduo, após o abandono da força de trabalho, se seu salário estiver na faixa de até 36 mil francos anuais, deverá corresponder a 60% do seu último salário, servindo a previdência profissional de complemento à renda proporcionada pelo AVS/AI. É perfeitamente possível a inscrição de indivíduos como contribuintes independentes, numa instituição de previdência profissional. Atualmente, todas as instituições devem ter disponibilidade imediata de recursos para que um empregado possa transferir sua poupança ao mudar de emprego (anteriormente, apenas a parte do empregado era transferida, o que acarretava num desembolso muito grande do empregado para participar de outro fundo; a parte patronal ficava incorporada ao fundo).

A previdência profissional comporta dois sistemas distintos de contribuição: no primeiro deles, o prêmio é fixo e, portanto, as contribuições são variáveis, levando-se em consideração a inflação; no outro, o que é fixo é a prestação paga, acarretando um prêmio variável.

No Brasil, o próprio Pait (Sistema de Formação do Patrimônio Individual do Trabalhador), mesmo não sendo uma forma clássica de previdência privada, poderia significar uma alternativa viável para aumentar o grau de flexibilidade do sistema atual. Como programa destinado à formação de patrimônio, visa ele ao atendimento de objetivos de natureza social: aposentadoria, poupança para a casa própria, educação dos filhos, desemprego prolongado, invalidez ou morte. Os valores aplicados poderão constituir-se numa carteira de investimentos individual ou em cotas de investimento coletivo (fundos ou clubes de investimento). Quanto aos valores aplicados, um terço dos investimentos em ações e os dois terços restantes aplicados em ativos financeiros de livre escolha do participante. O resgate dos valores aplicados poderá ser realizado após dez anos de permanência no programa, na homologação da aposentadoria oficial ou na idade de 65 anos.

Com a implementação do programa Pait, contaríamos com o importante retorno do investidor individual, que tanta falta está fazendo a nós e a todos os principais mercados de capitais do mundo. Por exemplo, a volta do investidor pessoa física teria o condão de evitar o que está sucedendo no mercado americano, também altamente concentrado na mão dos investidores institucionais (60% de todos os títulos no mercado são controlados pelos administradores dos fundos de pensão e fundos mútuos que detêm US$ 1 trilhão aplicado em ações e títulos de renda fixa e que realizam, em média, de 80% a 90% das transações diárias). Atualmente, em função da alta de juros e da competitividade dos fundos, os *money managers* (administradores de fundos) estão pautando a sua estratégia na compra de ações da seguinte forma:

— Aplicar menos em novos riscos, concentrar as aplicações em ativos já existentes: aplicar mais em empresas que utilizam verbas de pesquisas na busca de melhoras no processo produtivo e não naquelas que desenvolvem novos produtos.

— Aplicar mais nas empresas que demandam menos capital do que as que necessitam de grande massa de investimento.

— Aplicar mais nas empresas ligadas a recursos naturais que compram reservas existentes do que as que se dedicam a investir em exploração.

Esse processo centralizado de decisão dos *money managers* com uma visão de curto prazo e com a preocupação de retorno muito rápido está comprometendo nos EUA a própria perspectiva do crescimento futuro das empresas, ocasionando uma redução na capacidade tecnológica e aumento do grau de vulnerabilidade das empresas.

Finalmente, podemos observar que a constituição dos nossos fundos de pensão teve na tutela estatal o seu apoio e com uma abrangência principalmente nas companhias estatais; num segundo plano estamos tendo uma tentativa por parte do Comitê de Desenvolvimento do Mercado de Capitais (Codimec) de implantação do Pait que visaria a atender a um público de classe média, mas não podemos esquecer que os sindicatos deveriam também tentar elaborar planos semelhantes para que a classe trabalhadora e de menor poder aquisitivo tivesse a possibilidade de participar de planos semelhantes. Talvez o exemplo belga, em que o sindicato portuário criou uma caixa de compensação, objetivando minorar com a contribuição dos portuários o problema do desemprego –, conseguiu de uma forma simples e objetiva constituir uma espécie de seguro-desemprego.

A perda de poder aquisitivo da classe média, num período de grave crise econômica, tem sido um poderoso obstáculo ao desenvolvimento da previdência privada entre nós. Pior que isso, talvez seja o dirigismo estatal e as consequentes distorções que ele traz para a livre iniciativa. Assim, por exemplo, a imposição, pelo Conselho Monetário Nacional, de percentuais elevados a serem aplicados em títulos públicos, em relação às reservas técnicas dos fundos, revela uma óbvia tentativa de utilização dos recursos da previdência privada para financiamento do déficit público. Com isso, ela acaba por ser desviada para a realização de fins que, de modo geral, nada têm a ver com os objetivos para os quais tinha sido criada, ou seja, para a manutenção dos níveis de renda após a aposentadoria e para o desenvolvimento do mercado de capitais. Mas neste momento atual, na perspectiva de modificações, nada mais justo que pensarmos em novas alternativas que poderão auxiliar o futuro dos trabalhadores como também criar uma poupança forte e consolidada que possa se tornar uma fonte geradora de novos empregos e também um constante canal para a capitalização da nossa empresa privada nacional.

Bibliografia

A POLÍTICA financeira esvazia os Fundos de Pensão? *Tendência*, abr. 1981.
ANAIS dos I, II, III, IV e V Congressos da Associação Brasileira das Entidades Fechadas de Previdência Privada.
BEAUSOLEIL, Jean-Pierre. *La prévoyance sociale en Suisse.*
BOWMAN, F. *The complete retirement handbook.* 1983.
COHN, Amelia. *Previdência social e o processo político no Brasil.* São Paulo: Moderna, 1980.
DRUCKER, Peter. *A revolução invisível.* São Paulo: Pioneira, 1977.
FÉLIX, Antonio. O grande negócio do futuro. *Balanço Financeiro*, mar. 1984.
FUNDOS de Pensão: o futuro sem preocupações. *Conjuntura Econômica*, jul. 1983.
FURUBOTN, Eirik; ROSE, Peter. Fundos de pensão públicos e privados nos EUA. *RBMEC*, maio-ago. 1978.
GLAT, Moyses. *Fundos de pensão.* Rio de Janeiro, IBMEC, 1975.
INTRODUCTION *a une politique de prévoyance.* Genebra: Lombard, Odier & Cie.
LIBÓRIO, Antonio José. A previdência privada: a hora de ser previdente. *Tendência*, maio 1982.
MAGLIANO FILHO, Raymundo. Fundos de pensão não foram iniciativa espontânea, *Folha de S.Paulo*, 14 jan. 1979.
MENDONÇA NETO, Horácio de. As aplicações de ativos da previdência complementar, a experiência e o caso brasileiro em face da realidade do mercado e da regulamentação em vigor.
MENDONÇA NETO, Horácio de. Regulamentação das aplicações das fundações de seguridade. *RBMEC*, maio-ago. 1980.
NINTH *Annual Survey of Occupational Pension Schemes.* The National Association of Pension Funds Limited, 1983.
OS FUNDOS de pensão e o mercado de ações, *Revista da Bolsa*, out. 1979.
PAES, Luiz Carlos M. da Rocha. Fundações de previdência privada e o mercado de valores mobiliários. *RBMEC*, set.-dez. 1982.
PREVIDÊNCIA em apuros, *Conjuntura Econômica*, jun. 1982.

PREVIDÊNCIA Privada, *Exame*, 22 fev. 1984.
RIO Nogueira. *A crise moral e financeira da previdência social brasileira.*
SCOREBOARD Special, Business Week, 21 mar. 1984.
STEINBERG, R.; DANKNER, H. *Pensions.* John Wiley & Sons, 1983.

Intervenção do Estado e mercado de capitais

Diário do Comércio, sem data

As transformações políticas vividas pelo país nos últimos tempos e o fato de nos encontrarmos em um período pré-constituinte colocam como um dos temas básicos para a reflexão geral o problema relativo à intervenção do Estado no domínio econômico. Para isso, muito contribuiu o exagerado crescimento do aparelho estatal, que passou a atuar em praticamente todos os setores da atividade econômica. Além disso, a situação extremamente deficitária apresentada por muitas das empresas estatais sugere, como medida necessária, o estabelecimento de critérios claramente definidos para a situação do Estado de modo que não venha ele prejudicar o desenvolvimento do setor privado.

A questão referente à intervenção do Estado no domínio econômico não pode, segundo nos parece, ser tratada ou como algo intrinsecamente bom, ou, ao contrário, como algo que encerre uma perversão dos objetivos perseguidos pela iniciativa privada. Se o Estado atua ou não no sentido de favorecer a iniciativa privada é coisa que somente a prática poderá indicar. Assim, da mesma forma como o Estado, em muitos casos, apoia o setor privado garantindo-lhe a oferta de bens e serviços, muitas vezes a preços administrados, ou criando demanda, principalmente de bens de capital, a política regulamentar do Estado, de feição quase cartorial, e a sua ingerência em áreas que não lhe são próprias, provocam sérios transtornos para o desenvolvimento da iniciativa privada. Portanto, qualquer julgamento *a priori* sobre a situação do Estado contrasta com as diversas "situações de intervenção" que precisam ser analisadas caso a caso, para se chegar a uma conclusão objetiva sobre o papel do Estado em cada um dos setores.

No Brasil, a intervenção do Estado na economia está associada à passagem de uma economia agrário-exportadora a um modelo de substituição de importações, que tinha de enfrentar, inicialmente, o problema da debilidade do setor privado nacional e a grande dependência do país em relação aos centros mais adiantados. Procurou-se, então, através da atuação do Estado em alguns setores básicos para o desenvolvimento da atividade econômica, criar-se uma infraestrutura adequada para o crescimento e expansão da iniciativa privada. Desse modo foi que o Estado agiu nos chamados setores de base da economia, como siderurgia, petróleo e energia elétrica sem os quais qualquer tentativa de crescimento econômico estaria frustrada. Na verdade, pode-se dizer que não foi o acaso que determinou a participação estatal nesses setores. Todos eles são empreendimentos que, pela sua natureza, exigem grandes investimentos por parte de quem os realiza, sendo, ainda, de retorno lento e de maturação em longo prazo. Além disso, por causa do grande volume de capital exigido, a iniciativa privada nacional não tinha condições de assumi-lo. O Estado viabiliza, assim, num primeiro momento, a instalação e o crescimento industrial, lançando as bases do desenvolvimento econômico.

Contudo, foi justamente a partir de 1964 que o Estado ampliou consideravelmente o seu poder de intervenção do domínio econômico. Para que isso fosse possível, tornou-se necessário uma maior concentração de recursos financeiros e de decisões normativas pelo Governo Federal. Como mostra muito bem Luciano Martins (*Estado capitalista e burocracia no Brasil pós-1964*), verifica-se, nesse período, o aperfeiçoamento da capacidade arrecadadora do Estado e a criação de novas fontes de recursos que fortalecem o poder central em detrimento das estruturas políticas e administrativas locais, de que a reforma tributária implantada em 1966 é um dos maiores exemplos. Ocorre, também, um aumento da tributação indireta e o Estado compete com o setor privado na captação de poupança. Paralelamente, intensifica-se a criação de empresas estatais que passam a atuar em todos os setores da atividade econômica. De 1972 a 1975, 75% das transações em bolsas de valores envolviam papéis de empresas governamentais. Estas, por sua vez, acabaram, muitas vezes, por dar origem a grandes conglomerados, como é o caso da Petrobras e da Vale do Rio Doce, aumentando em muito o poder de seus dirigentes e dificultando qualquer possibilidade de controle. Mas, cabe perguntar, como fica o papel do Mercado de Capitais dentro da política de intervenção do Estado? De que forma ele é afetado?

No Brasil, o Mercado de Capitais figurou, desde o início do período pós-1964, como um dos objetivos básicos do Governo. Sua estruturação permitiria a rápida capitalização da empresa privada nacional, consolidando-se, desse modo, o modelo de desenvolvimento econômico acelerado.

Além disso, o Mercado de Capitais plenamente atuante desempenharia um papel significativo sob o ponto de vista político, principalmente no que diz respeito à legitimação de um sistema econômico apoiado na livre iniciativa e na liberdade de mercado, contribuindo para maior repartição da propriedade e desconcentração da renda, o que, em última análise, beneficiaria toda a população, garantindo-lhe a participação dos frutos do desenvolvimento. Porém, se tudo isso é verdade, em termos de explicitação de objetivos e definição de metas, a análise da política governamental, como um todo, parece revelar não ter havido muita coerência na tradução concreta de tais objetivos. Este fato encontra sua origem no modo pelo qual se processa a intervenção do Estado no domínio econômico.

Se, num primeiro momento, a ação do Estado visa, no domínio econômico, corrigir as distorções de um mercado incapaz de se autorregular, isto, todavia, não ocorre conforme esta ação se torne cada vez mais intensa. Com o tempo, o Estado ampliou consideravelmente os seus meios de ação, substituindo as leis de mercado por regulamentos baixados pelo Executivo. Isto fez com que, para garantir um crescimento, que muitas vezes estava limitado por fatores de ordem estrutural, o Estado passasse a ocupar posições que eram ocupadas pela iniciativa privada. Como toda intervenção provoca efeitos perversos, ela suscita uma nova intervenção que, por sua vez, acarreta consequências inesperadas. O interesse em uma estratégia intervencionista, que decorre dessa situação, aparece em consequência do fracasso de uma série de intervenções executadas pelo Estado. Do ponto de vista do Estado, torna-se necessário, como condição de eficácia, organizar e ordenar a intervenção, isto é, em uma palavra, concebê-la dentro de uma estratégia, como diz Faucher, aqui, significa que para o Poder Público é fundamental racionalizar, quer dizer, submeter a um exame global o conjunto dos instrumentos da intervenção e certificar-se de que os meios e a maneira de empregá-los guarde relação com os objetivos visados.

Esta exigência de racionalidade não elimina todas as contradições que são possíveis encontrar na intervenção do Estado na esfera econômica. Isto porque o Estado dispõe de um grande número de instrumentos de intervenção como, por exemplo, a política monetária, política fiscal, tarifas alfandegárias, subsídios, empréstimos e regulamentação. Além da dificuldade de harmonização desses diferentes instrumentos entre si, pode-se dizer que, no caso brasileiro, especialmente no período pós-1964, com o esvaziamento do Congresso Nacional, que trouxe, como consequência, a politização do Executivo, que passa a processar as aspirações e demandas dos diversos grupos sociais, a utilização de tais instrumentos de forma coerente foi ainda mais difícil. Tal fato fez com que houvesse, em diversas ocasiões, uma incompatibilidade entre as diversas políticas governamentais tendo em vista a realização de certos objetivos.

Cada um dos instrumentos da estratégia de intervenção tinha uma lógica de ação específica desencadeando uma série de medidas administrativas nesse sentido. Destarte, a análise dos grandes objetivos governamentais não pode ser feita sem que se verifique, ainda que a título exemplificativo, a ação de tais instrumentos e seus resultados.

Ninguém hoje nega a importância da política de incentivos fiscais para o fortalecimento do mercado de capitais. Essa política, que se iniciou nos anos 1965 e 1966, teve o seu grande momento com a edição do Decreto-lei n° 157/67, que a princípio permitia às pessoas físicas aplicar 10% do IR devido em fundos. Mesmo com as modificações posteriores sofridas por tais incentivos, foram extremamente expressivos os montantes de capitais transferidos para o mercado de bolsa. Apenas para se ter uma ideia do seu significado, os recursos levantados pelos incentivos fiscais foram da ordem de Cr$ 66 milhões em 1968 e CR$ 88 milhões em 1969, sendo que o valor dos negócios em Bolsa no Brasil atingiu tão somente Cr$ 331 milhões em 1967. Logo, o *boom* da Bolsa em 1971, com as consequências que se abateram sobre o mercado (perda de credibilidade e afastamento do investidor individual), não é tão ilógico assim. O *boom* foi o resultado, entre outros, da transferência de recursos financeiros para as operações de bolsa, concentrados em curto período de tempo. Nota-se, então, uma clara desproporção entre o objetivo de fortalecer o mercado e os meios utilizados para alcançá-lo que, como vimos, concorreram para provocar um resultado inverso.

Mas, se falta coerência na implementação da política fiscal, que acaba por gerar um movimento de especulação desestabilizante em um mercado ainda não completamente institucionalizado, pode-se dizer que esta coerência também não existe entre a ideia que norteia a política de incentivos fiscais e a política regulamentar, expressa, principalmente, por um emaranhado de decretos, portarias e resoluções, fartamente utilizados pelo Executivo pós-1964. Essa política, ao reduzir os níveis de certeza e segurança para o cálculo empresarial, faz com que as empresas privadas que desejassem abrir o seu capital relutassem ante à perspectiva de constantes alterações na orientação governamental para o setor. Nessa mesma direção encontra-se a política tributária do Governo que, ao alterar as alíquotas para fins de IR, na tentativa de aumentar a arrecadação, faz com que o investidor se mostre cauteloso quando à oportunidade de investir no mercado de capitais.

A variação da legislação e sua complexidade interna são, de fato, problemas que interferem no nível das empresas que pretendem abrir o seu capital como também naquelas que desejam entrar para o mercado de bolsa.

O Governo valeu-se, ainda, do mercado de capitais como meio de obter recursos para as empresas por ele controladas. Sobretudo na década de 1970 foram frequentes as subscrições públicas realizadas por empresas estatais, o que, na prática, significou o desvio de uma expressiva parcela de capital que poderia financiar a expansão das empresas privadas. A garantia governamental e a certeza de que, em última instância, o Estado banca os prejuízos de suas empresas, concorreram para o êxito de tais subscrições e para atrair o investidor desejoso de se resguardar de riscos futuros. Nesse e em outros casos, o mercado de capitais foi utilizado como um instrumento para financiar o déficit público.

Não é difícil perceber, com base no que acabamos de analisar, que se toda intervenção estatal não elimina as contradições entre os diversos instrumentos pelos quais ela se realiza, no Brasil tais contradições, pelas circunstâncias especiais que a envolveram, foram extremamente prejudiciais ao desenvolvimento de um dos objetivos da política econômica, o fortalecimento do mercado de capitais.

Fato é que, de uma forma ou de outra, este objetivo não foi alcançado. Isto não o torna, porém, nem um objetivo ilusório nem indesejável. Assim, neste momento da vida institucional do país, em que a estrutura político-econômica pretende ser revista desde o nível de um processo constituinte, a relação entre o mercado de capitais, instituição tipicamente privada, e o papel do Estado interventor têm necessariamente de estar na pauta das discussões.

O estado e o mercado de capitais

Conjuntura Econômica, março de 1986

A empresa estatal e o mercado de capitais

A estruturação do mercado de capitais no Brasil, ocorrida a partir da edição da Lei nº 4.728 de 1965, teve, como principal objetivo, a capitalização da empresa privada nacional.

Acreditava-se, à época, que a existência de um mercado de capitais plenamente atuante possibilitaria a canalização de recursos para as empresas nacionais, permitindo a consolidação no país de um modelo econômico baseado na grande empresa. Mas, se isso é verdade, como explicar que desde o seu nascimento, em 1965, o mercado de capitais tenha sofrido, quer no mercado primário, quer no mercado secundário, uma decisiva influência das chamadas empresas estatais?

Como explicar que as empresas estatais tenham participado, em situação bastante privilegiada, de um mercado que visava capitalizar a empresa privada nacional?

Para que se possa compreender essa situação, é necessário explicitar o modo pelo qual se deu o crescimento do aparelho estatal no Brasil, que acabou por gerar a criação de inúmeras empresas estatais, bem como a performance e o comportamento econômico das empresas estatais em relação às empresas tipicamente privadas.

Em primeiro lugar, é preciso que se considere que a expansão do Estado brasileiro, nos últimos anos, não ocorreu segundo um projeto deste ou daquele grupo social, mas se realizou de forma pragmática e completamente desordenada. A expansão do aparelho estatal não tem sido justificada por uma ideologia racionalizadora de sua intervenção. É curioso notar como, muitas vezes, a própria burocracia do Estado se manifesta favorável à empresa privada, mostrando os graves riscos representados pelo crescimento exagerado do Estado. Por outro lado, a grande expansão da ação empresarial do Estado, vista esta como atividade destinada à produção de bens ou a comercialização de serviços praticada por empresas governamentais, é bastante recente.

O Governo Federal detém, atualmente, cerca de 425 empresas, sendo que o setor produtivo estatal é composto de 236 empresas. As entidades típicas de governo somam 142, seis de previdência social, o número de bancos federais oficiais chega a 15, havendo ainda 16 concessionárias. Das empresas estatais hoje existentes, 60% foram criadas entre 1966 e 1976, total esse que é superior ao número de empresas estatais criadas nas seis décadas precedentes. A criação de empresas estatais, em muitos casos, foi a matriz para a formação de conglomerados que atingiram proporções extremamente elevadas. Tal foi o que sucedeu com a Petrobras e a Vale do Rio Doce. No primeiro exemplo, a Petrobras expandiu suas atividades no setor de refino, da comercialização, do transporte marítimo, da petroquímica e dos fertilizantes, da prospecção internacional e das *trading companies*. As próprias atividades ancilares da empresa, que normalmente não apresentariam uma tendência à integração, acabaram por provocar expansões sucessivas: o crescimento da frota de petroleiros conduziu à ampliação de terminais marítimos; a exploração do petróleo no exterior (Argélia, Egito, Iraque etc.) levou à implantação de uma atividade de refino no exterior, como a que existe na Itália, e a sua comercialização junto ao mercado europeu. Com a Vale ao Rio Doce, ocorreu igual tendência à conglomeração, o que resultou na criação de mais de vinte subsidiárias. Isso fez com que os recursos destinados à diversificação de atividades sempre fossem expressivos no orçamento da empresa.

Como bem demonstrou Luciano Martins (*Estado capitalista e burocracia no Brasil pós-64*), o processo de expansão e diversificação de atividades das empresas governamentais se consolida no período pós-1964 numa conjuntura na qual a principal preocupação governamental era a de eliminar o déficit público e conter a inflação, através da ação combinada da reformulação do esquema captação de recursos, da redução das transferências intergovernamentais e da prática de uma política "realista" de preços. Nessa época, as empresas estatais foram muito utilizadas para contrair crédito externo que depois era repassado para outros setores da Administração.

Além disso, é relevante observar a *performance*, em diversas situações, das empresas estatais e compararmos o seu desempenho com o setor privado. Assim, a análise dos dados referentes às mil maiores S.A. brasileiras, publicada pela *Revista Conjuntura Econômica*, em abril de 1985 (dados de 1983), nos permite traçar ao menos em parte um perfil da atuação das empresas estatais na economia brasileira. A partir da identificação de alguma das características dessas empresas, poderemos compreender melhor o seu papel na capitalização das empresas no Brasil. Os dados a respeito do patrimônio líquido das mil maiores S.A. tornam claro o gigantismo da participação estatal. As 119 estatais analisadas respondem por parcelas entre 63% e 65% do patrimônio líquido total, enquanto as 793 empresas privadas nacionais ficam com parcelas que variam de 26% a 28% do patrimônio líquido das mil maiores empresas.

Pode-se também concluir que, no período de 1978 a 1983, o Estado não alimentou o crescimento de suas empresas. Quando se observa a relação lucro líquido/lucro retido, nota-se que, à exceção do ano de 1981, os percentuais de lucro retidos pelas empresas estatais foram menores do que as parcelas retidas pelas empresas privadas nacionais. Daí deduzir-se que as empresas estatais tinham menor preocupação de se prover de recursos para fazer frente aos seus investimentos. Tal fato, que pode ser creditado à certeza de aportes governamentais, revela, por parte das estatais, uma política mais generosa na distribuição dos lucros obtidos.

No tocante à origem e aplicação de investimentos, podem-se notar, também, atitudes bastante distintas entre as empresas estatais e as empresas privadas nacionais.

Enquanto nas empresas privadas os recursos gerados pela própria empresa foram ganhando importância para seus investimentos, as empresas estatais aumentaram a participação dos recursos de origem externa à empresa. As empresas privadas nacionais utilizaram seus recursos e captaram recursos externos, sobretudo para o ativo circulante. Já as estatais concentraram em investimentos no ativo permanente, mas precisaram recorrer a recursos externos para atender a suas necessidades de ativo circulante, de ativo realizável em longo prazo e, principalmente, de ativo permanente. Isto quer dizer que, mesmo para sua operação, a empresa estatal teve que recorrer a recursos externos durante o período analisado.

No que diz respeito a despesas financeiras, há semelhanças entre os dois segmentos analisados. Em ambos os casos, a participação dessas despesas em relação às despesas operacionais aumentou. Mas, enquanto as empresas privadas nacionais demonstraram maior controle sobre essas despesas (a variação foi de 23,3% para 50,2%), nas estatais o descontrole foi total (28,4% para 89,9%).

Quanto ao endividamento, também se notam tendências distintas entre os dois grupos de empresas. As empresas estatais apresentavam em 1983 um endividamento, em termos reais, correspondente a 201% do seu endividamento em 1978. Já no caso das empresas privadas nacionais, esse endividamento alterou-se apenas de 100% para 108%, o que significa um crescimento real de 8%.

A relação recursos próprios/recursos de terceiros também aponta discrepâncias. Os dois segmentos em 1978 apresentavam mais recursos próprios na sua capitalização (1,05 no caso das estatais e 1,08 para as empresas privadas nacionais). Mas observando-se os dados atuais, conclui-se que, enquanto as empresas nacionais procuram reduzir a participação de recursos de terceiros (em 1983 a relação era de 1,46), no caso das estatais o capital próprio perdeu relevância (0,76 na relação com recursos de terceiros em 1983).

Quanto às receitas de vendas, as empresas estatais apresentaram um crescimento real de 31%, enquanto no segmento privado nacional o crescimento foi apenas de 2%.

Essa diferença pode ser creditada aos melhores preços alcançados pelas estatais, principalmente dos produtos de exportação como minério de ferro e petróleo.

Uma primeira comparação revela o exagerado crescimento alcançado pelas empresas estatais; a existência, em seu âmbito, de uma política mais generosa de distribuição de dividendos; a sua utilização como meio para a obtenção de recursos externos, além de uma expressiva participação das despesas financeiras em relação às despesas operacionais.

É claro que, em termos de mercado de capitais, esses dados são relevantes. O gigantismo das empresas estatais, a existência de uma política mais generosa de distribuição de dividendos e a certeza de que os aportes de recursos governamentais são utilizados para suprir o déficit de tais empresas diminuem e quase eliminam a possibilidade de risco de perdas por parte do investidor do mercado de capitais. A consequência lógica será a maior atração exercida pelas ações de empresas estatais, tanto no mercado primário quanto no secundário. Muito embora as subscrições públicas de empresas estatais tenham praticamente cessado desde o final da década de 1970, os volumes de recursos arrecadados por tais subscrições foram extremamente elevados. Já no mercado secundário, a atração exercida pelas ações de empresas estatais não é menor. Em 1984, a participação dos títulos governamentais no mercado a vista da Bolsa de Valores do Rio de Janeiro foi de 62,15% ao volume negociado em cruzeiros. De janeiro a abril de 1985, essa participação foi de 71,74%.

Podemos ter uma ideia mais nítida da participação das ações das empresas estatais no mercado de Bolsa através da análise dos dados publicados na *Revista da CVM* (jul.-ago. 1985). Numa amostra de 299 empresas (que detêm 84% do patrimônio líquido das 570 empresas negociadas), 27 empresas governamentais detêm 40,5% do valor de mercado das empresas da amostra, enquanto 49,5% deste valor está pulverizado entre 252 empresas privadas nacionais.

A utilização do valor de mercado (produto entre o número de ações da empresa e sua cotação) nos dá a ideia de concentração dos recursos no mercado acionário, indicando a participação das estatais: apenas sete empresas são responsáveis por 49% do valor de mercado das empresas da amostra, e entre estas temos quatro estatais (Petrobras, com 12%, Banco do Brasil, 11%, Vale do Rio Doce, 10%, e Acesita, 3%). É preciso notar que, de julho a dezembro de 1984, o valor de mercado das estatais passou de 32% para 45% do valor total, apresentando um crescimento de 277%, num período em que a valorização do IBV foi de 201,9% e a do Ibovespa foi de 243%.

A utilização dos dados referentes ao estoque de ações em circulação vem confirmar a concentração de recursos em papéis de empresas governamentais. Entre as seis empresas com maior valor de ações em circulação (50% do total), temos quatro estatais: Banco do Brasil, com 14% do valor das ações em circulação; Petrobras, com 14%; Vale do Rio Doce, com 9%, e Acesita, com 4%. A outra conclusão que se pode tirar, ao analisar os dados das ações em circulação, é que a abertura de capital das empresas governamentais é apenas relativa, uma vez que é ínfima (13% do total) a quantidade de ações ordinárias em circulação (no caso das empresas privadas nacionais não financeiras, este valor é 33%, e das financeiras, 46%).

Tudo isso comprova, de maneira bastante clara, a situação de privilégio das empresas estatais em relação às empresas privadas nacionais. Este privilégio é ainda reforçado pelo fato de as empresas estatais (sociedade de economia mista) não estarem, segundo a Lei das S.A., sujeitas ao processo falimentar, cabendo ao Estado responder, de forma subsidiária, pelas obrigações sociais.

Mas a dimensão alcançada pelas empresas estatais acabou por se constituir, também, em um fator de instabilidade para o mercado de capitais. Isto porque o crescimento do aparelho estatal provocou maior autonomia das empresas estatais em relação aos ministérios a que se acham subordinadas.

Elas se converteram em estruturas descentralizadas com um considerável grau de autonomia administrativa e financeira. Em uma palavra, têm elas, em grande medida, a capacidade de gerar políticas empresariais, cujo reflexo será indiscutível em matéria de mercado de capitais. Pode-se então prever que, num mercado dominado pelas ações de empresas estatais, qualquer decisão de mudança de política empresarial tenha consequências bastante sérias. Mesmo quando tais decisões são tomadas pelo Governo, como a de vender ações de empresas estatais, a sua repercussão sobre o mercado precisa ser cuidadosamente avaliada para que os seus efeitos possam ser por ele absorvidos.

Enfim, de tudo o que se disse pode-se concluir que o mercado de capitais, que fora criado inicialmente para beneficiar as empresas privadas, foi utilizado, em larga medida, pelas empresas estatais como forma de captar recursos que financiaram a sua própria expansão. Com isso, elas passaram a disputar e desviar recursos que normalmente seriam canalizados para as empresas tipicamente privadas. Assim, pode-se dizer que, se as empresas estatais tiveram um papel importante, sobretudo na fase de estruturação do mercado de capitais e na crise de 1971, garantindo-lhe um mínimo de confiabilidade, em seu todo, a atuação por elas desenvolvida prejudicou o desenvolvimento do mercado de capitais entre nós. Isso significa que, sem o estabelecimento de medidas que coloquem as estatais em situação de igualdade com as empresas privadas, dificilmente poderemos ter um mercado de capitais contribuindo para a capitalização da empresa privada nacional.

Empresa estatal e seu controle

Ninguém, hoje, nega a necessidade de exercer um efetivo controle sobre as empresas estatais. O exagerado crescimento do aparelho estatal, que acabou por gerar uma situação deficitária em muitas de suas empresas, fazendo com que se acentuassem as despesas do Estado com o seu setor produtivo e se elevasse rapidamente o déficit público – além da situação de privilégio em que, em muitos casos, as empresas estatais competem com as empresas privadas, como ocorre em termos de mercado de capitais, por exemplo –, tornam clara a exigência de um rígido controle sobre a sua atuação. Antes, porém, de indicarmos qual é, em nosso entender, a forma pela qual tal controle deve ser exercido, será útil examinar como a questão do controle das empresas estatais se apresenta na realidade brasileira atual.

No Brasil, a questão referente ao controle das empresas estatais tem sido caracterizada pela inexistência de mecanismos institucionais adequados ou pelo excessivo formalismo dos instrumentos hoje existentes. Uma das formas mais simplificadas de controle de que dispomos é o controle fiscal, que incide sobre a regularidade da gestão financeira das empresas do Estado.

Segundo esse tipo de controle que vem regulado pela Lei Nº 6.223 de 4/7/1975, as entidades com personalidade jurídica de direito privado, de cujo capital a União, Distrito Federal, os municípios ou qualquer entidade da Administração Direta seja detentora da totalidade ou maioria das ações ordinárias, ficam submetidas à fiscalização financeira pelo tribunal de contas competente, sem prejuízo do controle exercido pelo Poder Executivo. Diz a lei ainda que esta fiscalização respeitará as peculiaridades de funcionamento da entidade, limitando-se a verificar a exatidão das contas e a legitimidade dos atos, e levará em conta os seus objetivos de natureza empresarial e operações segundo os métodos do setor privado da economia.

Apesar de ser esta uma forma de controle bastante incipiente, ela tem tido poucos efeitos práticos. Isto porque as empresas estatais, uma vez constituídas, são disciplinadas pelas normas que regem a atividade das empresas privadas. Daí que, como as empresas privadas não estão sujeitas ao controle do Estado, as empresas estatais que, para os efeitos legais, a elas se equiparam, não sofrem, pelo seu caráter, qualquer limitação quanto ao regime do seu pessoal, a remuneração dos dirigentes ou a licitação e contratos que venha a realizar.

Outro tipo de controle existente entre nós é aquele que delega ao Legislativo a faculdade e mesmo o dever de fiscalizar a atuação das empresas estatais. Na verdade, não se trata apenas de um controle *a posteriori*, mas sobre a própria criação de tais empresas. No Brasil, a criação de empresas estatais, embora de iniciativa do Executivo, está subordinada à autorização do Legislativo. Exerce, assim, o Legislativo, um controle *a priori*, opinando sobre a oportunidade ou não de se criarem novas estatais.

Além disso, cabe ao Legislativo a aprovação dos planos nacionais e setoriais de desenvolvimento, que têm nas empresas estatais o seu meio próprio de realização. Elas são, em tais casos, o instrumento de operacionalização da política governamental para as diferentes regiões do país. Por seu intermédio, o Legislativo fiscaliza, por via indireta, a atuação das empresas estatais em cada um dos setores.

Outro ponto a considerar diz respeito ao fato de que o Legislativo não tem qualquer participação na elaboração ou na determinação das verbas orçamentárias. Ao receber a proposta orçamentária do Executivo, não cabe ao Legislativo alterar o orçamento, devendo aprová-lo, sem alterações no prazo previsto em lei. Caso isso não aconteça, o orçamento será automaticamente considerado aprovado. Este fato coloca sérios obstáculos ao controle dos gastos das empresas estatais, isto sem se considerar que até o presente exercício o orçamento das estatais não fazia parte do orçamento público da União, sendo aprovado por mero ato administrativo, sem qualquer participação do Congresso.

O Legislativo não pode, quando desejar obter mais informações sobre o comportamento de determinada estatal, convocar o seu presidente ou qualquer membro de sua administração, já que eles não têm responsabilidade política. A única medida cabível será a convocação do ministro a que a estatal estiver subordinada para a prestação das informações necessárias. As próprias comissões de inquérito, que deveriam ser um dos mecanismos mais eficazes de controle das empresas estatais, não têm, até agora, apresentado os resultados que seriam de se esperar.

Uma das mais importantes tentativas de controlar as empresas estatais foi a realizada em 1979, com a criação da Secretaria de Controle de Empresas Estatais, Sest, vinculada à Secretaria de Planejamento da Presidência da República.

Dentro do âmbito sobre o qual deve a Sest exercer suas atividades, incluem-se as empresas públicas, sociedades de economia mista, suas subsidiárias e todas as empresas controladas, direta ou indiretamente, pela União, autarquias e fundações instituídas ou mantidas pelo poder público.

É curioso notar que, em relação à esfera de competências que lhe foi conferida, a Sest engloba, pelo menos em tese, poderes extraordinariamente amplos sobre a atividade da administração direta e indireta da União. Assim, cabe à Sest coordenar, por delegação do ministro-chefe da Secretaria de Planejamento da Presidência da República, as atividades das empresas estatais que envolvam recursos e dispêndios globais passíveis de ajustamento à programação governamental, tendo em vista os objetivos, as políticas e as diretrizes constantes do plano nacional de desenvolvimento. A ela também incumbe entre outras coisas, a elaboração ao programa anual de aplicações com base nas informações fornecidas pelas empresas estatais: elaboração de proposta de fixação de limites de dispêndios globais a serem aprovados pelo Presidente da República no âmbito do Conselho de Desenvolvimento Econômico – CDE; acompanhar a gestão das empresas estatais no que tange à sua eficiência, desempenho, operacionalidade e rentabilidade econômico-financeira.

A Sest deverá, também, opinar sobre a prioridade de projeto ou programa específico e a capacidade de pagamento do interessado pra fins de contratação de operações de crédito externo por empresas estatais, bem como por órgãos da administração dos estados, Distrito Federal e territórios; propor critérios para fixação ou reajustamento da remuneração dos dirigentes de empresas estatais; emitir parecer sobre quaisquer propostas de criação de empresas estatais ou assunção do controle por tais empresas de empresas privadas, e manifestar-se a respeito de quaisquer propostas de aumento de capital e de emissão de debêntures conversíveis ou não em ações de empresas estatais antes de serem submetidas à apreciação do Presidente da República.

O que se pode constatar é que tais formas de controle têm, com maior ou menor intensidade, fracassado em seu objetivo de fiscalizar as empresas estatais. Esse fracasso se deve, por um lado, tanto à incapacidade dos instrumentos propostos para alcançar os fins a que se propunham, como é o caso do controle sobre a gestão financeira das empresas estatais, quanto à pouca ou quase nenhuma influência do Legislativo e, por outro lado, a ineficácia de certos controles formais, do tipo Sesi, desde que convocados em nível ministerial. Aliás, a experiência internacional tem demonstrado que os controles de tipo formal vinculados à supervisão ministerial têm, invariavelmente, sido pouco eficazes. Além disso, a organização de controles não propriamente formais, através da formação de *holdings* setoriais (como a Siderbras e Consider), tem revelado conflitos entre tais órgãos e os ministérios aos quais tais empresas estão subordinadas.

A inexistência de mecanismos institucionais de controle verdadeiramente adequados tem feito com que frequentemente se lance mão, nas empresas estatais, da nomeação de diretorias que se caracterizem pela lealdade pessoal ao Executivo, e cujos membros não apresentam, muitas vezes, as qualidades requeridas para um bom administrador. Como consequência, tem-se a formação de uma situação conflitiva entre a empresa propriamente dita e tais diretorias.

Pelas razões que acabamos de apontar, julgamos oportuno que se venha a adotar, no Brasil, um novo sistema de controle das empresas estatais. Tal sistema, a nosso ver, deve principiar por conceder maior liberdade ao Legislativo na fiscalização dessas empresas.

Nesse particular, a primeira medida a ser tomada deveria consistir na alteração das normas constitucionais que regem o orçamento público federal, permitindo-se ao Congresso atuar com maior desenvoltura em matéria de elaboração orçamentária.

Assim, mesmo se mantendo o princípio atual de que as leis orçamentárias são de iniciativa exclusiva do Executivo, poder-se-iam conceder ao Legislativo mais facilidades no que diz respeito à apresentação de emendas ao projeto de lei orçamentária apresentado pelo Executivo. Desse modo, o Congresso teria maior controle sobre o montante de recursos destinados às empresas estatais, podendo, por iniciativa sua, alterá-los quando julgasse conveniente.

Deveria, também, caber ao Legislativo a aprovação dos nomes dos dirigentes de empresas estatais quando de sua indicação para o cargo.

Outra medida que poderia ser tomada, conforme já demonstrou a experiência francesa reafirmada por relatório elaborado pela Organização das Nações Unidas sobre o assunto, é a nomeação de delegados governamentais colocados *ad hoc* na diretoria ou no conselho de administração da empresa, mas sem integrar de forma permanente esses órgãos.

Faz-se necessário, também, o estabelecimento de critérios para a equiparação das condições de atuação das empresas públicas e privada de forma que na gestão de ambos os tipos de empresa não ocorram situações discriminatórias. Nesse sentido, dever-se-ia repensar o modo pelo qual as empresas estatais atuam no mercado de capitais, eliminando-se os privilégios que possuem e estabelecendo-se condições equitativas para a sua atuação que não prejudiquem as empresas privadas.

Contudo, a medida mais importante que julgamos oportuno adotar é a criação de um controle social sobre as empresas estatais. Este controle poderia ser exercido por um conselho, que se chamaria Conselho das Estatais, e que seria composto, de forma paritária por membros do governo e da iniciativa privada. A sua função seria a de definir o grau de intervenção do Estado na economia estabelecendo, *in concreto*, em quais casos essa participação é ou não desejada.

Além disso, a existência de tal conselho, pela sua própria natureza, garantiria transparência de informações e legitimidade política necessárias às decisões que viessem a ser tomadas.

Caberia ao Conselho das Estatais, por exemplo, no momento atual, dizer como se dará o processo de desestatização da economia, qual o seu ritmo e em que setores deverá ele iniciar-se.

Enfim, mais do que "privatizar" simplesmente, o Conselho opinaria sobre o elevado grau de concentração existente nos setores de atuação das empresas estatais e que ocorre, quase sempre, em situação de monopólio ou oligopólio.

Isto porque o êxito do programa de desestatização da economia somente produzirá os resultados desejados em termos de eficiência administrativa e operacional se se reduzir o grau de concentração existente em muitos dos setores de atuação das empresas estatais. O Conselho das Estatais, a quem caberia todas essas atribuições, seria não somente o foro adequado para a tomada de tais decisões como também se constituiria em um mecanismo institucional capaz de, sem as vinculações burocráticas dos órgãos do Executivo, exercer um controle social sobre a ação das empresas estatais.

Mercado de acesso: uma proposta para o mercado de capitais

O Estado de S. Paulo, 8 de junho de 1986

Não deixa de ser curioso observar que, depois de vinte anos da estruturação do mercado de capitais no Brasil, ocorrida a partir da edição da Lei nº 4.728/65, existam, hoje, apenas 611 companhias abertas cotadas nas bolsas de valores. O apoio governamental, baseado na ideia de crescimento econômico planejado, na concessão de incentivos fiscais e na mudança da legislação existente, não fez com que o mercado de capitais tivesse o desenvolvimento esperado e que um número considerável de novas empresas abrissem o seu capital. Muitos fatores, com certeza, podem ser apontados para justificar este fato. Alguns deles são particularmente importantes: no plano econômico, a política desenvolvida por organismos governamentais, como o BNDES, que tiveram uma atuação decisiva na concessão de créditos a juros subsidiados, consequentemente inibindo a abertura de capital das empresas; no plano cultural, a nossa tradição que apresenta certo patriarcalismo na gerência econômica, em que se acredita, antes, na tutela do poder do que nas incertezas da livre iniciativa; no plano jurídico, a transposição para o nosso sistema legal de institutos jurídicos típicos da prática norte-americana, dificultando, sem dúvida, a absorção por parte dos que militam no mercado de capitais do seu real sentido jurídico; no plano estrutural, um modelo de mercado de bolsa que induz e acaba favorecendo, em geral, o acesso das empresas de grande porte, não se transmitindo assim à sociedade empresarial uma imagem de abertura mais abrangente para as companhias de médio porte. Além do mais, no momento atual, alguns fatores adquirem uma relevância conjunturalmente importante, como é o caso do sócio externo, que gera problemas, posto que um participante novo dentro da empresa produz uma série de responsabilidades sociais, como, por exemplo, a necessidade de uma ampla prestação de informações sobre a empresa e os custos inerentes ao processo de abertura de capital para qualquer companhia.

Na verdade, a abertura de capital representa, para as sociedades, considerável transformação nos métodos de gestão empresarial. Isto porque a entrada de determinada empresa no mercado de capitais deve ser precedida do cumprimento de inúmeros requisitos para que suas ações possam ser negociadas no mercado de bolsa. Além da profissionalização da administração que costuma acompanhar a abertura de capital de uma dada empresa em face da necessidade de maior racionalização e eficiência, a presença de um sócio externo exige, por parte da empresa, uma ampla divulgação de informações capaz de assegurar uma completa visibilidade de sua situação econômico-financeira. A imposição legal de uma periódica prestação de informações bem como a necessidade de satisfazer as exigências impostas pela CVM para a negociação das ações em bolsa são algumas das razões que justificam o temor dos empresários em abrir o capital de suas empresas.

Outro fator, ainda, que atua no sentido de dificultar a abertura de capital de muitas companhias localiza-se nos custos necessários para a sua realização. Entre os mais importantes estão os custos referentes à tratativa junto a um banco de investimento, sociedade corretora ou distribuidora, que planeje e faça toda operação de abertura de capital. Há ainda os chamados custos de lançamento, ou seja, o custo de garantia que o subscritor recebe pela venda que ele fará das ações da companhia, o que dependerá, por sua vez, da situação do mercado, variando, em média, de 6% a 9%. Por tais razões é que, a nosso ver, se torna necessário criar condições para que principalmente as médias empresas possam abrir o seu capital, participando, numa primeira fase, do assim chamado mercado de acesso, que se constituiria numa espécie de aprendizagem para o próprio empresário, para que depois a empresa possa galgar o mercado de bolsa.

Para muitas empresas em geral, a participação no mercado de bolsa, pura e simplesmente, sem que haja uma preparação adequada, pode causar problemas que inviabilizem futuros aumentos de capital que elas venham a realizar. Assim sendo, dependendo da empresa que pretenda abrir o seu capital, é possível, em tese, atualmente, recomendar, como passo inicial, que ela entre para o mercado de balcão. O mercado de balcão, que existe no Brasil, deveria possibilitar à empresa mostrar os aspectos positivos e negativos de sua administração, indicando se ela tem capacidade de gerar dividendos aos acionistas, apresentando, por outro lado, uma completa visibilidade de negociação de suas ações. Mas, para as empresas médias, isto não é eficaz, pois seria preciso eliminar certas imperfeições reveladas pelo mercado de balcão, ou, melhor ainda, instituir-se entre nós aquilo que na Inglaterra e na França vem sendo chamado de mercado de acesso.

Nesses países, foi constituída, nos últimos tempos, uma série de companhias de capital de risco, que nada mais são do que empresas formadas com recursos de pessoas físicas ou jurídicas para investirem em empresas de tecnologia de ponta. O objetivo visado consistia em que tais empresas, que não apresentavam capital de giro suficiente e não possuíam uma administração profissionalizada, pudessem futuramente se desenvolver e ser cotadas em bolsa. Foi assim que, na França e na Inglaterra, nasceu a necessidade da criação de um mercado de acesso, que seria um mercado de companhias médias, as quais poderiam, no futuro, ingressar com êxito no mercado de bolsa. Na verdade, a criação do mercado de acesso no Brasil, como estágio inicial para as empresas que desejarem abrir o seu capital, teria, como uma de suas principais finalidades, a possibilidade de proporcionar às empresas uma fonte de captação de recursos, enquanto, ao mesmo tempo, prepararia sua administração para a cotação de suas ações no mercado de capitais. Seriam admitidas como participantes do mercado de acesso as companhias que já tivessem suas ações no mercado de balcão e as empresas que pudessem ter a condição de aberta desde que estivessem registradas na CVM e na Bolsa de Valores; prestassem informações ao mercado, em níveis e períodos determinados; apresentassem um dado montante de capital e patrimônio líquido, além de um determinado nível de pulverização de suas ações junto ao público.

Poderia acontecer que, em certos casos, alguma empresa não estivesse em condições de preencher tais requisitos. Este problema poderia ser contornado facilmente através da realização de subscrição ou de uma oferta de venda de suas ações, desde que, para tanto, tivesse a empresa de obter maior pulverização de sua base acionária. As empresas que viessem a participar do mercado de acesso teriam suas ações negociadas no próprio pregão da Bolsa de Valores, em um posto especialmente criado para este fim, o que daria ao investidor a possibilidade de saber a cotação das ações, trazendo, com isso, maior visibilidade e credibilidade ao mercado. As empresas que desejassem participar do mercado de acesso seriam ainda beneficiadas pela diminuição das exigências impostas pela CVM para a abertura de capital, estabelecendo-se, inclusive, uma redução das anuidades cobradas pelas bolsas de valores e das comissões devidas pelas empresas aos intermediários financeiros nas colocações de ações. A prestação de informações, por parte das empresas, seria mais limitada do que aquela exigida para a participação plena no mercado de capitais. Os investidores se beneficiariam, pois poderiam ter o mesmo tratamento fiscal dado às companhias abertas.

No momento atual, a criação do mercado de acesso no Brasil proporcionaria, com toda certeza, uma grande dinamização do mercado de capitais, contribuindo para elevar o número de companhias abertas e a consolidação do próprio mercado não só porque viabilizaria de forma mais racional a entrada de novas companhias como também daria a possibilidade de acesso a empresas de médio porte, tão importantes para a concretização de uma economia de mercado. Desta forma, as bolsas, possuindo um número expressivo de companhias cotadas nos seus quadros, seriam um instrumento de transparência para mostrar a força da livre iniciativa para toda a sociedade brasileira, servindo, sem dúvida, para ratificar a legitimidade da livre empresa.

A Constituinte e o mercado de capitais

O Estado de S. Paulo, 2 de outubro de 1987

No momento em que a Constituinte ingressa na fase final dos seus trabalhos, começando a serem delineadas as diretrizes que vão estruturar a nova Constituição, são inevitáveis algumas perguntas por parte de todos aqueles que militam no setor de mercado de capitais. Em que sentido a nova Constituição poderá afetar o mercado de capitais? Quais os seus reflexos sobre a atividade empresarial, particularmente sobre a lucratividade das empresas? É possível compatibilizar um alto grau de intervencionismo estatal com as exigências de flexibilidade e dinamismo requeridos pelo Mercado de Valores Mobiliários?

Talvez, em uma primeira análise, se pudesse afirmar que a promulgação de uma nova Constituição não afeta de modo direto o mercado de capitais, já que se encontra regulado por uma legislação própria, de caráter ordinário, e somente a alteração desta poderia ocasionar modificações imediatas em seu funcionamento. Todavia, uma análise desse tipo, que privilegia exclusivamente o aspecto formal relativo às regras que disciplinam a organização e o funcionamento de Mercado de Valores Mobiliários, não pode explicar, satisfatoriamente, as interações existentes entre o jurídico, o econômico e o político ou entre o plano formal, representado pelas normas legais, e o plano real dos comportamentos sociais.

A mudança das regras constitucionais, ampliando ou reduzindo o papel do Estado no domínio econômico, a maior ou menor regulamentação da atividade empresarial, a alteração da estrutura administrativa estatal, principalmente dos órgãos que agem sobre a esfera econômica, tudo isso tem uma importância decisiva para o mercado de capitais, influindo em seu funcionamento e na sua função como veículo de capitalização da empresa privada nacional. Sendo assim, pode-se perceber o impacto que a nova Constituição terá sobre o mercado de capitais. Particularmente em relação às medidas que estão sendo sugeridas para figurar no próximo texto constitucional e que mais diretamente influirão sobre o sistema financeiro, está a permanência do Decreto-Lei como principal instrumento do Executivo no domínio econômico. No projeto constitucional, a figura do Decreto-Lei aparece, no artigo 72, sob a denominação de "medidas provisórias com força de lei" baixadas pelo presidente da República em caso de urgência e relevância que serão submetidas ao Congresso Nacional para sua aprovação. Tais medidas perderão eficácia, desde a sua edição, se não forem convertidas em lei, no prazo de trinta dias a partir de sua aplicação. Mesmo avançando em relação à Constituição atual, o Executivo continua a dispor de um poder discricionário extremamente amplo pois, além de se admitir possibilidade de intervenção do Executivo, não se define, com o mínimo de clareza, os limites dessa intervenção. A definição do que seja "urgência e relevância" fica a critério do Executivo, o que, em termos econômicos, significa eliminar o mínimo de certeza e segurança para o exercício da atividade empresarial.

No Brasil, a instituição do decreto-lei como figura constitucional ficou associada às pretensões dos governos pós-1964, no sentido de maximizar os seus recursos de poder para a viabilização do desenvolvimento econômico. Este, por sua vez, dependia da existência de instrumentos legais flexíveis, capazes de permitir uma readaptação contínua às novas situações conjunturais e de converter metas e objetivos específicos em comportamentos obrigatórios para toda a sociedade. Por outro lado, a utilização maciça de decretos-leis pelas autoridades governamentais esteve relacionada com o processo de esvaziamento do Legislativo, fazendo com que a ordem legal dependesse, cada vez mais, do poder regulamentar dos órgãos do Executivo. Com isso, ampliava-se consideravelmente a discricionariedade política da burocracia estatal, o que, na prática, representou eliminar o mínimo de certeza e segurança para o cálculo empresarial. Apenas no âmbito do mercado de capitais, as incertezas geradas pelas alterações da política fiscal, monetária e cambial foram de tal monta que entre o Decreto-Lei nº 157 de 1967, que criou os fundos de investimentos fiscais, e o Decreto-Lei nº 1994, de 29/12/1982, que estabelece estímulos para a transformação da dívida externa em capital de risco, foi baixado, em média, um decreto a cada três dias.

E na esteira dos decretos-leis vinham as famigeradas resoluções do Banco Central. Entre a resolução nº 63, de 21/08/1967, que permite a captação e o repasse de recursos externos pela rede bancária privada nacional, e a resolução nº 796, de 11/01/1983, que libera 5% dos depósitos compulsórios dos bancos para aplicação em ações e debêntures, o BC produziu, em média, uma resolução por semana. Simultaneamente à dissolução dos valores de certeza e segurança, o que este fato nos revela, de forma muito clara, é a subordinação da atividade privada aos objetivos do planejamento governamental. Este é o motivo pelo qual o Governo insistentemente se nega a abrir mão de um instrumento tão poderoso como o decreto-lei num momento de reforma constitucional, pois através dele é que se torna possível contornar os limites formais dos códigos e das leis ordinárias, considerados obstáculos à ação do Executivo. Mas, se a nova Constituição não impuser limites à utilização de decretos-leis pelo Executivo, tudo indica que deverá até mesmo se ampliar a situação atual, permanecendo a iniciativa privada sujeita às incertezas da política econômica, o que sem dúvida dificultará o seu desenvolvimento futuro.

Ademais, entre as medidas até agora sugeridas pela Constituinte não figura nenhuma tentativa séria de exercer um efetivo controle sobre as empresas estatais. O controle atualmente exercido pela Secretaria das Empresas Estatais (Sest) tem sido não raro ineficaz senão inexistente, deixando de cumprir as finalidades para as quais foi criado. Nos últimos anos, o aumento da estatização no Brasil proporcionou não só a criação de um grande número de empresas estatais, como também a expansão das atividades e do poderio das já existentes. Apenas para se ter uma ideia da velocidade com que isto ocorreu, de 1966 a 1976 foram criadas cerca de 60% das empresas estatais hoje existentes. O crescimento das empresas estatais conduziu a um processo de autonomização em face dos organismos governamentais a que se acham vinculadas, fazendo com que se tornasse extremamente difícil a unidade da ação governamental. Ora, os reflexos desses fatos são de grande significado para o mercado de capitais. As empresas estatais, ao participarem do mercado de capitais, encontram-se numa posição mais favorável que as empresas tipicamente privadas. A atuação do Estado, que banca, em última instância, quaisquer prejuízos por elas obtidos, constitui-se em poderoso atrativo para o investidor que busca um investimento sólido com um mínimo de risco. Curiosamente, porém, num mercado que foi criado para beneficiar a empresa privada nacional, a dimensão e a grandeza de algumas empresas estatais fizeram então com que a maior parte das negociações com valores mobiliários se processasse com títulos por elas emitidos. O mercado de capitais se transforma, assim, não num veículo cujo principal objetivo é capitalizar extensivamente a empresa privada nacional, mas num meio de concentrar as negociações para as empresas estatais.

Seria interessante que a nova Constituição procurasse regular a matéria, instituindo mecanismos que permitissem maior visibilidade no controle das empresas estatais. Um desses mecanismos poderia ser a criação de um Conselho das Estatais, que contasse, de forma paritária, com membros da iniciativa privada e da Administração pública e cuja finalidade seria controlar as empresas estatais e apressar o processo de privatização ora em curso. Este Conselho indicaria o nível de estatização aceitável, impedindo que as empresas estatais venham a competir com as empresas privadas na obtenção de recursos para o seu funcionamento.

Entre as medidas até agora apresentadas pela Constituinte, não se encontram disposições no sentido de se criarem estruturas administrativas mais flexíveis que permitam maior controle da sociedade sobre o Estado. Por exemplo, poder-se-ia pensar na criação de órgãos administrativos autônomos, com autonomia financeira e patrimonial, para regular determinados setores da atividade econômica e que tivessem uma composição paritária entre membros do governo e da iniciativa privada. Os membros de tais órgãos seriam nomeados pelo presidente da República após a aprovação pelo Congresso Nacional. Sua função consistiria em exercer o poder de polícia sobre determinado setor, disciplinando o modo de realização de certas atividades. Este fato permitiria a transformação dos poderes que atualmente possui a CVM, cuja função passaria a ser a de determinar, em última instância, a política a ser seguida em matéria de mercado de capitais. Assim, as decisões em termos de mercado de capitais não caberiam mais ao Conselho Monetário Nacional ou a qualquer órgão semelhante, mas seriam tomadas pela CVM, de forma análoga ao que sucede com a SEC americana.

Finalmente, o mercado de capitais, pela sua própria natureza, é incompatível com uma política estatal excessivamente intervencionista como a que tem se verificado nos últimos anos. A intervenção do Estado no domínio econômico não se processou, apenas, de modo direto através da criação de empresas estatais. Ela se valeu, também, da utilização de mecanismo de regulação e indução para que se pudessem alcançar as metas anteriormente propostas. O conjunto desses mecanismos, que formam a política fiscal, regulamentar e de crédito, por exemplo, teve profundas consequências sobre o setor privado. Enquanto, por um lado, procurava-se beneficiar determinado setor, como foi o caso do mercado de capitais, pela concessão de incentivos fiscais, por outro, a prática de uma política regulamentar excessivamente cartorial dificultou sensivelmente o seu desenvolvimento entre nós.

Para que o mercado de capitais possa se desenvolver cumprindo a sua finalidade de capitalizar as empresas, torna-se necessário que diminua o grau de intervenção do Estado na vida econômica. Mais do que isso, é preciso conceber mecanismos que possibilitem o controle da ação estatal e instituam maior visibilidade do poder. Enfim, a nova Constituição tem a oportunidade rara de consagrar mecanismos que permitam o máximo controle do Estado pelos indivíduos, e não o máximo controle dos indivíduos pelo Estado.

Planejamento imperativo para o mercado de capitais?

O Estado de S. Paulo, 13 de abril 1988

A Constituinte deverá examinar, nas próximas semanas, o capítulo referente à ordem econômica constante do projeto elaborado pela Comissão de Sistematização. À primeira vista, chama a atenção o artigo 203, ao determinar que "como agente normativo e regulador da atividade econômica, o Estado exercerá funções de controle, fiscalização, incentivo e planejamento que será imperativo para o setor público e indicativo para o setor privado". Vale lembrar que a Constituição atual, no artigo 170, parágrafo primeiro, estabelece que "apenas em caráter suplementar da iniciativa privada o Estado organizará e explorará diretamente a atividade econômica".

Apesar das profundas diferenças históricas que marcaram a elaboração dos textos mencionados e dos mecanismos intervencionistas consagrados pela Constituição atual, é necessário destacar que ela acentua, como regra, a primazia da economia de mercado, cabendo ao Estado agir, de forma excepcional, nas atividades em que a iniciativa privada se tenha revelado ineficiente. Porém, como todos sabem, as determinações constitucionais nunca foram cumpridas. Na prática, a intervenção estatal não se constituiu em exceção, mas em regra ao longo dos últimos vinte anos, fundando-se no pressuposto de que sem ação do Estado não se alcançaria, em curto prazo, o desenvolvimento econômico e social. Desse modo, pode-se dizer que o texto constitucional não serviu como um limite adequado capaz de barrar as ações do Executivo. Ao arrepio da Constituição e, às vezes, valendo-se da flexibilidade de instrumentos por ela oferecidos, o Estado agiu quer direta, quer indiretamente em matéria econômica. É preciso não se esquecer de que, num período de dez anos, entre 1969 a 1976, foram criadas cerca de 60% das empresas estatais hoje existentes. Além disso, a utilização maciça de decretos-leis, resoluções e portarias permitiu ao Estado grande desenvoltura na condução dos assuntos econômicos, gerando, em contrapartida, incerteza e instabilidade para o setor privado. Foi justamente nesse período que cresceu a importância da burocracia estatal como uma espécie de poder autônomo independente de qualquer controle legislativo, já que as decisões políticas passaram a se concentrar na esfera do Executivo.

Se tudo isso ocorreu sob um regime que, embora autoritário, fundava-se constitucionalmente na defesa da livre iniciativa e da economia de mercado, o que esperar se a Constituinte aprovar, sem modificações, o artigo 203 do projeto elaborado pela Comissão de Sistematização? Em termos concretos, qual será o seu reflexo sobre a ordem especificamente sobre o mercado de capitais?

Em primeiro lugar, tal como está redigido, o artigo 203 do Projeto da Comissão de Sistematização filia-se a uma concepção de Estado intervencionista, no mais amplo sentido da palavra. Isso significa, no caso brasileiro, a permanência da concepção, em voga a partir dos anos 1950, do Estado desenvolvimentista, que promove, controla e dirige a atividade econômica. Trata-se, aqui, da visão do Estado como agente de modernização econômica, que lançaria as bases para que a sociedade pudesse se desenvolver.

Em segundo lugar, a definição do Estado "como agente normativo regulador da atividade econômica" não deixa de causar apreensões. No sentido estabelecido pelo Projeto da Comissão de Sistematização, agente seria aquele que age, que opera, que realiza. Deste modo, a futura Constituição estaria colocando o Estado como ente que opera por meio de normas (imperativamente) e de regulações (coordenação e orientação) da atividade econômica. De certa maneira, nada impede que se veja aí a ideia de que o Estado, de algum modo, se sobreponha ao mercado como regulador da atividade econômica. Este fato faria com que todos os princípios reconhecidos na ordem econômica no artigo 199 do Projeto da Comissão de Sistematização – soberania nacional, propriedade privada, livre concorrência etc. – passassem a ser operados ou realizados por esse agente normativo e regulador que é o Estado. A adoção de medidas como o Plano Cruzado, que na atual Constituição tem uma legitimidade duvidosa, encontraria assim pleno fundamento constitucional.

Em terceiro lugar, quando o artigo 203 afirma que o planejamento é imperativo para o setor público e indicativo para o setor privado, diferentes interpretações podem ser discutidas a propósito da expressão "setor público" contida no Projeto da Comissão de Sistematização.

Na verdade, pode-se dizer que, num sentido restritivo, o "setor público" compreenderia apenas a administração direta, ou seja, a Presidência da

República e os Ministérios. Já numa acepção um pouco mais ampla, que remonta ao Estado intervencionista que surge a partir dos anos 1930, o setor público passaria a incluir a chamada administração indireta, autarquias, empresas públicas e sociedades de economia mista. Nada impede, porém, que na próxima Constituição, ao se reservar ao Estado o papel de agente normativo e regulador da atividade econômica, a expressão "setor público" venha a abranger, também, as atividades privadas consideradas essenciais para o êxito do planejamento econômico. A versão atual do artigo 203 abriria as portas para um excessivo alargamento do sentido da expressão setor público, motivado por circunstâncias históricas específicas e arranjos políticos conjunturais, permitindo, por exemplo, que determinado governo, de feição nitidamente intervencionista, visse como partes integrantes do setor público e, portanto, como objeto do planejamento governamental imperativo, todas as atividades privadas tidas como fundamentais para o êxito da política econômica que viesse a ser adotada. É possível que o setor financeiro, que depende de autorização governamental para o seu funcionamento, fosse um dos primeiros a ser considerados como parte integrante do setor público para o qual o planejamento tem caráter imperativo.

Como a Constituição é, sobretudo, uma prática, e como o Projeto da Comissão de Sistematização permite especular a respeito, a interpretação extensiva da expressão "setor público" não é impossível nem improvável. Aliás, uma situação semelhante já ocorreu com relação à Constituição atual. Em seu artigo 55, a Constituição confere ao Executivo competência para baixar decretos-leis em matéria de segurança nacional e finanças públicas. Inicialmente, a expressão "finanças públicas" tinha um sentido razoavelmente preciso, não compreendendo medidas como a alteração da política salarial. Com o tempo, devido a sua importância para as estratégias de combate à inflação, admitiu-se a competência do Executivo para alterar a política salarial mediante a edição de decretos-leis.

Vale lembrar, por último, que a ampliação do sentido da expressão "setor público", para incluir atividades tipicamente privadas, não é algo que necessariamente ocorrerá, caso o artigo 203 seja aprovado em sua versão atual. Trata-se, no entanto, de uma hipótese que não pode ser descartada e cuja possibilidade de vir a realizar-se não é pequena em face da nova realidade constitucional sob a qual passaríamos a viver.

Enfim, a situação que se criaria com a aprovação do artigo 203 do Projeto da Comissão de Sistematização seria um recrudescimento do Estado intervencionista com reflexos específicos sobre o mercado de capitais. Poderia ocorrer, como consequência, um engessamento quebradiço das regras do mercado ainda maior do que tivemos até agora, afastando-nos ainda mais dos sistemas desenvolvidos de mercado, vigentes no mundo ocidental. Na verdade o que se espera dos constituintes é uma reflexão maior sobre esses fatos para que se possa delimitar com mais clareza o papel do Estado na próxima Constituição, o que significa, a nosso ver, uma considerável restrição do seu papel de agente e planejador da atividade econômica.

Novas lideranças empresariais

O Estado de S. Paulo, 19 ago. 1989

Depois de vinte anos, o Brasil vive hoje um período de consolidação democrática. Com a recuperação da normalidade institucional ocorrida com a promulgação da nova Constituição e a perspectiva das novas eleições presidenciais, a primeira a realizar-se nos últimos trinta anos, o país vive uma fase de intensa discussão dos temas nacionais.

Se é verdade que, durante esse período, a sociedade brasileira começou a se organizar com o aparecimento de novas lideranças, não se pode deixar de reconhecer que o processo é ainda muito tímido e insipiente. Principalmente porque a consolidação de um regime democrático exige, além de grupos organizados, a existência de um processo de formação de novas lideranças, capazes de vocalizar determinados interesses e aspirações e exercer certos papéis na vida social.

A liderança é uma forma de poder que se localiza na relação entre quem guia e quem é guiado dentro de um grupo, envolvendo um acordo entre líder e liderados. Essa relação tem a ver com objetivos que devem ser alcançados. Portanto, pressupõe um ato intencional do líder e um reconhecimento dos liderados, num contexto de espontaneidade.

A visão moderna e democrática da liderança ressalta que o poder de líder repousa não no indivíduo, mas no grupo, pertence ao grupo e somente existe enquanto o grupo permanece unido. O poder de líder, assim, é mais que uma capacidade humana individual, pois corresponde a um agir conjunto. A liderança democrática, portanto, pressupõe a formação de um espaço público no qual possa ocorrer a formação das opiniões e a vontade se forme livremente.

A sociedade brasileira tem grande dificuldade em organizar grupos de interesse autônomos e independentes do Estado, com capacidade reivindicatória própria. Quando os grupos sociais tentam se organizar, o Estado procura cooptar as lideranças emergentes, fazendo com que suas conquistas apareçam como benefícios revogáveis e não como direitos obtidos devido sua força pública.

Este obstáculo atingiu duramente a formação dos líderes empresariais nos anos de autoritarismo. Em primeiro lugar observou-se um progressivo embotamento de sua voz política, acuada pelo crescimento da tecnoburocracia e empurrada para o interior de seus próprios interesses. Em sequência, o espaço público empresarial foi tomando a figura de um universo muito egocêntrico de pressões e lutas por favores e participações. Nasceu, com isso, um hiato entre as gerações, com o desgaste progressivo de velhas lideranças, sem que tomassem o seu lugar. Estas, na verdade, principiarão a aparecer já no final do período autoritário, tendo de vencer sozinhas, sem uma base fortalecida na experiência, os desafios de sua repentina ascensão.

Se é fato, de um lado, que lideranças nascem, não se pode negar, de outro, que elas se formam. O cuidado com a criação de condições propícias para o aparecimento e o amadurecimento de líderes é uma preocupação importante numa sociedade democrática.

No Brasil, são vários os fatores que vinham impedindo a formação de nossas lideranças. Assinale-se, entre eles, a fragilidade da estrutura política brasileira, decorrente da falta de consistência dos políticos, sem ideologia definida e sem coerência na ação partidária. Com isso produz-se um descrédito na avaliação política, criando distâncias entre o mundo político e o mundo empresarial. Se acrescentarmos a isso a restrição da liberdade política após 1964, temos aí uma das razões decisivas da insipiência de condições para a formação para novos líderes empresariais.

O segundo fator é de natureza educacional. A existência de um processo educacional elitista burocratizado e fechado em si mesmo, ao lado de uma expressão desordenada de um ensino universitário medíocre, não criou condições nem ofereceu ambiente para a formação de líderes. Além disso, a passagem da vida estudantil para a vida profissional nunca se constituía em experiência simples. Em geral, os estudantes que deixavam a universidade possuíam suas aspirações de mudanças; mas, quando iniciavam a atividade profissional, percebiam que sua capacidade de ação era bastante limitada, ao encontrarem do outro lado a rigidez da estrutura burocrática das próprias empresas. Este fato, além de não permitir realizar as mudanças desejadas, os condenava a um silêncio infecundo. Quando, após algum tempo, atingia de algum modo o topo da organização, o antigo estudante já havia sido socializado pela cultura tradicional da empresa. Em regra, as empresas possuíam – e possuem ainda – uma estrutura extremamente conservadora e hierárquica, que veda a comunicação entre os diversos extratos da pirâmide organizacional.

Diante desse quadro, o fortalecimento da sociedade civil e da própria democracia exige de suas organizações um cuidado especial na criação de condições para o desenvolvimento de novas lideranças. Para a consecução deste objetivo, a Associação Comercial de São Paulo criou o Conselho de Jovens Empresários, que em pouco tempo de existência vem desempenhando um importante papel na formação de novos líderes empresariais com a necessária dimensão política.

O Conselho de Jovens Empresários reúne mais de cem jovens, distribuídos em nove comissões que procuram agir em planos bastante diferentes, abrangendo desde questões locais da política municipal até problemas de ordem internacional, com a ampliação do intercâmbio com outras entidades similares, no exterior.

O Conselho de Jovens Empresários tem-se revelado um foro pluralístico e democrático de discussão dos grandes temas nacionais, proporcionando encontros com personalidades do mais diferentes partidos e tendências ideológicas. Em pouco mais de dois anos de atuação, firmou-se como um órgão eficiente, ágil e dinâmico, capaz de se tornar um grande centro irradiador de ideias e formador de novos líderes.

Uma boa prova da sua importância está no fato de que, nas últimas eleições para a diretoria da Associação Comercial de São Paulo no início desse ano, quatro novos diretores eram ex-integrantes do Conselho de Jovens Empresários. Com os objetivos bastantes claros, consistentes nas credibilidades dos jovens, na formação de lideranças e na criação de uma mentalidade politicamente responsável do empresário, assistem-se hoje ao aparecimento de outras experiências em diversas entidades, como na Secovi e na Federação do Comércio de São Paulo e, também, de conselhos de jovens não ligados a entidades de classe. Em outros estados, como Rio de Janeiro, Paraná, Pará, Ceará e Rio Grande do Sul, já se constituíram inúmeros Conselhos de Jovens Empresários, fazendo crer numa expansão contínua nos próximos anos.

Neste momento de transição política e de consolidação democrática, a experiência de conselhos de jovens é um fator importante na criação dos necessários espaços institucionais para a inserção do jovem na vida política nacional, possibilitada e estimulada pela nova Constituição, exige inventividade e capacidade operacional das estruturas tradicionais. Afinal, o Brasil de amanhã transita pela experiência de hoje, pois o futuro, para quem já acredita no país, já começou.

Menos regulamentação e mais regulação

Diário do Comércio, 4 de janeiro de 1990

O artigo 192 da Constituição Federal determinou que caberá à lei complementar regular o sistema financeiro nacional. Este fato, bem como os recentes episódios que afetaram as bolsas do Rio e São Paulo, fizeram com que o Governo promovesse algumas tentativas no sentido de propor mudanças na legislação que rege os mercados financeiro e de capitais.

Particularmente em relação ao mercado de capitais, pode-se dizer que, após quase 25 anos de sua estruturação legal no Brasil, os resultados obtidos não são muito animadores. O objetivo de se aliar crescimento econômico e distribuição de renda, pela abertura do capital de muitas empresas, não foi alcançado.

Poucas empresas abriram o seu capital em relação ao número daquelas que poderiam fazê-lo. Basta lembrar que temos hoje apenas cerca de 600 empresas com ações cotadas em Bolsa, enquanto aproximadamente 5 mil estariam em condições de abrir o seu capital.

Além disso, tanto pela sua complexidade institucional quanto pelo elevado grau de estratificação da sociedade brasileira, o mercado de capitais permaneceu restrito a setores bastante limitados da população e aos chamados investidores institucionais, que mais rapidamente tiveram oportunidade de assimilá-lo. O próprio Estado, a partir da edição da Lei nº 4.728/65, não seguiu política de regulação previamente definida. Do mesmo modo, a regulamentação complementar, baixada após a edição da Lei nº 4.728/65, não continha nenhuma diretriz capaz de dar sentido e coerência às medidas adotadas. Ao contrário, o grande número de resoluções circulares e portarias baixadas nesse período flutuavam ao sabor da política econômica e da realização de metas conjunturais, não visando a um real fortalecimento do mercado de capitais.

É por essa razão que, no momento em que se busca proceder a uma revisão dos princípios que serviram de base para a estruturação legal dos mercados financeiros e de capitais, talvez fosse importante repensar a filosofia regulatória adotada, procurando-se questionar o papel do Estado como agente regulador da atividade econômica.

Começamos a assistir hoje, por toda parte, a uma revisão deste papel do Estado. Tal fato parece estar relacionado a três causas fundamentais. Em primeiro lugar, o declínio do modelo ainda hoje dominante da produção de massa e do consumo de massa, assim como a crescente importância assumida pelo setor de serviços em todas as atividades econômicas, tornam obsoleto o modo de organização preferido pelas tecnocracias, tanto públicas quanto privadas. Em segundo lugar, a globalização da economia, que promove um desenvolvimento paralelo, complexo e aparentemente contraditório entre concorrência e cooperação, obriga a revisar o modo de intervenção direta efetuado pelo Estado-Nação. Por último, a importância da alta tecnologia, e da ciência, que se constituem no principal fator de produção e de inovação na sociedade moderna, coloca o problema da regulação complexa e delicada de suas atividades e relativiza os automatismos muito simples do mercado industrial clássico.

Tudo isso não faz desaparecer a importância da regulação estatal para a atividade econômica. O que se discute não é a necessidade de regulação, mas quem deve ser o agente regulador. Aqui, é necessário distinguir entre regulação e regulamentação da atividade econômica. Por regulamentação deve-se entender as intervenções das autoridades públicas no sentido de exercer controle sobre certas atividades para a realização do interesse geral. Por regulação, ao contrário, deve-se entender a capacidade de autocontrole dos sistemas humanos, cabendo ao Poder Público, tão somente, garantir a sua existência.

A tendência, hoje, consiste em reconhecer que não há um grande mercado, como imaginaram os teóricos da economia clássica, mas mercados concretos, numerosos e complexos em suas inter-relações. Diante dessa situação, há necessidade de regulações específicas e flexíveis, que se adaptem a cada uma dessas situações particulares. Para se enfrentar esta complexidade, pode-se observar que os controles mais eficazes são aqueles que se apoiam nas regulações já existentes de sistemas humanos. Em relação a elas, o Poder Público não tem por objetivo senão garanti-las e reforçá-las.

Esta forma de regulação deve se inspirar em duas ideias básicas. De um lado, a simplicidade das regras deve permitir responder à complexidade dos problemas, enquanto, do outro, ela deve proporcionar a possibilidade de uma colaboração mais ativa entre os cidadãos e profissionais, de modo que lhes permita cumprir da melhor maneira as suas funções no dominó econômico. Em um mundo dominado pela complexidade crescente, caberá ao Estado permitir que os indivíduos desenvolvam a regulação mais adequada ao tipo de atividade que venham a exercer, para, posteriormente, se necessário, transformá-la em obrigação legal.

Veja-se, a propósito, que um dos maiores problemas enfrentados pelo nosso mercado de capitais foi a aplicação a ele, por meio de lei, dos critérios e princípios normativos próprios ao mercado de crédito. Prova disso foi a utilização, para o mercado de valores mobiliários, de um conceito de segurança característico do sistema financeiro, que em momento algum se adaptou à realidade do mercado de capitais. Enquanto as operações do sistema financeiro são baseadas no sigilo das informações prestadas, o mercado de capitais requer a transparência das informações que, aliás, é condição para o seu funcionamento eficiente. Nesse sentido, sendo o mercado de capitais por natureza mais criativo e dinâmico, qualquer política regulatória deveria ser elástica e flexível, de tal forma que pudesse ajustar-se a um mercado altamente mutável, que pressupõe o risco e a incerteza.

As políticas de desregulação da economia, postas em prática por governos de diferentes matizes ideológicos, são um exemplo típico desse comportamento. O seu objetivo profundo é o de respeitar a dinâmica de funcionamento própria a cada subsistema social. Por essa razão, no momento em que se pensa na reforma da legislação que rege os mercados financeiros e de capitais, o objetivo principal a orientar a reforma deveria ser mais regulação e menos regulamentação dessa atividade econômica. Regulação, contudo, significa autocontrole. Ora, para que isso aconteça, torna-se igualmente necessário que sejam criadas condições favoráveis para maior institucionalização do mercado de capitais, a própria sociedade precisa ver nele um instrumento econômico de poupança social e, portanto, exigir dele um funcionamento eficiente. Na medida em que o mercado de capitais gozasse dessa credibilidade, estaria garantida a sua legitimação social, isto é, o consenso da sociedade em relação à importância que possui para o desenvolvimento do país.

Afinal, como demonstra a experiência brasileira, não é o aumento puro e simples de regulamentação a via mais adequada para regular um mercado. Muito mais significativo é criar condições para o autocontrole, como se observou na reabilitação da caderneta de poupança, cuja implementação ganhou rapidamente a confiança social, de tal modo que os excessos e as insuficiências de regulamentação governamental passaram a sofrer o crivo da vigilância popular.

Obviamente, tal credibilidade não se cria do dia para a noite. Talvez o caminho da regulação seja o mais árduo, mas certamente é aquele que produzirá os melhores resultados em médio e longo prazo. Como no caso da regulação, a sua estrutura obedece à vontade dos participantes, abre-se a possibilidade da existência de um espaço público para o exercício da autonomia democrática, possibilitando uma discussão mais ampla e aberta a respeito dos objetivos a serem seguidos.

Ao contrário, no caso da regulamentação, parte-se do pressuposto de que é possível alterar-se o comportamento da sociedade não se levando em conta a especificidade dos diferentes mercados. A falácia da regulamentação está no fato de que, como diz Crozier, uma sociedade não se muda por decreto.

Respeito e cumprimento das normas legais, pressuposto do capitalismo

Gazeta Mercantil, 16 de abril de 1991

As mudanças ocasionadas pelas alterações no Plano Collor deixaram perplexos todos quantos acreditam que a estabilidade das regras legais é pressuposto necessário para o desenvolvimento do mercado de capitais.

Sem regras claras, que possibilitem aos agentes econômicos tomar decisões em clima de estabilidade e segurança, toda e qualquer tentativa no sentido de dinamizar o mercado de capitais corre o risco de se tornar inútil, tendo grandes chances de fracassar.

O Brasil vive hoje uma situação paradoxal em que as antinomias da política econômica podem comprometer o ideal de modernização defendido pelo governo Collor.

As providências de desregulamentação da economia se chocam com a avalanche de portarias, resoluções e medidas provisórias, que delegam ao Ministério da Economia poderes quase absolutos. Apenas para se ter uma ideia do que estamos afirmando, de 1967 a 1982 foi editado, em média, um decreto-lei a cada três dias, e o Banco Central baixou uma resolução por semana. Em pouco mais de onze meses, o governo Collor baixou cerca de 147 medidas provisórias, o que significa, aproximadamente, uma a cada 2,5 dias.

Segundo contagem do deputado pernambucano José Múcio Monteiro, nos últimos dez anos houve 8 planos de estabilização monetária; 4 diferentes moedas (uma a cada trinta meses); 11 índices de cálculo inflacionário; 5 congelamentos de preços e salários; 14 políticas salariais; 18 mudanças nas regras de câmbio; 54 alterações nas regras de controle de preços; 21 propostas de negociação da dívida externa; e foram baixados 19 decretos sobre austeridade fiscal.

Como não poderia deixar de ser, o resultado de tamanha instabilidade acaba repercutindo sobre o mercado de capitais, que nos últimos anos tem apresentado um retrocesso. A captação de poupança tem sido pouco significativa, apresentando acentuada tendência de queda a partir de 1987.

Segundo cálculo da CVM, as emissões de ações e debêntures como proporção do total de poupanças financeira e forçada representaram a média anual de 4,6% no período 1973/89. Em 1982, alcançaram 11,9%, reduzindo-se a apenas 1% em 1989.

O valor de mercado das ações está bastante abaixo dos respectivos valores patrimoniais, desestimulando as empresas a abrir o seu capital e a lançar novas ações. Diversamente, a tendência tem sido o fechamento de capital. Desde 1986, os fechamentos têm suplantado sistematicamente as aberturas, de modo que o total de companhias abertas se reduziu de 1.020 em dezembro de 1986 para 912 em outubro de 1990.

Destas últimas, aproximadamente 200 têm ações com liquidez e transparência suficientes para serem consideradas companhias abertas. Estas cifras situam-se bastante aquém do número potencial de empresas em condições de abrir o capital, que supera o patamar de 3 mil.

Como se não bastasse, o mercado de capitais requer, ainda, para o seu desenvolvimento, a presença de dois fatores básicos, a saber: a) o respeito aos contratos livremente pactuados e b) a consideração de que a propriedade privada é elemento fundamental para a consolidação de qualquer regime capitalista. No Brasil, nenhum desses pressupostos tem sido sistematicamente respeitado.

A sucessiva alteração das normas legais, muitas vezes com o sacrifício da própria Constituição, e a edição de normas que determinam mudanças profundas nos contratos e na livre disposição da propriedade privada, como ocorreu por ocasião do chamado "Plano Brasil Novo", indicam com bastante clareza que no Brasil inexistem os pressupostos fundamentais para o desenvolvimento do mercado de capitais.

Sem a adoção de uma verdadeira política de desregulamentação da economia, qualquer plano para revitalizar o mercado de capitais, por mais louváveis que sejam as intenções dos seus autores, enfrenta grandes dificuldades para prosperar. Nada resolvem medidas de estímulo ao mercado de capitais se não há uma precondição básica, sem a qual todos os planos acabam inevitavelmente fracassando. O que se pede é, simplesmente, o respeito e o cumprimento das normas legais, pois, como diria Max Weber, a legitimidade legal-racional é pressuposto básico de funcionamento do sistema capitalista.

Pobre mercado de capitais

O Estado de S. Paulo, 17 de maio de 1991

O Brasil vive, hoje, um período caracterizado pela busca de modernidade em matéria econômica.

Assusta, porém, a tendência regressiva que vem sofrendo o mercado de capitais, quando o natural deveria ser o seu crescimento. Afinal, de 652 empresas cotadas em bolsa em 31 de dezembro de 1986 existem hoje apenas 618.

No Brasil, o mercado de capitais foi tradicionalmente associado somente ao seu aspecto econômico, como instrumento destinado à captação de poupança para a realização do desenvolvimento empresarial. Esta é, sem dúvida, uma dimensão de fundamental importância, que absolutamente não pode ser esquecida. Mas é preciso lembrar que o mercado de capitais tem outras duas importantes funções, que normalmente não são levadas em consideração.

Trata-se das funções política e social que, com a dimensão econômica, justificam amplamente a importância do mercado de capitais como instrumento indispensável para o desenvolvimento econômico do país. Em sua dimensão social, o mercado de capitais possibilita a melhor distribuição de renda, permitindo a divisão mais equitativa dos benefícios criados pelo crescimento econômico. No Brasil, este fato tem extraordinário significado, pelo caráter altamente inequalitário da sociedade brasileira.

Já a dimensão política se refere à importância que o mercado de capitais tem como mecanismo de participação, possibilitando que sejam institucionalizadas as expectativas dos acionistas nos frutos do desenvolvimento. A experiência dos países mais desenvolvidos tem demonstrado que a empresa é uma comunidade de interesses que envolve a participação dos trabalhadores, da tecnoestrutura e dos acionistas. A empresa não é objeto de propriedade do empresário.

No entanto, as nossas empresas são avessas à participação de terceiros, inexistindo um espírito associativo que se prolongue por um período mais duradouro. Na cultura empresarial brasileira ainda permanece a visão paternalista do Estado, segundo a qual cabe a ele a tutela da vida econômica e social. O Estado é visto, em última instância, como o "pai", de quem se esperam todas as soluções.

Diferentemente dessa visão tradicional, que se caracteriza por enfatizar a relação entre empresa e empresário, a relação moderna se dá hoje entre acionistas e administração profissionalizada, ambos desempenhando papéis distintos, porém complementares. Os primeiros são os prestadores de capital, enquanto os administradores são os responsáveis pela racionalização da gestão administrativa.

Na relação acionista/administração profissionalizada há diferenciação de papéis, definindo-se claramente as responsabilidades, ao passo que na relação tradicional empresa/empresário não há nenhuma distinção de funções, não havendo transparência do controle de gestão. Nesse momento, a abertura de capital das empresas brasileiras exige uma mudança de atitude em relação ao mercado acionário. A abertura de capital para a empresa representa um passo decisivo para a modernidade, já que significa grande alteração nos métodos de gestão, permitindo mais racionalidade administrativa e controle por parte dos acionistas.

Além disso, a abertura de capital não tem apenas o escopo de ser uma alternativa econômica, de captação da poupança popular, mas revela uma importante dimensão política e social. Ela possibilita a institucionalização da empresa em relação à sociedade, na medida em que, ao admitir a participação de terceiros como acionistas, legitima a empresa perante a sociedade civil.

A crise institucional e o mercado de capitais

O país está mudando, um novo modelo de desenvolvimento começa a se delinear e ninguém pode negar que o Mercado e a livre iniciativa serão forças preponderantes nesse novo quadro

Revista Bovespa, março de 1994

Assistimos hoje no Brasil uma profunda crise institucional que atinge indiscriminadamente os poderes Legislativo, Executivo e Judiciário. Entretanto, um dos setores que tem se fortalecido em meio a essa crise é o mercado de capitais, não só pelo expressivo volume dos recursos transacionados, mas principalmente por ser o marco de transformação das reformas que a nossa economia requer.

Quando foi implantado, na década de 1960, o mercado de capitais era peça do modelo de desenvolvimento construído autoritariamente a partir do Estado. Como resultado, sofreu as vicissitudes da política econômica: intervenção estatal, regulamentação excessiva e falta de autonomia.

O esgotamento do antigo modelo de desenvolvimento provocou a crise do sistema público e o início da transferência do poder do Estado para a sociedade. Nos últimos anos, a desregulamentação da economia e a abertura para o exterior proporcionaram novas perspectivas para o mercado de capitais.

A possibilidade de investidores estrangeiros atuarem nas nossas bolsas de valores deu novo alento para o mercado, que passa a contar não apenas com a poupança doméstica, mas com expressivo fluxo de capitais externos. Prova disso é que os investidores estrangeiros detêm 48% dos títulos em custódia na Bovespa.

A crise do modelo do Estado-empresário está possibilitando a privatização das empresas estatais. Esse processo permitiu a transferência para a iniciativa privada e para os trabalhadores de 26 empresas, fazendo com que o Tesouro Nacional arrecadasse ao redor de US$ 6,9 bilhões.

O processo de privatização das companhias estatais contribuiu decisivamente para a redução do corporativismo dessas empresas, tornando transparente para a sociedade a ineficiência da gestão estatal.

A incontestável importância do mercado de capitais na vida do país tem demonstrado que a certeza jurídica, representada pelo respeito às regras relativas à propriedade e aos contratos, constitui condição fundamental para o funcionamento da economia. Sem previsibilidade de expectativas, não há ambiente propício para a realização de investimentos e para a retomada do crescimento econômico. Afinal, como afirma Max Weber, a legitimidade legal racional é pressuposto fundamental de funcionamento do sistema capitalista.

No momento atual da vida brasileira, o mercado de capitais indica a urgência da revisão constitucional para que tenhamos um arcabouço jurídico adequado às exigências da modernidade.

No campo da regulação, torna-se patente a necessidade de criar agências reguladoras independentes, como é o caso da Comissão de Valores Mobiliários (CVM), que até o momento não se consolidou efetivamente por estar atrelada ao poder Executivo.

Precisamos urgentemente, agora, na revisão constitucional, criar as condições propícias para a redução da intervenção estatal na economia, fator decisivo para o fortalecimento do mercado de capitais e para consolidar a independência da CVM como agência reguladora.

Apesar da crise institucional que o país atravessa, começa a se delinear um novo modelo de desenvolvimento, no qual o mercado e a livre-iniciativa serão forças preponderantes. No novo modelo de desenvolvimento que atualmente se esboça, o mercado de capitais é uma variável fundamental a ser considerada porque, através dela, poderemos capitalizar as empresas, democratizar o capital e repartir mais equitativamente os frutos do crescimento econômico.

Clubes de investimento de privatização

Revista da Adeval, setembro de 1995

Os clubes de investimento de privatização constituem iniciativa espontânea da sociedade para permitir maior participação dos empregados nas empresas privatizáveis.

Consistem esses clubes em um condomínio composto por pessoas físicas para aplicação de recursos comuns em títulos e valores mobiliários. As carteiras dos clubes são constituídas por ações, debêntures conversíveis em ações de emissão de companhias abertas e em títulos da dívida pública, e o funcionamento dos clubes é regulamentado pelas bolsas de valores.

Os clubes de privatização possibilitaram o ingresso dos investidores de massa no mercado de capitais. Para o seu êxito contribuiu decisivamente o espírito criativo do corretor. Graças à inventividade das sociedades corretoras foi possível adaptar a estrutura institucional dos clubes de investimento existentes à participação de grande número de investidores.

Enquanto os clubes de investimento tradicionais possuem máximo de 150 cotistas, os clubes de privatização comportam um número quase ilimitado de participantes. A importância dos clubes de privatização foi de tal ordem que até recentemente chegou a ser de 80 mil o número de cotistas que deles faziam parte, ao passo que os clientes custodiados nas principais bolsas de valores não ultrapassaram 125 mil.

A proliferação dos clubes de privatização tem contribuído significativamente para ampliar o grau de democratização do mercado de capitais. Devido à sua criação, foi possível aumentar o contingente de indivíduos que participaram do mercado bolsístico e, como exemplo, devem ser lembrados que os clubes da CSN (Cia. Siderúrgica Nacional) e da Cosipa tiveram, respectivamente, 28.021 e 13.554 cotistas. Com isso, cresceu a legitimidade social do mercado de capitais na medida que mais pessoas tiveram oportunidade de obtenção de parcela dos lucros produzidos pelo processo de desenvolvimento econômico.

Participação e interação

Os clubes de privatização revelaram uma característica peculiar: a informalidade do seu funcionamento. O cotista do clube tem a possibilidade de participar intensamente da sua gestão, podendo indicar os membros encarregados da administração dos recursos e política de investimento. Com isso, verifica-se uma grande interação entre os cotistas e administradores dos clubes, fator determinante do sucesso que obtiveram.

Vários clubes possuem uma "bolsa de transferência", em que os próprios condôminos realizam as operações de cessão de cotas. Este fato confere aos referidos clubes um caráter pedagógico, pois estimula os participantes a conhecer os mecanismos de funcionamento do mercado de capitais e dos benefícios que ele acarreta para toda a sociedade. Prova disso foi o anúncio recentemente publicado no jornal do Ciec (Clube de Investimento dos Empregados da Cosipa), em que se afirma: "Nas bolsas de transferência o que vale é a lei da oferta e procura". Da mesma maneira, o referido jornal estimula o ingresso de novos cotistas utilizando o seguinte slogan: "Faça do Ciec a sua melhor poupança".

Do ponto de vista político, os clubes de privatização alcançaram um objetivo há muito pretendido pelos trabalhadores. Como em vários casos, o volume de ações possuído pelos clubes de privatização atingiu 10% do capital votante, eles tiveram a possibilidade de indicar um representante para integrar o Conselho de Administração. Desta forma, passaram a influir diretamente na política empresarial.

Os clubes de privatização tiveram um papel decisivo no processo de privatização porque foram o canal que institucionalizou a participação do investidor de massa no mercado de capitais.

A experiência mundial demonstra, nesse particular, que a existência de um mercado de capitais abrangente e dinâmico não pode prescindir da poupança do investidor de massa. O futuro do mercado de capitais no Brasil dependerá em grande medida da ativa participação deste investidor. Nenhuma bolsa poderá se desenvolver adequadamente, inclusive com recursos externos, se não se consolidar no plano interno.

No momento em que se verifica a intensificação da privatização das empresas estatais, os clubes de investimento de privatização terão um papel fundamental no fortalecimento e consolidação do mercado de capitais no Brasil.

Uma difícil passagem

Sem o fortalecimento do mercado interno, o processo de globalização causa mais danos que benefícios

Revista Bovespa, janeiro de 1996

No momento atual, está em curso um intenso e generalizado processo de globalização de mercados nacionais de capitais. Qualquer projeto nacional de mercado de capitais só pode ser proposto e realizado a partir do patamar estabelecido por uma economia mundial.

O grande problema que se apresenta para o mercado de capitais brasileiro consiste em como efetuar a passagem de um mercado doméstico para um mercado global.

A questão ganha importância ainda maior se considerarmos que nunca tivemos um mercado de capitais desenvolvido. Prova disso é que hoje, após três décadas de efetiva implantação do mercado de capitais entre nós, contamos com cerca de 540 companhias abertas listadas nas bolsas de valores, com reduzido volume de negociações diárias que acarretam déficits operacionais para o segmento das corretoras independentes. Sob este aspecto, é preciso indagar como se processará a nossa inserção em um mercado de capitais globalizado, se nem mesmo conseguimos consolidá-lo internamente.

Alguns sociólogos têm apontado que o processo de globalização não homogeneíza os mercados, mas tende a aprofundar ainda mais as suas diferenças. Pensam eles que o mercado global acentua a interdependência dos mercados e que os problemas regionais convertem-se em problemas globais.

Por outro lado, os críticos mais contundentes destacam que a globalização concentra e centraliza excessivamente os mercados, eliminando especificidades dos mercados nacionais e prescindindo da espontaneidade e originalidade dos mercados domésticos.

Os defensores da globalização, por sua vez, salientam que ela trará grandes benefícios, entre os quais a maior transparência das operações, o aumento substancial de liquidez, a padronização de processos e procedimentos, facilitando sobremaneira a compra e venda do produto – ações – a preços mais competitivos.

Em termos concretos, constata-se que algumas das principais ações negociadas nos mercados emergentes latino-americanos estão migrando para o mercado norte-americano. Os casos do México, Argentina e Brasil exemplificam com clareza este fato: 80% das ações da Telmex (México), 53% das ações da YPF (Argentina) e 35% das ações Telebras (Brasil) estão sendo negociadas nas bolsas dos Estados Unidos. No Brasil, cerca de 28 empresas já têm suas ações negociadas no mercado americano, em programas de ADR.

De forma semelhante, parte das subscrições de capital que eram feitas internamente passou, com o processo de globalização, a ser realizada com expressiva participação do exterior, como recentemente ocorreu com as ações do Pão de Açúcar e Arapuã.

Pelos dados apresentados, verifica-se a tendência da concentração de operações em grandes mercados e a respectiva centralização dos negócios. Como consequência imediata, temos a perda de liquidez dos mercados nacionais, a diminuição da atratividade das empresas domésticas para abertura de capital, bem como a falta de interesse dos investidores em operar em mercados menos líquidos.

Para tentarmos suplantar os obstáculos da globalização, talvez seja mais racional aceitarmos a sua existência como um processo inexorável e nos aliarmos como parceiros num mundo transnacionalizado.

Para que seja viável a nossa inserção num mercado de capitais que se globaliza, é necessário consolidá-lo internamente. Para tanto, necessitamos urgentemente da elevação do número de companhias abertas, da viabilização do mercado de acesso, da reforma da previdência e do incremento do processo de privatização das empresas estatais, requisitos fundamentais para ampliação da participação do investidor de massa no mercado de capitais. Somente então poderíamos implementar com êxito a passagem para o mercado de capitais globalizado.

Privatização, uma mudança cultural

Diário do Comércio, 13 de maio de 1996

Privatizar não é só diminuir o tamanho do Estado, reduzir o déficit público ou aumentar os recursos do Tesouro. A privatização é, antes de tudo, uma mudança cultural.

No Brasil sempre tivemos uma cultura estatizante: os diferentes grupos e classes sociais, dos empresários aos trabalhadores, todos sempre esperaram que o Estado atuasse para resolver os seus problemas. É interessante observar que, como a retórica dos setores organizados da sociedade clama muitas vezes contra a ingerência estatal, a prática dos grupos sociais revela comportamento inverso, ou seja, busca-se no Estado a solução para todos os problemas.

O modelo de desenvolvimento iniciado nos anos 1950 reforçou esta forma de agir. O Estado foi o indutor do crescimento de economia, assumindo a responsabilidade pelo êxito ou fracasso das medidas adotadas. Desde os anos 1970, assistimos no Brasil à crise do Estado desenvolvimentista, fato que se evidencia de forma notável na década passada.

O atual governo parece disposto a deflagrar um novo modelo de desenvolvimento, em que o Estado deve ter papel diferente do que teve no passado. Neste contexto, a privatização precisa ser encarada como parte de um processo mais amplo de redefinição da posição da sociedade diante do Estado. Parece que é chegado o momento da sociedade brasileira buscar resolver por si as suas dificuldades sem invocar os favores estatais.

Vista sob este ângulo, a privatização possibilitaria, além disso, a democratização do capital das empresas e a maior participação da sociedade nos frutos do crescimento econômico.

Ao se permitir a participação dos empregados, por exemplo, não só seria garantida a pulverização acionária como estaria sendo alterada a eventual hostilidade dos sindicatos trabalhistas. Sob este aspecto, os trabalhadores se tornariam parceiros no processo de privatização, tendo, portanto, interesse no seu êxito e consolidação.

No Brasil, a criação dos clubes de investimento de privatização constitui demonstração patente da perspectiva que deve assumir o processo de privatização. A importância dos clubes de privatização foi de tal ordem que, até recentemente, chegou a ser de 80 mil o número de cotistas que deles faziam parte, ao passo que os clientes custodiados nas principais bolsas de valores não ultrapassavam 125 mil.

A proliferação dos clubes de privatização tem contribuído significativamente para ampliar o grau de democratização do mercado de capitais. Devido à sua criação, foi possível aumentar o contingente de indivíduos que participaram do mercado bolsístico, como no caso dos clubes da CSN (Cia. Siderúrgica Nacional) e da Cosipa, que tiveram respectivamente, 20.021 e 13.554 cotistas. Com isso, cresceu a legitimidade social do mercado de capitais, na medida em que mais pessoas tiveram oportunidade de obter parcela dos lucros produzidos pelo processo de desenvolvimento econômico.

Os clubes de privatização revelaram uma característica peculiar: a informalidade do seu funcionamento. O cotista do clube tem a possibilidade de participar intensamente da sua gestão, podendo indicar os membros encarregados da administração dos recursos e política de investimento. Assim, verifica-se uma grande interação entre os cotistas e administradores dos clubes, fator determinante do sucesso que obtiveram.

Vários clubes possuem uma "bolsa de transferência", onde os próprios condôminos realizam as operações de cessão de cotas. Este fato confere aos referidos clubes um caráter pedagógico, pois estimula os participantes a conhecer os mecanismos de funcionamento do mercado de capitais e dos benefícios que ele acarreta para toda a sociedade. Prova disso foi o anúncio recentemente publicado no jornal do Ciec (Clube de Investimento dos Empregados da Cosipa), em que se afirma "Nas bolsas de transferência o que vale é a lei da oferta e procura". Da mesma maneira, o referido jornal estimula o ingresso de novos cotistas utilizando o seguinte slogan: "Faça do Ciec a sua melhor poupança".

Do ponto de vista político, os clubes de privatização alcançaram um objetivo há muito pretendido pelos trabalhadores. Como em vários casos, o volume de ações possuído pelos clubes de privatização atingiu 10% do capital votante, eles tiveram a possibilidade de indicar um representante para integrar o Conselho de Administração. Desta forma, passaram a influir diretamente na política empresarial.

Os clubes de privatização tiveram um papel decisivo no processo de privatização, porque foram o canal que institucionalizou a participação do investidor de massa no mercado de capitais. A participação dos empregados nesses clubes revelou que a democratização do capital é um fator determinante nessa mudança.

A pulverização acionária possibilita o ingresso do investidor de massa no mercado de capitais; desse modo, o processo de privatização assume forte conteúdo social, fazendo com que a sociedade se torne a maior beneficiária dos frutos do desenvolvimento econômico. Com isso, uma privatização ampla provoca uma mudança cultural de grande dimensão, alterando as relações entre a sociedade e o Estado brasileiro.

Uma mudança cultural

O Estado de S. Paulo, 6 de maio de 1996

Privatizar não é só diminuir o tamanho do Estado, reduzir o déficit público ou aumentar os recursos do Tesouro. A privatização é, antes de tudo, uma mudança cultural. No Brasil, sempre tivemos uma cultura estatizante. Os diferentes grupos e classes sociais, dos empresários aos trabalhadores, sempre esperaram que o Estado atuasse para resolver seus problemas. É interessante observar que, enquanto a retórica de setores organizados da sociedade clama muitas vezes contra a ingerência estatal, a prática dos grupos sociais revela comportamento inverso, ou seja, se busca no Estado a solução para todos os problemas. O modelo de desenvolvimento iniciado nos anos 1950 reforçou essa forma de agir.

O Estado foi o indutor do crescimento da economia, assumindo a responsabilidade pelo êxito ou fracasso das medidas adotadas. Desde os anos 1970, assistimos no Brasil a crise do Estado desenvolvimentista, fato que se evidencia de forma notável na década de 1980.

O atual governo parece disposto a deflagrar um novo modelo de desenvolvimento, em que o Estado deve ter papel diferente do que teve no passado. Neste contexto, a privatização precisa ser encarada como parte de um processo mais amplo de redefinição da posição da sociedade diante do Estado. Parece que é chegado o momento de a sociedade brasileira buscar resolver por si as suas dificuldades, sem invocar os favores estatais. Vista sob esse ângulo, a privatização possibilitaria, além disso, a democratização do capital das empresas e a maior participação da sociedade nos frutos do crescimento econômico. Ao permitir-se a participação dos empregados, por exemplo, não só seria garantida a pulverização acionária, como estaria sendo alterada a eventual hostilidade dos sindicatos trabalhistas. Os trabalhadores se tornariam parceiros no processo de privatização, tendo, portanto, interesse no seu êxito e consolidação.

No Brasil, a criação dos clubes de investimentos em privatização constitui demonstração patente da perspectiva que deve assumir o processo de privatização. A importância desses clubes foi de tal ordem que até recentemente chegava a 80 mil o número de cotistas, ao passo que os clientes custodiados, nas principais bolsas de valores, não ultrapassavam 125 mil. A proliferação dos clubes de privatização tem contribuído, significativamente, para ampliar o grau de democratização do mercado de capitais. Foi possível aumentar o número de participantes nas bolsas, como no caso dos clubes da Companhia Siderúrgica Nacional (20.021 cotistas) e Cosipa (13.554 cotistas). Com isso, cresceu a legitimidade do mercado de capitais.

Os clubes de privatização revelaram uma característica peculiar: a informalidade do seu funcionamento. O cotista participa intensamente de sua gestão, indica membros encarregados da administração dos recursos e da política de investimento. Verifica-se uma grande interação entre os cotistas e administradores, fator determinante do sucesso. Vários deles possuem uma bolsa de transferência, onde os próprios condôminos realizam operações de cessão de cotas. Esse fato confere aos clubes um caráter pedagógico, pois estimula conhecer mecanismos do mercado de capitais.

Do ponto de vista político, os clubes de privatização alcançaram o objetivo pretendido pelos trabalhadores. Como em vários casos, o volume de ações atingiu 10% do capital votante, eles indicaram um representante para integrar o conselho de administração. A participação dos empregados nesses clubes revelou que a democratização do capital é um fator determinante nessa mudança cultural.

O mercado e o poder visível

Nenhuma bolsa se desenvolve, nem mesmo com recursos externos, se não se consolidar no plano interno

O Estado de S. Paulo, 13 de outubro de 1997

Como diz o filósofo político italiano Norberto Bobbio, uma das qualidades da sociedade democrática é tornar o poder visível. Em nossos dias, o "mercado" é um grande poder que precisa ser desmistificado e tornar-se cada vez mais transparente.

No Brasil, o nosso mercado de capitais deverá procurar integrar-se ao nosso sistema cultural em transformação, e uma das formas existentes para isso é o clube de investimentos de privatização.

Os clubes de investimentos de privatização constituem iniciativa espontânea da sociedade para permitir mais participação dos empregados nas empresas privatizáveis.

Consistem esses clubes num condomínio composto de pessoas físicas para a aplicação de recursos comuns em títulos e valores mobiliários. As carteiras dos clubes são constituídas por ações, debêntures conversíveis em ações de emissão de companhias abertas e em títulos da dívida pública, e o funcionamento desses clubes é regulamentado pelas bolsas de valores.

Os clubes de privatização possibilitaram o ingresso dos investidores de massa no mercado de capitais. Para o seu êxito contribuiu decisivamente o espírito criativo do corretor. Graças à inventividade das sociedades corretoras foi possível adaptar a estrutura institucional dos clubes de investimento existentes à participação de grande número de investidores.

Enquanto os clubes de investimento tradicionais têm um limite máximo de 150 cotistas, os clubes de privatização comportam um número quase ilimitado de participantes. A importância desses clubes foi de tal ordem que, até recentemente, chegou a ser de 80 mil o número de cotistas que deles faziam parte, ao passo que os clientes custodiados nas principais bolsas de valores não ultrapassaram os 125 mil.

A proliferação dos clubes de privatização tem contribuído significativamente para ampliar o grau de democratização do mercado de capitais. Graças à sua criação foi possível aumentar o contingente de indivíduos que participaram do mercado bolsístico e, como exemplo, deve ser lembrado que os clubes da Companhia Siderúrgica Nacional (CSN) e da Cosipa tiveram, respectivamente, 28.021 e 13.554 cotistas. Com isso cresceu a legitimidade social do mercado de capitais, na medida em que mais pessoas tiveram oportunidade de obter parcela dos lucros produzidos pelo processo de desenvolvimento econômico.

Participação e *interação* – Os clubes de privatização revelaram uma característica peculiar: a informalidade do seu funcionamento. O cotista do clube tem a possibilidade de participar intensamente da sua gestão, podendo indicar os membros encarregados da administração dos recursos e a política de investimento. Dessa maneira, verifica-se grande interação de cotistas e administradores dos clubes, fator determinante do sucesso que obtiveram.

Vários clubes têm uma "bolsa de transferência" em que os próprios condôminos realizam as operações de cessão de cotas. Esse fato lhes confere caráter pedagógico, pois estimula os participantes a conhecer os mecanismos de funcionamento do mercado de capitais e os benefícios que ele carreia para toda a sociedade.

Prova disso foi o anúncio recentemente publicado no jornal Ciec (Clube de Investimento dos Empregados da Cosipa), em que se afirma: "Nas bolsas de transferência o que vale é a lei da oferta e da procura". Da mesma maneira, o referido jornal estimula o ingresso de novos cotistas, utilizando o seguinte slogan: "Faça do Ciec a sua melhor poupança".

Do ponto de vista político, os clubes de privatização alcançaram um objetivo há muito pretendido pelos trabalhadores. Como, em vários casos, o volume de ações que os clubes de privatização possuem atingiu 10% do capital votante, eles tiveram a possibilidade de indicar um representante para integrar o conselho de administração. Dessa forma, passaram a influir diretamente na política empresarial.

Os clubes de privatização tiveram papel decisivo no processo de privatização, porque foram o canal que institucionalizou a participação do investidor de massa no mercado de capitais.

A experiência mundial demonstra, nesse particular, que a existência de um mercado de capitais abrangente e dinâmico não pode prescindir da poupança do investidor de massa. O futuro no mercado de capitais no Brasil dependerá em grande medida da ativa participação desse investidor. Nenhuma bolsa poderá desenvolver-se adequadamente, nem mesmo com recursos externos, se não se consolidar no plano interno.

No momento em que se verificar a intensificação da privatização das empresas estatais. Os clubes de investimento de privatização terão um papel fundamental para a democratização e a visibilidade do mercado de capitais no Brasil.

Regular o mercado com eficiência pressupõe parceria

Regulamentação burocrática e detalhista não serve mais num mundo em constante mutação

O Estado de S. Paulo, 11 de julho de 1998

Pensar hoje a questão de regular o mercado de capitais brasileiros se insere em preocupações maiores, como a relação entre o Estado e a sociedade, a interdependência das economias num mundo globalizado e a crescente desregulação dos mercados.

Para lembrar a definição de Norberto Bobbio, o problema da crise do Estado refere-se, de um lado, ao tema da crescente complexidade e à consequente ingovernabilidade das sociedades complexas e, de outro, ao fenômeno do poder difuso, cada vez mais difícil de ser reconduzido à unidade decisional que caracterizou o Estado do seu nascimento até hoje.

A segunda preocupação relaciona-se às consequências da economia global. Como diz Schlesinger Jr., em recente artigo na *Foreign Affairs*:

> O avanço impetuoso da economia global tem como subproduto o aumento da desigualdade com suas consequências desagregadoras, um proletariado à "Blade Runner", uma subclasse revoltada, amargurada e violenta, destino daqueles que não conseguem adaptar-se à era da informação e da globalização.

Quanto ao primado absoluto do mercado, traduzido na ideia da mão invisível, defendida por Adam Smith, que garantiria uma autonomia ao mercado, cada vez mais demonstra sua inviabilidade. Neste mundo em que se está promovendo o mercado para a instância reguladora das relações econômicas e sociais no capitalismo contemporâneo, é necessário pensar mais do que nunca em como regular esses mercados. Como lembra Celso Lafer, o mercado requer uma moldura jurídica, pois não opera no vazio.

Como vimos, os problemas que advêm da crise do Estado, do primado do mercado e da globalização, tornam complexo regular o mercado de capitais moderno. A sua feição assume contornos supranacionais e o regular globalizado não tem história, experiência nem parâmetro; a tarefa de regular torna-se cada vez mais árdua em sua elaboração e aplicabilidade.

Partindo dessas premissas, podemos imaginar como regular se torna tarefa essencial para nós, brasileiros, principalmente no momento atual, em que o Estado começa a retirar-se como empresário e a economia brasileira inicia um processo de maior inserção internacional. O espaço que ora se está abrindo para a regulação, como poderá ser preenchido?

A nossa tradição optaria pela regulamentação estatal, que é a intervenção das autoridades públicas no sentido de exercer controle sobre certas atividades para a realização do interesse geral. O que se tem observado é que essa regulamentação burocrática, formalista e detalhista, não se adapta mais num mundo em constante mutação, porque a evolução da tecnologia exige respostas rápidas que o modelo burocrático não consegue fornecer eficientemente.

Outra forma conhecida de regular é a autorregulação, que foi instituída na Bolsa da Inglaterra em 1773, em que se processa uma autorregulação voluntária cujas regras são puramente éticas e não jurídicas no sentido de postas pelo Estado. Este tipo de regulação tem a qualidade de transformar usos e costumes em padrões reconhecidos, é genérico e não tipifica todas as condutas possíveis. Acreditamos que a adoção em nosso país de um modelo autorregulável não traria os resultados desejados, pois não só a nossa tradição jurídica (Direito Continental – Positivo) seria grande fator inibidor, como também toda a cultura de nossa sociedade.

Depois de termos visto os dois modelos, parece-nos prudente a adoção de um regular flexível que pudesse incorporar os pontos positivos de uma regulamentação estatal e os ingredientes inovadores de uma autorregulação, sendo talvez a melhor estratégia a ser adotada.

Como é sabido, o ritmo das inovações observado no mercado de capitais tem excedido em muito a capacidade dos órgãos reguladores estatais. Uma tendência que está se delineando é que o Estado moderno não deve atuar de forma hierárquica, precisa aprender a trabalhar com parceiros que estão fora de sua estrutura. Dessa forma, poderia caminhar em direção a uma regulação moderna por meio da parceria Estado-sociedade, para que juntos elaborassem uma regulação que fosse flexível e inovadora, procurando sempre adaptar as condutas e comportamentos aos novos cenários em constante transformação.

Para reforçar essa ideia, acredito que valha a pena mencionar a honrosa experiência que estou tendo como membro do Conselho de Recursos do Sistema Financeiro Nacional, conhecido como "conselhinho", "lócus" de julgamento em segunda e última instância dos recursos do sistema financeiro, em que a parceria e o diálogo de quatro representantes da iniciativa pública e quatro representantes da iniciativa privada julgam os referidos processos com uma visão flexível norteada por uma regulamentação estatal e um enfoque autorregulador, estabelecendo às vezes jurisprudências facilitadoras para adaptação da legislação às inovações requeridas pelo dinamismo dos mercados. A experiência do "conselhinho" é um exemplo vivo da possibilidade da parceria e do diálogo, em que representantes da área pública e privada trocam experiências, visões e pontos de vista, no sentido do desenvolvimento da regulação.

Um Estado transparente

O Globo, 29 de janeiro de 2007

A Bolsa de Valores de São Paulo (Bovespa) promoveu em 2006 a primeira edição de um concurso para escolas chamado "Desafio Bovespa". Durante quatro finais de semana, noventa escolas públicas e privadas participaram de uma competição em que, após assistirem a aulas sobre o funcionamento do mercado de capitais, as equipes integradas por cinco estudantes e um professor simulavam investimentos em ações de companhias brasileiras. O objetivo do concurso era familiarizar a juventude com a cultura do investimento. No final, a vencedora foi uma escola pública, a Fernão Dias Paes, da capital paulista.

A vitória desses estudantes só foi possível graças ao empenho do professor de matemática Arthur Damasceno Vicente, que dedicou dois sábados para acompanhá-los no concurso. A dedicação desse professor não é um caso isolado. Todos conhecemos funcionários públicos que dão o melhor de si pela satisfação de realizar um bom trabalho junto às suas comunidades. Infelizmente, não é o idealismo de alguns servidores que irá promover uma mudança na imagem de todo o funcionalismo. O que a sociedade brasileira cobra do serviço público é eficiência.

O Estado toma da sociedade 37% de toda a renda gerada neste país e devolve muito pouco. A gestão estatal ainda segue o modelo burocrático implantado a partir dos anos 1930 e que significou, naquele momento, uma modernização. A administração pública, porém, não acompanhou as mudanças gerenciais que revolucionaram o setor privado a partir da década de 1990. A competição internacional obrigou as empresas a adotar padrões tecnológicos e gerenciais modernos em tempo recorde. Caso contrário, não sobreviveriam. Hoje, vemos a indústria e a agricultura gerando crescentes superávits comerciais, algumas empresas tornando-se líderes mundiais nos seus setores, como é o caso da Embraer e da Vale do Rio Doce, e outras se expandindo para o exterior, como a própria Vale e a Gerdau (não por acaso, todas companhias abertas).

Já o Estado brasileiro não sofreu choque semelhante. Diante das dificuldades para o financiamento das suas obrigações, ele impôs à sociedade um aumento na carga tributária e, por meio da elevação da taxa de juros, atraiu a poupança privada para o financiamento do seu déficit. O pior é que o modelo burocrático de gestão que vigora no Brasil não premia a qualidade e a busca da eficiência, como pode até punir quem tenta melhorar os serviços prestados pelo Estado. Nesse modelo, gestores públicos devem se preocupar única e exclusivamente com o cumprimento das formalidades legais. O bom servidor é aquele que não descumpre os procedimentos preestabelecidos e não aquele que procura inovar para aumentar a eficiência. Em outras palavras, é um sistema que incentiva a mediocridade e não a criatividade.

Não advogamos que os governos simplesmente cortem despesas sem se preocupar com os usuários dos serviços públicos. O processo de resgate da dívida social é legítimo. Sabemos da importância dos programas sociais para a redução da pobreza nas cidades e no campo. Reconhecemos a necessidade de gastos na área de saúde e de assistência social e, principalmente, temos convicção de que a educação pública de qualidade é essencial para o desenvolvimento. No entanto, o fato é que o Estado brasileiro esgotou sua capacidade de se financiar sem afetar o setor privado. Está claro que o investimento produtivo não dará o salto necessário para que o país retome taxas de crescimento de 5% ou 6% ao ano se continuar espremido por um sistema tributário distorcido, caro, e pelas taxas de juros mais altas do mundo.

Devemos legar às futuras gerações um Estado que redistribua renda e reduza a pobreza, mas cujo financiamento não imponha grandes sacrifícios à sociedade. Isso não será possível se não forem adotadas formas mais modernas de gestão, que usem tecnologia de informação, que premiem os bons servidores e excluam aqueles sem vocação para um serviço público moderno e comprometido com a cidadania. Para tanto, é preciso uma mudança institucional, com a criação de contratos de gestão entre ministérios e administradores, o estabelecimento de metas a serem cumpridas e a aproximação gradual da contabilidade pública da contabilidade privada. Podemos, a exemplo da Austrália e da Nova Zelândia, criar a Auditoria Nacional – uma agência independente, responsável pela verificação do cumprimento dos contratos de gestão e da eficiência dos serviços prestados, e que presta contas não ao Executivo, mas ao Legislativo.

A gestão deve atender aos princípios de um novo modelo de governança pública, no qual os compromissos dos administradores são com os anseios de eficiência e justiça social. Um Estado construído sob os critérios de transparência, acesso e democracia. Um Estado à altura dos desafios da sociedade brasileira, comprometido com resultados.

Reformulado nessas bases, esse Estado poderá ser menor, mais eficiente e cumprir seu papel gastando menos e cobrando menos impostos.

A Bovespa e o capital social brasileiro

Folha de S.Paulo, 3 de junho de 2007

A Bovespa, Bolsa de Valores de São Paulo, vem batendo recordes em todos seus índices: volume de negócios, participação de acionistas e abertura de capital de empresas.

Tais resultados, frutos de circunstâncias econômicas internacionais e nacionais, de uma mudança cultural no meio empresarial e do surgimento de investidores individuais mais conscientes, são motivo de grande satisfação no mercado de capitais.

Estamos cientes, no entanto, de que a sociedade brasileira enfrenta problemas estruturais que podem comprometer, em longo prazo, as conquistas do mercado acionário.

Entendemos que a Bovespa tem uma missão importante no país, não só como forma de financiamento das empresas e veículo de investimentos para a população mas também no plano da sociedade civil.

A Bolsa vem oferecendo possibilidades de transformação também no campo social. Para tanto, entendemos que o conceito de capital social pode auxiliar a compreensão e o desenvolvimento dessa função social, que, embora pareça estranha a uma bolsa de valores, impõe-se de modo urgente para o nosso país.

O conceito de capital social foi adotado pelas ciências sociais a partir dos anos 1990. O capital social pode ser definido, de acordo com o Banco Mundial, como o conjunto de instituições, relações e normas sociais que dão qualidade às relações interpessoais em uma dada sociedade. Conforme conta a socióloga Maria Celina D'Araújo (*Capital social*, Zahar, 2003), o capital social é uma ferramenta útil para auxiliar comunidade e governo a resolver problemas relevantes.

A pergunta que se faz é se o Brasil tem condições de desenvolver um capital social à altura de seus desafios – e tendo como objetivo a implantação de maior coesão social.

A criação de um capital social brasileiro teria o condão de integrar uma sociedade como a nossa, que é dispersa, desmobilizada e dependente do Estado. Como disse o ex-presidente do Banco Central Armínio Fraga em entrevista à *Veja* ("Viciados em Estado", dia 15/1/2007): "A nossa raiz ibérica faz com que esperemos que o Governo cuide de todos os nossos problemas. Precisamos urgentemente mudar de atitude para consolidar a nossa democracia".

Para que essa mudança possa se concretizar, devemos trilhar caminhos ainda pouco difundidos no Brasil. Trata-se de acreditar mais na força da sociedade civil como um instrumento de mudança e começar a valorizá-la como um canal de transformação que pode nos levar na direção de uma sociedade mais justa e democrática. Fazer essa mudança será difícil porque o "vício em governo" está arraigado na cultura latino-americana.

O americano Douglass North, professor e Prêmio Nobel de Economia, resume essa dependência com perfeição:

> os norte-americanos foram beneficiados pelas tradições inglesas de descentralização e parlamentarismo, enquanto os latino-americanos foram prejudicados pelo autoritarismo centralizado, o familiarismo e o clientelismo que tinham herdado da Espanha medieval. Os americanos herdaram tradições de civismo, ao passo que aos latino-americanos foram legadas tradições de dependência vertical e de exploração.

Vale lembrar também uma observação instigante do professor de Harvard e também americano Roberto Putnam, divulgador da ideia de capital social a partir de sua pesquisa em seis regiões da Itália (registrada em *Comunidade e democracia: a experiência da Itália moderna*, de 1993): a "coisa pública", resume, é tida como coisa dos outros. Poucos querem tomar parte das deliberações sobre o bem público. Segundo esse estudo, a participação política é geralmente motivada pela dependência ou por ambições pessoais.

Essa constatação apresenta uma grande similitude com a situação da sociedade brasileira, na qual a cultura cívica é deficiente e frágil, para não dizer inexistente.

É por isso que devemos mudar. Precisamos cada vez mais valorizar a sociedade civil como um canal capaz de gerar os fundamentos de uma comunidade cívica, comprometida com o bem público e o estabelecimento de redes ou laços de confiança e que esteja também imbuída de cooperação voluntária, de espírito de associativismo e de regras informais de reciprocidade. Em suma, fatores determinantes para a criação de capital social.

Entendemos, enfim, que as instituições brasileiras – aí incluída a Bovespa – podem tomar atitudes práticas consistentes, capazes de criar as condições reais de acumulação de capital social. Esse é o pré-requisito fundamental para a construção de uma sociedade menos injusta e mais solidária.

Think tanks – por que o Brasil precisa deles

Faltam bases de democracia baseada no poder de instituições
Com Carlos Eduardo Lins da Silva*

Valor Econômico, 26 de julho de 2007

Em março passado visitamos nos EUA grupos e associações com o formato de uma organizações não governamentais (ONG) e que funcionam como núcleos de produção de ideias e propostas de ação para políticas públicas, chamados de *think tanks*. A expressão remete originalmente aos gabinetes em que generais americanos debatiam, durante a Segunda Guerra Mundial, as estratégias a serem adotadas contra o inimigo. Hoje nos EUA há milhares de *think tanks*, dedicados aos mais variados objetivos e temas – um fenômeno que atesta de modo geral o poder da sociedade civil americana, historicamente inclinada a formar organizações civis e políticas independentes do Estado.

O pensador francês Alexis de Tocqueville, em visita aos EUA em 1831, ficou vivamente impressionado com essa característica local, que chamou de "associativismo". Tocqueville reuniu suas impressões no livro *Democracia na América*, publicado em 1835 e que logo se tornaria um clássico da ciência política. Ao definir essa paixão do cidadão americano pelas associações, escreveu: "O país mais democrático do mundo é aquele onde os homens levaram à máxima perfeição a arte de alcançar em conjunto o alvo das aspirações comuns, e aplicaram essa nova técnica ao maior número de objetivos".

Na medida em que íamos conhecendo e dialogando com diretores e representantes de vários *think tanks*, tentou-se imaginar num certo momento o que teria ocorrido se o navio que trouxe Tocqueville à América se desviasse de sua rota e aportasse no Brasil.

---

* Carlos Eduardo Lins da Silva é livre-docente e doutor em Comunicação pela USP e mestre pela Michigan State University. Foi diretor-adjunto de redação dos jornais *Valor Econômico* e *Folha de S.Paulo*. Neste, exerceu também os postos de *ombudsman* e correspondente nos EUA.

Com seu conhecimento das monarquias europeias (mesmo tendo nascido depois da Revolução Francesa), Tocqueville certamente registraria semelhanças entre governos da Europa e a Corte brasileira, no que tange ao excesso de centralismo e de poder do Estado. Muito distante, portanto, e talvez o oposto, da jovem democracia americana, fundada nos princípios da descentralização, da limitação do poder do governo e principalmente na capacidade de a sociedade civil se articular.

O Brasil infelizmente carece de muitos dos componentes de uma democracia fundada no poder das instituições. Não tem cultura cívica e apresenta pouca coesão social. Também não se interessa pela reciprocidade e pelo bem comum. Finalmente, sua população desconfia das instituições. A cultura e a tradição política americanas, como se viu, caminham na direção oposta. Os americanos, desde os tempos de Tocqueville, são capazes de agir coletivamente para atingir seus objetivos; sabem reconhecer, apesar de sua diversidade, que têm interesses comuns; e sabem ainda que, se fizerem algo pelos outros, em algum momento os outros retribuirão. Essa forma de agir é uma das fontes do chamado capital social, entendido como o conjunto de instituições, normas e relações que dão qualidade às relações interpessoais em dada sociedade.

São inúmeros os exemplos na sociedade americana de retribuição ou de reciprocidade: homens e mulheres que acumulam vultosas fortunas durante a vida e que, mais tarde, devolvem parte expressiva do que acumularam para universidades, centros de estudos ou fundações. Essa atitude, rara no Brasil, reforça os laços de solidariedade e de coesão social. Uma das entidades que visitamos em Washington, por exemplo, foi constituída em 1998 com uma doação de US$ 1 bilhão do magnata e filantropo americano Ted Turner. Chama-se United Nations Foundation e se dedica a promover, através de parcerias público-privadas, as principais causas das Nações Unidas. Mas provavelmente o melhor exemplo de solidariedade e de ação coletiva dos cidadãos em busca de um objetivo comum seja a ONG Mothers Against Drunk Drivers (MADD), ou "Mães Contra Motoristas Bêbados", que também conhecemos em Washington. Essa organização foi fundada no Texas no princípio dos anos 1980 por uma mãe cuja filha morrera atropelada por um motorista embriagado e, em poucos anos, à custa de uma mobilização que ganhou todo o país, gerou políticas públicas que endureceram exemplarmente a legislação americana – federal e estadual – alterando as leis em relação a crimes de trânsito. Com isso, ajudou a prevenir dezenas de milhares de vítimas de acidentes de trânsito nos EUA nas últimas décadas.

Norberto Bobbio, um grande filósofo e cientista político do século passado, especialmente importante por suas reflexões a respeito da democracia, lembra-nos de que o bem comum não é nunca a soma de bens individuais, mas algo que vai além dessa soma e que ocupa solidariamente com base em regras claras estabelecidas pela própria sociedade. Tais regras têm um fundamento moral e não legal, portanto não estão escritas em lugar nenhum – trata-se basicamente do exercício diário da cultura cívica.

Nossa visita aos *think tanks* americanos confirmou essa percepção. As conclusões a que chegamos, adicionalmente, podem ser resumidas em alguns tópicos: 1) A força inquestionável da sociedade civil americana; 2) como o cidadão americano, em vez de esperar pela ação do Estado quando se vê diante de um problema, resolve ele próprio agir e se articular com outras pessoas e instituições que enfrentam a mesma situação e têm pontos de vista similares para solucioná-la; 3) como o próprio Estado reconhece a importância da sociedade civil e pede sua colaboração para resolver problemas (o exemplo é o Urban Institute, de Washington, que financia pesquisas e estudos de políticas públicas; no final dos anos 1960, o Instituto recebeu uma dotação do governo Lyndon Johnson para propor soluções à crise urbana que explodiu sob a forma de conflitos em algumas metrópoles americanas, em 1967 e 1968); 4) o pragmatismo das ONGs, muitas delas geridas como se fossem empresas, mesmo que com o objetivo de obter "lucro imaterial", ou seja, de realizações e casos de sucesso para a sociedade; 5) uma ONG na área de políticas públicas apenas é bem-sucedida se for capaz de estabelecer um diálogo entre Estado, sociedade civil e o mundo acadêmico.

Essa cultura cívica seria fundamental para o Brasil, mas, na verdade, somos burocráticos e dependentes do Estado, estamos sempre aguardando que o rei (o Governo) resolva nossos problemas. Chegou a hora de promovermos uma revolução cultural e investirmos na criação de capital social brasileiro, que possa complementar as ações do Estado. Para tanto, necessitamos do fortalecimento do papel de instituições que possam fornecer indicações de políticas públicas, fiscalizar sua aplicação e funcionar como fator de coesão social, a exemplo dos *think tanks* americanos. Tocqueville com certeza gostaria dessa iniciativa.

Precisamos promover os direitos humanos

Folha de S.Paulo, 13 de março de 2008

A leitura dos jornais é suficiente para constatar como o Brasil carece de transparência e igualdade social – condições fundamentais para o exercício da democracia. Voltar a esse tema é imperativo, sobretudo neste 2008, quando a Declaração Universal dos Direitos Humanos completa 60 anos. Infelizmente, no Brasil e em muitos outros países, o tema ainda é visto de modo errôneo e preconceituoso por vários setores da sociedade.

O aniversário da Declaração, em dezembro próximo, é uma excelente oportunidade para esclarecer a população sobre o assunto por meio de amplo debate. Nessa tarefa, o papel da imprensa tem sido vital. Em anos recentes, graças à cobertura da mídia sobre as violações à vida e à dignidade dos brasileiros, muitos direitos, antes teóricos, tornaram-se mais conhecidos das pessoas, habilitando-as a exercê-los de modo mais consistente.

Kant acreditava que o esclarecimento é a condição primeira para o homem superar a menoridade. Queria dizer com isso que as pessoas, com base na informação e no conhecimento, capacitam-se para alcançar a cidadania plena. Essa concepção coincide com a defesa dos direitos humanos ao mostrar que seu exercício só é possível numa sociedade cujos valores democráticos contemplem a transparência, a visibilidade e o acesso dos indivíduos aos bens públicos. Apenas nessas condições, a Declaração – originalmente, um projeto de paz internacional – transforma-se em garantia real de proteção dos direitos.

É justamente o abismo entre os direitos proclamados nesse documento e a desigualdade social em muitas regiões do mundo que tem levado a alta comissária dos Direitos Humanos da ONU, Louise Arbour, a propor uma ampla agenda de divulgação e defesa dos direitos humanos para este ano, culminando com o aniversário da declaração, em dezembro.

Arbour anunciou a ideia quando visitou o Brasil pela primeira vez, há três meses. Outros organismos ligados à ONU, como o Pacto Global, que compromete o mundo corporativo na defesa da inclusão social e econômica, já estão envolvidos nesta proposta. Dois dos princípios do pacto foram extraídos justamente da Declaração Universal dos Direitos Humanos.

As companhias podem dar uma forte contribuição à campanha de Arbour. A adoção das políticas de responsabilidade social empresarial é uma prova de que as empresas estão habilitadas a promover os chamados direitos sociais, que, tanto quanto os direitos essenciais, também estão consagrados na declaração universal. Mais que isso, ainda, são agentes fundamentais da inclusão econômica de vastas parcelas da população, seja por conta de sua própria atividade – geradora de riqueza –, seja em razão de programas de educação financeira, que já são oferecidos por muitas empresas no Brasil, individualmente, seja em parceria com universidades.

Arbour teve a oportunidade de conhecer iniciativas de empresas brasileiras na área de direitos humanos. Ela esteve na sede da Bovespa para tratar do tema e admitiu singelamente seu próprio "preconceito". Diante de plateia de mais de 120 pessoas, a alta comissária contou que nunca podia imaginar que, em sua visita ao Brasil, dialogaria sobre os direitos humanos na sede de uma bolsa de valores. Arbour ouviu algumas propostas das empresas, entre elas a criação de um movimento, com outras instituições financeiras, ONGs e universidades, para promover neste ano uma série de iniciativas educacionais sobre direitos humanos.

Eis um projeto que vai ao encontro da filosofia de Norberto Bobbio, para quem o bem comum é maior do que a soma dos bens individuais. Esse bem comum e universal é justamente o que caracteriza a força da declaração de 1948. Com ela, escreveu Bobbio, a ONU pode "substituir a paz baseada no puro e simples equilíbrio das forças individuais por outra, fundamentada na superioridade e autoridade de uma força coletiva, que constitua a expressão de um poder comum". Mas esse avanço não fará sentido se não envolver toda a população.

A inclusão social é imprescindível em qualquer movimento que vise à adequação de nossos valores em prol de uma realidade mais justa do país. Se a cultura sobre a importância dos direitos humanos não for disseminada, não haverá a evolução de que precisamos. Como dizia Hannah Arendt, o poder é um agir em conjunto. Está aí a única via de acesso à cidadania e à dignidade dos homens e mulheres.

Bolsa de Valores: machismo e democracia

Artigo inédito

Não é nenhum segredo que o mercado financeiro, mesmo em 2017, é extremamente machista. A estigmatização da mulher e sua consequente exclusão do mercado financeiro, no entanto, possuem uma razão histórica, cujo conhecimento é indispensável para avançarmos em direção a uma sociedade mais igualitária.

Ainda que neste curto espaço não seja possível apresentar toda a discussão com detalhes, gostaria de destacar alguns pontos apresentados pelo sociólogo alemão Urs Stäheli em seu estudo sobre a "especulação". Nos EUA, a especulação era vista como uma *femme fatale*, perigosa, sedutora, o que também impactava a percepção social das mulheres, já naquela época caracterizadas como muito impulsivas, pessoas emotivas que chegavam a uma conclusão rápido demais, incapazes de fazer análises precisas e racionais. Consequentemente, as mulheres superestimariam meras flutuações temporárias do mercado. Esta era a descrição de um manual para investidores em 1933: o especulador ideal, portanto, era "naturalmente" o homem, ao passo que a especuladora era vista como uma forma patológica e parasitária.

Isso demonstra o caráter histórico da exclusão social das mulheres e seu impacto para a caracterização do mercado financeiro como um espaço predominantemente machista. Não à toa, uma pesquisa da Catho amplamente divulgada no primeiro semestre escancarava uma realidade não só brasileira, mas mundial: a maciça desigualdade salarial entre homens e mulheres em cargos e setores de atuação. No setor financeiro, o salário médio dos homens é de R$ 6.100,00, enquanto as mulheres recebem cerca de R$ 3.361,00. Já nas instituições financeiras, as diferenças ficam na casa dos R$ 7.554,00 para eles, contra R$ 4.664,00 para elas.[1] Avançar na resolução do machismo no mercado financeiro, consequentemente, só é possível quando compreendemos suas causas estruturais. Somente assim, por meio do estudo da história social das nossas instituições, podemos realizar ações realmente eficazes e transformadoras.

Um exemplo pode nos ajudar a perceber a importância deste tipo de análise. Refiro-me aqui ao projeto Mulheres em Ação da então Bovespa, um *case* que foi muito além do sucesso institucional, consolidando-se como uma revolução cultural que buscou contribuir para a luta por igualdade entre os gêneros através da emancipação pelo conhecimento. Isso significa que, apesar do ideal democrático que informou o processo de legitimação da Bolsa nos EUA (mas isto é um assunto para um livro posterior...), seu processo social apresentou severos limites, sendo a exclusão das mulheres seu exemplo mais claro. Neste sentido, a Bovespa retrabalhou a própria noção de democracia, expandindo suas fronteiras ao não só popularizar uma bolsa que, no Brasil, era marcada por um elitismo ímpar, como também incentivar e possibilitar a inclusão e participação das mulheres em um país machista, garantindo algumas das condições para a autonomia através da educação financeira.

Se a Bovespa criou um novo modelo democrático de Bolsa – muito mais plural e participativo do que aquele que apareceu nos EUA, conseguindo combinar crescimento econômico e social, isso não aconteceu por acaso ou excentricidade. A força das ideias para um agir transformador depende do conhecimento da história social das nossas instituições, seus limites e suas virtudes. Mais de dez anos depois, as sementes lançadas pela Bovespa parecem ser ricas o suficiente para inspirar novas iniciativas.

Nota

1. Ver KOMETANI, Pâmela. Mulheres ganham menos do que os homens em todos os cargos, diz pesquisa. *G1*, 15 mar. 2017. Disponível em: <https://g1.globo.com/economia/concursos-e-emprego/noticia/mulheres-ganham-menos-do-que-os-homens-em-todos-os-cargos-diz-pesquisa.ghtml>. Acesso em: 7 ago. 2018.

Tecnologia, mercado e os desafios para a sociedade civil

Com César Mortari Barreira*
Artigo inédito

A recente nomeação do termo *fake news* como "palavra do ano" pelo dicionário da editora britânica Collins demonstra o impacto das notícias falsas em nosso cotidiano. Intimamente associada à expansão das redes sociais, as discussões sobre o assunto, quando feitas, começam a colocar o dedo na ferida: como ficam a política e a própria democracia em um cenário em que a nova modalidade de "convencimento" vale-se da produção e distribuição de informações falsas?

Enfrentar essa questão será algo desagradável para aqueles que, idilicamente, enxergavam o mundo com instrumentos teóricos idealistas, munidos de conceitos que apelavam para uma suposta retomada da "esfera pública" capaz de angariar um consenso intersubjetivo entre as partes. Prova disso é a compreensão entusiasmada (deslumbrada?) que via nos recursos tecnológicos a possibilidade de construção de uma nova "Ágora moderna". Muito distante do entusiasmado discurso da chamada "democracia digital", o que temos diante de nós atesta, uma vez mais, a sóbria e implacável atualidade do pensamento de Norberto Bobbio. Ainda na década de 1980, o pensador italiano já sustentava a existência de dois processos paralelos em nossa sociedade, a "publicização do privado" (intervenção dos poderes públicos na regulação da economia) e a "privatização do público" (formação de grandes grupos privados que se servem do aparato público). Diante disso, se, por um lado, seria razoável dizer que num Estado democrático o público vê o poder mais que num Estado autocrático, igualmente verdadeiro seria dizer

---

* César Mortari Barreira é mestre em Direito Penal pela PUC-SP, doutorando em Teoria e Filosofia do Direito pela UERJ e coordenador científico do Instituto Norberto Bobbio – Cultura, Democracia e Direitos Humanos.

que "o uso dos computadores (que se amplia e se ampliará cada vez mais) para memorizar os dados pessoais de todos os cidadãos permite, e cada vez permitirá mais aos detentores do poder ver o público bem melhor do que nos Estados do passado". O novo Príncipe pode possuir e manusear dados dos cidadãos de forma incomparavelmente superior ao que podia fazer o mais absolutista dos monarcas, mas agora se valendo do discurso da "liberdade de opinião" e da "livre iniciativa".

E é claro que a pergunta desagradável colocada no primeiro parágrafo depende de um segundo questionamento: quem possui esse poder de observação e como enfrentá-lo? Neste momento, não podemos colocar panos quentes, reduzindo a situação aos *softwares* e robôs eletrônicos. A investigação em andamento no Congresso americano pela suposta utilização de *target advertisement*, produção de *fake news* e a influência de estados estrangeiros na campanha do atual presidente Donald Trump suscita um debate muito mais profundo sobre o atual tipo de imbricação entre democracia, representação política e mercado. A utilização lucrativa de artifícios tecnológicos como o da empresa Cambridge Analytica, que recolhe os dados de outras empresas, como as gigantes digitais Google, Facebook e Instagram, para traçar um perfil político dos usuários, identificar suas tendências e "pontos fracos", é seguramente um exemplo notório daquele tipo de triunfalismo de mercado que corrompe ou degrada bens indispensáveis à vida democrática, tal como colocado por Michael Sandel.

Como falar em democracia, soberania do voto e participação da sociedade civil quando uma empresa (com o necessário aval político) prepara um conteúdo programático personalizado para capturar o voto de cada eleitor? Como podemos falar em representação num sistema eleitoral em que o mesmo candidato distribui informações contraditórias para eleitores diferentes, e que eles sequer saberão dessas diferenças? Hoje não é mais necessário repetir uma mentira mil vezes para que ela se torne verdade, basta bem distribuí-la nos diversos "nichos digitais" que o solipsismo e a incomunicabilidade entre os agentes assegurarão a não contestação dessas informações.

Neste ponto é imprescindível perceber que não podemos ficar reféns de um aparato conceitual que convenientemente insiste em tratar a liberdade somente como "não interferência", ao mesmo tempo que defende que os mercados, além de tenderem ao equilíbrio, seriam neutros, inertes, incapazes de afetar os bens mercantilizados. Esse tipo de observação cinicamente bloqueia questionamentos sobre a dominação exercida sobre os cidadãos, ao pressupor uma liberdade natural, anterior à própria sociedade, que seria somente "protegida" pela menor extensão possível das leis e normas impostas pelo Estado, constantemente vistas como meros instrumentos que tendem a ser disfuncionais à livre-iniciativa. Contra isso, é fundamental atentarmos para um tipo de reflexão mais exigente, característico do neorrepublicanismo, que faz da "liberdade como não dominação" o núcleo conceitual a partir do qual a própria liberdade, que pressupõe a sociedade, é assegurada contra o poder de terceiros (públicos ou privados e, cada vez mais, público-privados) de dominarem nossas liberdades básicas.

Essas e outras questões estão sendo trabalhadas em uma pesquisa inédita, por uma equipe por mim coordenada, que busca traçar um diagnóstico dos principais desafios à relação de reciprocidade entre instituições e sociedade civil, tal como venho defendendo. Para tanto, estão sendo recolhidos diversos materiais empíricos produzidos no país e realizadas entrevistas pessoais com os maiores nomes do pensamento político internacional. Como parte do planejamento das atividades, no mês de outubro de 2017, um dos pesquisadores foi até os Estados Unidos entrevistar os professores Philip Pettit (Princeton University) e Nadia Urbinati (Columbia University). Ainda que os resultados dessa ampla análise e discussão sejam divulgados em um livro somente no ano que vem, o desafio já está colocado. É cada vez mais urgente discutir a forma político-econômica predominante de utilização das inovações tecnológicas, sem idealismos e com a serenidade necessária para enfrentar o tipo de desigualdade de poder que vem asfixiando a sociedade civil.

Agências reguladoras: melhorar, não piorar

O Estado de S. Paulo, 14 de novembro de 2015

Vinte anos após a criação das agências reguladoras, autarquias especiais de Direito Público que exercem funções típicas do Estado em três esferas – administrativa, normativa e fiscalizatória –, o momento é de repensar democraticamente o sistema e de contribuir para aperfeiçoá-lo.

Tais agências são muito importantes para os cidadãos e as empresas, pois elas regulam serviços públicos e atividades econômicas que afetam diariamente nossa vida e nossos negócios. Nesse contexto, é importante notar que cidadãos e empresas têm direito a reclamar tanto do atendimento que lhes é dispensado quanto do desvirtuamento da independência e autonomia que a lei confere às agências reguladoras, entre elas a Anvisa (vigilância sanitária), a Aneel (energia elétrica), a Anatel (telefonia e telecomunicações), a ANS (planos de saúde) e a Anac (aviação civil).

O grande nó da questão está na excessiva politização das agências, com nomeações para cargos de direção atendendo a critérios político-partidários, e não de competência técnica requerida por lei. Intervenção do governo via Ministérios, aos quais as autarquias especiais estão vinculadas. Tal prática política, característica dos últimos governos, prejudica a segurança jurídica, indispensável para os investimentos. E o resultado é a perda da confiança e da credibilidade, essenciais para os cidadãos viverem numa democracia, cujos pilares devem ser transparência, acesso e visibilidade, tal como diria Norberto Bobbio, de cujas ideias me considero um seguidor.

Algo precisa ser feito para fortalecer o marco regulatório das agências a fim de que elas possam atuar de forma equilibrada, mediando os interesses do governo, dos concessionários e dos consumidores. Justamente por acreditar na força das ideias e desejoso de contribuir para o debate sobre o redesenho das agências reguladoras federais, estou em fase avançada da redação de um livro sobre o assunto.

Neste afã, infelizmente, deparei-me com a notícia de que o Senado está prestes a aprovar projeto de lei que põe em risco a autonomia das agências reguladoras federais. Entre as principais mudanças previstas está a criação de uma câmara de "supervisão regulatória", que será diretamente vinculada à Presidência da República e terá a missão de "avaliar e acompanhar" as deliberações das autarquias. O texto prevê, ainda, que os planos estratégicos das agências sejam analisados previamente por quatro Ministérios.

Sendo assim, o projeto de lei vai na contramão de mudanças democráticas para aperfeiçoar as agências e dar uma resposta aos cidadãos, que, indignados, buscam serviços mais eficientes, e às empresas, que buscam ambientes de negócios em que possam competir de forma leal por meio de uma regulação transparente e digna de confiança.

Felizmente, noticia-se que a tramitação apressada do Projeto de Lei do Senado (PLS) 52/2013 já provoca um movimento de contestação de dirigentes das agências. Eles dizem temer impacto negativo para os investidores no momento em que o governo se prepara para fazer novos leilões de hidrelétricas, linhas de transmissão, rodovias, portos e aeroportos. Avaliam, também, que a implantação de "controle externo" sobre a agência será uma péssima sinalização ao mercado.

O que diriam os cidadãos brasileiros diante dessas mudanças? O Legislativo pretende aprovar um projeto de lei sobre agências reguladoras que afetam o cotidiano das pessoas sem ouvi-las? Para o nosso livro, pesquisamos o sistema de agências reguladoras nos EUA, na França, no Reino Unido. Ainda que imperfeitas e sujeitas a críticas, elas levam em consideração, precipuamente, que a proteção ao consumidor é um dos princípios basilares da atividade regulatória. Este, sim, é um caminho democrático fundamental para as agências reguladoras.

A reciprocidade entre sociedade civil e instituições: um novo caminho para o Brasil

Interesse Nacional, ano 10, número 38, agosto a outubro de 2017

Não foram poucas as tentativas de compreender de que forma a história do Brasil trazia dificuldades para as tentativas de modernização do país. O chamado "atraso brasileiro" foi, de fato, objeto de análise de diferentes autores, com base em diversos referenciais teóricos, e contribuiu para a não problematização da sociedade civil (o conjunto de relações entre indivíduos, grupos e classes sociais que se desenvolvem à margem das relações de poder que caracterizam as instituições políticas)[1] como elemento indispensável à democracia. Pense-se, por exemplo, nas reflexões de Sérgio Buarque de Holanda sobre o "homem cordial", em contraposição ao *homo oeconomicus* de que nos falava Max Weber. Se o "homem moderno", no contexto da Reforma Protestante (1517), consolidou-se na Inglaterra e nos Estados Unidos como ser capaz de efetuar cálculos de meios e fins, Portugal e Espanha, que não tiveram suas respectivas revoluções gloriosas, caracterizam-se pelo poder patrimonial, aspecto tão bem estudado por Raymundo Faoro.

Uma vez que o rei concentrava tanto os poderes públicos quanto os privados (utilizando o direito e o "poder de polícia" em benefício próprio), a chamada herança ibérica caracterizou-se pela não diferenciação entre as esferas pública e privada, tal como ocorrera na Inglaterra, França, Alemanha e nos Estados Unidos. Isso acabou repercutindo no Brasil, que somente rompeu com o caráter patrimonialista do Estado no plano simbólico, constitucional; ou seja, a separação do público e privado como esferas autônomas ocorreu somente em nossa Constituição, em 1988. A história de nossa República (1889) é, consequentemente, muito mais um discurso do que uma prática, algo que até hoje se manifesta em nossa sociedade, altamente dependente e sufocada pelo Estado.

Neste contexto, o problema que acompanha a sociedade brasileira, pelo menos desde o processo de redemocratização, está justamente em realizar os valores e princípios estabelecidos no plano do discurso constitucional. Não faltam garantias de direitos e deveres, normas que separam e estabelecem os limites de administração pública. No entanto, na realidade, o plano cultural que condensa os valores que orientam a ação humana encontra-se, infelizmente, demasiadamente afastado daqueles valores que dão sustentação à própria forma democrática. Não à toa, o cenário político-econômico nacional e internacional tem estado particularmente avesso às reflexões sobre democracia, sociedade civil e cultura democrática. São inúmeros casos que, cotidianamente, fazem-nos duvidar da capacidade de alguns valores democráticos orientarem as ações individuais e institucionais.

Basta lembrarmos o "apelo aos valores" mencionado por Bobbio para perceber a calamitosa situação em que nos encontramos: tolerância, não violência, renovação das ideias pelo livre debate e fraternidade são justamente os valores que deveriam orientar os "cidadãos ativos".[2] A rua, hoje, com a exacerbação das posições concorrenciais sobre o que é certo, digno e justo, é um bom exemplo do tipo de cultura que movimenta nossas demandas e nossas instituições.

No entanto, é justamente nesses momentos de crise social que precisamos ter um referencial teórico rico o suficiente para fazer um diagnóstico preciso das dificuldades e das alternativas que estão à disposição. Naturalmente, a construção de uma estratégia para sairmos do atual atoleiro nacional depende do tipo de conhecimento que temos sobre alguns conceitos que invariavelmente são colocados em pauta: Estado, sociedade civil e democracia são conceitos riquíssimos, articulados de uma forma ou de outra, sem muitas vezes atentarmos para a precisão desses arranjos.

Mas é justamente o tipo de ligação entre esses diversos significados que orienta nossas práticas. Isso quer dizer que o modo de conceber a relação teórica entre os conceitos influencia diretamente nossa forma de agir. Nesse sentido, talvez seja importante perguntar: qual seria a melhor forma de propormos um caminho para o Brasil que passe necessariamente pela articulação entre os conceitos de Estado, democracia e sociedade civil? Ou melhor: que tipo de estratégia, que necessariamente associe os planos teórico e prático, pode contribuir para realizarmos aquele discurso que há tempos orienta os inúmeros projetos de modernização/desenvolvimento do nosso país?

Sociedade civil e transformações

Trata-se aqui de defender uma ideia que possa contribuir para o encaminhamento de novas práticas, novas organizações. E o núcleo fundamental dessas reflexões passa pela compreensão da sociedade civil (o conjunto de relações entre indivíduos, grupos e classes sociais que se desenvolvem à margem das relações de poder que caracterizam as instituições de políticos)[3] como peça indispensável para pensarmos e propormos um modelo atento às condições que marcam nossa história, uma resposta à crise de representatividade e uma defesa de eficácia material da democracia. É ela, a sociedade civil, e não um princípio, ou qualquer outra forma de alternativa normativa, que deve orientar o processo de desenvolvimento econômico e social. Não é a enumeração hierárquica de uma ordem de princípios que garantirá o respeito à chamada "força normativa da Constituição", mas sim o desenvolvimento de um elemento real, a sociedade civil, que dará início a sucessivos encadeamentos para a transformação.

No entanto, será que a própria sociedade entende o que é democracia? E, muito mais importante, estaria ela consciente da necessária relação entre democracia e sociedade civil? Em meio a tantas perguntas, é fundamental que a sociedade civil se conscientize de que ela é parte essencial de uma sociedade democrática, e que, por isso mesmo, cabe a ela se organizar e agir para resolver problemas sociais e, simultaneamente, contribuir para o crescimento econômico e social de nosso país.

Ainda que este primeiro passo seja dado, não seria necessário fazermos mais uma pergunta? Estariam nossos políticos, representantes do Estado, conscientes do tipo de relação que os une à sociedade civil? Ambos, Estado e sociedade civil, compreendem quais são suas funções na resolução de problemas sociais e econômicos do nosso país? Aqui deve ser destacada *a necessidade de o Estado também se conscientizar e perceber que ele existe somente enquanto extensão da sociedade civil,* razão pela qual precisa garantir e realizar formas efetivas de participação desta em suas estruturas, e não somente garantir a possibilidade de participação. Somente assim essas duas esferas podem atuar democraticamente, conjuntamente.

Diante dessas questões, resta evidente a necessidade de compreendermos criticamente o discurso de que nossas instituições funcionam, assim como devemos assumir nossa condição específica e parar de importar modelos teóricos alheios à nossa história de colonização ibérica.

Reestruturar as instituições, garantindo a participação efetiva da sociedade civil em seus conselhos de deliberação, e inserir o fortalecimento da sociedade civil como objetivo preponderante das próprias instituições são premissas fundamentais para construirmos uma cultura democrática, sem a qual toda e qualquer democrática formal não terá vitalidade alguma. Este é o caminho para superarmos a herança ibérica.

Relação de reciprocidade

Como o leitor pode notar, o núcleo duro de todas essas questões não poderia ser outro, se não a necessidade de considerar a relação entre instituições e sociedade civil a partir de uma dupla perspectiva: necessidade de participação da sociedade civil nas instituições e fortalecimento da sociedade civil pelas instituições. Ou seja, *trata-se de uma relação de reciprocidade, isto é, na medida em que as instituições se consolidam por meio da participação da sociedade civil, aquelas têm o dever de agir em benefício desta, fortalecendo-a.* Tal reciprocidade, no entanto, não é evidente, e alguns esclarecimentos teóricos podem nos ajudar.

Em primeiro lugar, é necessário estabelecer aquele tipo de articulação entre sociedade, Estado e democracia. Uma sociedade que fecha as portas para a participação da sociedade civil corre três riscos interligados: politização das instituições; perda de autonomia e corrupção, como demonstram cotidianamente nossos jornais, infelizmente.

No entanto, para compreendermos essas questões, é necessário estabelecer com clareza e simplicidade alguns conceitos básicos. Por isso, é importante ressaltar que toda e qualquer ordem social é sempre uma ordem de convivência construída,[4] isto é, uma ordem que depende das formas de agir e pensar. Como destacava Hannah Arendt, é o agir humano o substrato do tecido social, o núcleo do desenvolvimento da sociedade civil. Este aspecto é importantíssimo, e precisa ser valorizado, pois remete automaticamente à ideia de responsabilidade.

Se nós somos a base para a estruturação da sociedade (e não um ente divino, uma ordem cosmológica etc.), então nós também somos responsáveis pela maneira como estruturamos a sociedade. Esse é um tipo de visão transformadora, isto é, permite a contínua transformação (e melhoria) da sociedade, e não uma visão fatalista ou de subserviência da ordem social. Esse modo de ver o mundo acarreta algumas consequências importantes. O conceito de Estado, por exemplo, precisa ser compreendido com base nesta linha de raciocínio: ele é um "momento da sociedade civil",[5] isto é, diante dos diversos interesses que permeiam a sociedade, o Estado surge como se fosse algo exterior à própria sociedade, uma espécie de vontade geral coletiva, que reduz a complexidade da vida em sociedade ou administra-a com normas.

Além disso, é importante perceber que algumas ordens sociais estabelecem formas de convivência que oprimem a sociedade civil. A monarquia fez com que o príncipe se apresentasse como alguém fora da sociedade, uma entidade superior, diferente dos outros, que cria a ordem que deve ser obedecida pelos súditos, extremamente passivo. A ditadura se vale do mesmo artifício: coloca-se acima da sociedade pela força das armas (não mais pelo argumento do "sangue real", como na monarquia), posição a partir da qual estabelecem leis sobre como agir e pensar. Contrariamente a isso, a democracia é justamente uma ordem social que potencializa a sociedade civil a partir da própria sociedade – e isso é fundamental. Por isso, afirmamos que as leis são criadas pelo "povo". Isso significa que *a democracia não é algo dado, não é um partido, um dogma, uma espécie de política, mas uma construção contínua, e que por isso mesmo exige representação e participação.*

Princípios de democracia

A partir disso, podemos compreender que a democracia abrange seis princípios, tal como formulado por Bernardo Toro: I – *Princípio da secularidade* (a ordem social é construída, e não natural, o que permite inúmeras transformações); II – *Princípio da autofundação* (as leis democráticas são feitas e refeitas pelas mesmas pessoas que as vão viver); III – *Princípio da incerteza* (uma vez que não existe qualquer modelo de democracia, cada sociedade deve criar sua própria ordem social); IV – *Princípio* ético (toda ordem democrática tem como objetivo assegurar e praticar os direitos humanos); V – *Princípio da complexidade* (conflitos, diversidade e diferença fazem parte da ordem social e devem ser produtivamente desenvolvidos); e VI – *Princípio do público* (uma sociedade democrática constrói o público na sociedade civil).[6]

Assim, é possível dizer que a democracia é uma espécie de empreendimento social, isto *é, uma forma de organizar e construir instituições.* Aqui é importante destacar as lições de Norberto Bobbio acerca da definição mínima de democracia, que significa um conjunto de regras que estabelecem *quem* está autorizado a tomar decisões coletivas e com *quais* procedimentos.[7] Quem ocupa o lugar do *quem* e quais são as formas dos *procedimentos*? Em outras palavras: qual é o real alcance do público?

Quando Bobbio afirma que hoje há a exigência de "mais democracia", no sentido de que a democracia representativa seja oxigenada ou mesmo substituída pela democracia direta (participativa),[8] é necessário frear os ímpetos e compreender o papel positivo e decisivo que a democracia representativa desempenhou e ainda desempenha. Que hoje seja necessário aprimorar essa forma de governo a partir da ampliação dos espaços de participação da sociedade civil, não exclui, por si só, a continuidade da ideia de representação política. Trata-se, muito mais, *de permitir a construção de um modelo de democracia integral* em que ambas as formas são necessárias, ainda que, consideradas em si mesmas, sejam insuficientes.[9] O que se busca destacar é que a democracia representativa, quando isolada da sociedade civil, favorece o próprio totalitarismo (não podemos esquecer que Hitler e Mussolini foram eleitos, ou seja, chegaram ao poder por meio de instrumentos democráticos representativos). Quando deixamos todas as questões fundamentais da sociedade nas mãos dos nossos representantes, corremos o risco de substituir o princípio da autofundação da sociedade pelo princípio do jogo político, tão comum à cena nacional brasileira. Neste cenário, não somos nós quem governamos, mas o jogo de favores entre partidos e *lobbies*. É para este déficit democrático que devemos atentar.

Ora, os limites das instituições representativas sempre tiveram como pano de fundo a crítica que denunciava a *distância* entre representantes e representados (uma vez mais, basta recordar os traumas da representação política pós-fascismo e nazismo), seja na forma do crescimento e isolamento dos partidos políticos (partidocracia), seja na forma de burocratização das estruturas políticas. Isso significa que votar, delegar sua vontade para o representante político, ainda que fundamental, não garante por si só que esse representante atue de acordo com a sua vontade.

Participação para revigorar a democracia

No entanto, a ênfase na democracia participativa não busca deslegitimar e/ou invalidar a democracia representativa. O mundo real não nos permitiria isso! Continua incontornável o argumento de que a complexidade da sociedade atual inviabiliza um retorno à Grécia. Daí a ideia fundamental de que a participação é um mecanismo para revigorar a democracia, expandindo suas ramificações para áreas ainda dominadas pelo poder invisível que atua distante dos olhos da sociedade civil, em gabinetes e salas fechadas de tantas instituições nacionais, como a CBF, cuja estrutural organizacional não contempla a participação dos jogadores profissionais.

É por essa razão que as atuais transformações políticas podem ser vistas como um processo de democratização social, isto é, de expansão conjunta da democracia representativa e participativa para novos espaços, áreas até agora dominadas por organizações extremamente hierárquicas e burocratizadas. Este é o foco do livro *Um caminho para o Brasil*: discutir como esta nova compreensão da democracia (representativa e participativa) pode contribuir para a discussão das atuais estruturas do BNDES e das agências reguladoras, e que tipo de alteração democrática poderia ser colocada como alternativa (a formação de conselhos abertos à sociedade civil no caso do BNDES – já que existem 18 conselhos fechados à participação da sociedade civil – e o fortalecimento da sociedade civil pelas agências reguladoras mediante investimento em solução de conflitos). Trata-se aqui de refletir e propor mudanças a partir da seguinte constatação:

> Percebe-se que uma coisa é a democratização do estado (ocorrida com a instituição dos parlamentos), outra coisa é a democratização da sociedade, donde se conclui que pode muito bem existir um estado democrático numa sociedade em que a maior parte das suas instituições – da família à escola, da empresa à gestão dos serviços públicos – não são governadas democraticamente.[10]

Se uma das grandes questões que devemos enfrentar é a democratização das nossas instituições, um exemplo concreto certamente nos ajudará a compreender melhor a força dessas ideias. Trata-se da "revolução silenciosa", que ocorreu no mercado de capitais, e que abriu a Bolsa de Valores à população, disseminando o conhecimento e democratizando as oportunidades. Não cabe aqui recontar as inúmeras iniciativas democráticas que foram feitas no início deste século no âmbito da então Bovespa.[11] O que interessa é resgatar uma ideia real, uma prática que condensa o sentido democrático que vem sendo construído nestas últimas páginas: a necessidade de criar mecanismos que transformem instituições hierarquizadas em instituições democráticas, por exemplo, com a criação de um conselho que reúna todos os interessados (sindicatos, investidores individuais, mulheres etc.)

Conselhos democráticos

Foi esta fundamental alteração que permitiu às pessoas deliberarem sobre questões que lhes diziam respeito, ultrapassando o requisito do acesso à informação e dando eficácia à relação de reciprocidade entre instituições e sociedade civil. Não basta o direito de ouvir, não basta informar às pessoas. Também não é suficiente organizar audiências públicas sem a real possibilidade de deliberação. Somente a existência de conselhos democráticos, com representantes substituíveis e independentes, que garanta tanto o acesso geral como a possibilidade efetiva de participação, somente isso legitima democraticamente nossas instituições. Este é o caminho para ultrapassarmos o parâmetro (necessário) da legalidade e adentramos na esfera da legitimidade, muitas vezes distante e não discutida.

A consequência teórica e prática dessas reflexões é que a participação não pode mais ser vista somente como um pressuposto de uma organização. *A participação deve ser compreendida como um valor democrático, como um modo de vida da democracia, como exacerbação de uma cultura democrática, fundamental para dar vitalidade à democracia.* A abrangência da participação nas instituições deve ser vista como um sinal democrático, uma necessidade para o desenvolvimento econômico e social.[12]

Insistir na ideia de que a participação amplia a legitimidade das deliberações oriundas da representação significa lutar pela ampliação da participação da sociedade civil e, ao mesmo tempo, diminuir o espaço do poder invisível que caracteriza as políticas de *lobbies*. Trata-se, assim, de uma forma de resgatar o conceito de cidadania e de realocá-lo como eixo estruturante da vida social. Isso não pode ser confundido com a ideia simplista de voto. Como salienta Bernardo Toro:

> Um cidadão não é uma pessoa que pode votar. Esse é um direito dele, mas isso não faz dele um cidadão. O que faz do sujeito um cidadão é o fato de ele ser capaz de criar ou modificar, em cooperação com outros, a ordem social na qual quer viver, cujas leis vão cumprir e proteger para a dignidade de todos.[13]

É este núcleo teórico – a necessidade de conselhos deliberativos que articulem representação e participação – que pode servir como pedra angular para avaliação e reestruturação de nossas instituições, de tal forma que a sociedade civil participe da estrutura institucional e, simultaneamente, que seu fortalecimento (da sociedade civil) seja alcançado à condição de objetivo institucional. Com isso, pretende-se contribuir efetivamente para o debate acerca do futuro do Brasil, seus caminhos e desafios. Somente boas ideias não bastam; é preciso compreendê-las como guia para novas ações, novos sentidos que podem juntar democracia e crescimento econômico e social.

Notas

1. BOBBIO, N.; MATTEUCCI, N.; PASQUINO, G. (Org.). *Dicionário de político*. 12. ed. Brasília: Editora Universidade de Brasília, 2004, p. 210.
2. BOBBIO, N. *O futuro da democracia*. São Paulo: Paz e Terra, 2000, p. 51-52.
3. BOBBIO, N.; MATTEUCCI, N.; PASQUINO, G. (Org.), op. cit., p. 1210.
4. TORO, J. B.; WERNECK, N. *Mobilização social:* um modo de construir a democracia e a participação. São Paulo: Autêntica, 2007, p. 16.
5. TORO, J. B. *A construção do público:* cidadania, democracia e participação. Rio de Janeiro: Senac Rio, 2005, p. 49.
6. TORO, J. B., op. cit., p. 26-29.
7. BOBBIO, N., op. cit., p. 18.
8. Idem, p. 41.
9. Idem, p. 52.
10. Idem, p. 55.
11. O leitor interessado pode encontrar essas informações em MAGLIANO FILHO, R. *A força das ideias para um capitalismo sustentável*. Barueri, SP: Manoela, 2014.
12. TORO, J. B.; WERNECK, N., op. cit., p. 29-30.
13. TORO, J. B., op. cit., p. 52.

GRÁFICA PAYM
Tel. [11] 4392-3344
paym@graficapaym.com.br